2023年版
Deru-jun Takkenshi

出る順 宅建士

合格の
れっく
LEC

逆解き式！ 最重要ポイント

555

はしがき

＜本書の目的＞

　本書は宅建士試験の勉強を一通り終えた方が、必ず覚えておかなければならない重要知識を正確に覚えているかどうか確認するためのものです。宅建士試験は毎年膨大な試験範囲からさまざまな切り口で出題されるため、過去問の解答を丸暗記するだけでは対応できません。正解肢を選び出すための重要知識の習得が必須となります。そこで、この重要知識を確実に覚えるため、555の最重要ポイントに整理・厳選したのが本書です。

＜本書の特長＞

　本書の555の最重要ポイントは、『出る順宅建士合格テキスト』の暗記ポイント**"合格ステップ"**から厳選したものです。

　膨大な学習範囲の中から、過去の試験で繰り返し出題されたポイントを絞り込んでいますので、一通り学習を終えた方の重要知識の確認や直前期の総まとめに最適です。

　また、ポイントごとにより詳しく学習したい方は、『出る順宅建士合格テキスト』の該当箇所を掲載しておりますので、参考にしてください。

＜本書の利用法＞

　「本書は、出題例（過去問）から導き出された、正解するための知識"Point"から読み込む「逆解き式」で執筆しております。下記のように有効活用していただき、効率良く学習しましょう。

☆　じっくり"Point"を読み込む

　"Point"を熟読し、暗記シート（本書に付属している赤いシート）を当てて、消えたところ（特に重要な語句）を暗記してください。一度で暗記できなかったところは繰り返し確認してください。

☆　過去の試験での出題例を解く

　"Point"ごとに過去の試験で実際に問われた出題例を掲載しています。実際に解いて確認することで、暗記した知識を問題にあてはめる力を身につけます。

☆　別売テキストでさらに理解を深める

　"Point"ごとに弊社発刊の別売テキストの該当箇所を掲載していますので、より詳しく、周辺知識も合わせて学習できるように工夫しております。

　本書を最大限に活用し、ぜひとも2023年の合格を勝ち取ってください。

2023年2月吉日

株式会社　東京リーガルマインド
LEC総合研究所　宅建士試験部

本書の効果的利用法

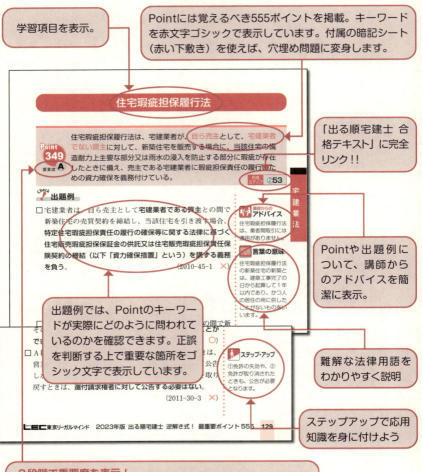

読み上げ音声（ダウンロード方式)について

1. 読み上げ音声（ダウンロード方式）の内容

555のポイントを読みあげた音声データを無料でダウンロードできます。
2023年5月下旬以降に下記サイトにアクセスしてください。
https://www.lec-jp.com/takken/point555/
右記のシリアル番号が必要になります。　シリアル番号　47924829
【ダウンロード期間】2023年3月下旬以降～2023年10月14日（土）
※mp4形式でデータをダウンロードできます。
※ダウンロード方法に関する個別のお問合せにはお答えできません。

2. 読み上げ音声（ダウンロード方式）の活用法

①自宅でじっくり
テキストを開いて腰をすえて取り組むもよし、家事などをしながら音声を流しっぱなしにするもよし、活用法は自由自在です。

②通勤・通学中のスキマ時間に
お手持ちの機器に音声データを転送すれば、いつでもどこでも学習ができ、スキマ時間を有効活用できます。ドライブ中や通勤通学の車中でも音声で復習することができるようになります。

CONTENTS

はしがき
本書の効果的利用法
読み上げ音声（ダウンロード方式）について
宅建士試験ガイダンス
インターネット情報提供サービス

第1編　権利関係

意思表示	2	建物区分所有法	59
条　件	7	賃貸借	63
制限行為能力者	8	借地借家法（借家）	69
時　効	10	借地借家法（借地）	77
代　理	14	不法行為	83
債務不履行・解除	22	請　負	87
弁　済	28	委　任	87
契約不適合責任	30	債権譲渡	89
相　続	35	相　殺	90
物権変動	40	地役権	91
不動産登記法	46	相隣関係	91
抵当権	48	留置権	93
根抵当権	51	先取特権	93
保証・連帯債務	52	使用貸借	94
共　有	55	贈　与	95

第2編　宅建業法

宅建業の意味 ………………… 98	広告等に関する規制 ………… 143
事務所の設置 ………………… 101	重要事項の説明 ……………… 147
免　許 ………………………… 106	37条書面 ……………………… 160
事務所以外の場所の規制 …… 114	その他の業務上の規制 ……… 164
宅地建物取引士 ……………… 116	自ら売主制限 ………………… 169
営業保証金 …………………… 125	住宅瑕疵担保履行法 ………… 185
弁済業務保証金 ……………… 130	報酬額の制限 ………………… 187
媒介・代理契約 ……………… 136	監督・罰則 …………………… 190

第3編　法令上の制限

都市計画法 …………………… 194	土地区画整理法 ……………… 240
建築基準法 …………………… 212	宅地造成等規制法 …………… 247
国土利用計画法 ……………… 227	その他法令上の制限 ………… 250
農地法 ………………………… 234	

第4編　税・価格

不動産取得税 ………………… 254	登録免許税 …………………… 267
固定資産税 …………………… 257	贈与税 ………………………… 269
所得税 ………………………… 259	地価公示法 …………………… 270
印紙税 ………………………… 262	不動産鑑定評価基準 ………… 274

第5編　免除科目

住宅金融支援機構法 ………… 278	土　地 ………………………… 284
不当景品類及び不当表示防止法・279	建　物 ………………………… 285

宅建士試験ガイダンス

1. 宅地建物取引士って何をする人なの？

　宅地建物取引士は、不動産取引に関する法律問題のアドバイザーです。一般の人にとって、不動産の購入は一生に1度か2度であることが多いもの。しかも、一生をかけて支払うような大金が動きます。したがって、慎重にも慎重を重ねて取引しなくてはなりません。しかし、いかんせん、一般の人には、不動産の取引についての知識も経験もないのが通常です。このような人に法律的なアドバイスをすることが宅地建物取引士の仕事です。宅地建物取引士がいい加減なアドバイスをしてしまうと、一生気に入らない家に住むことにもなりかねません。大げさに言えば、人の一生を預かる仕事といえます。このように、宅地建物取引士の役割はとても重要なのです。

2. 宅建士試験って難しいの？

　過去10年間の宅建士試験の合格率は以下のとおりです。100人受験して15〜17人程度しか合格できない、難しい試験といえます。

年度	申込者数(人)	受験者数(人)	合格者数(人)	合格点	合格率(%)
2013	234,586	186,304	28,470	33点	15.3
2014	238,343	192,029	33,670	32点	17.5
2015	243,199	194,926	30,028	31点	15.4
2016	245,742	198,463	30,589	35点	15.4
2017	258,511	209,354	32,644	35点	15.6
2018	265,444	213,993	33,360	37点	15.6
2019	276,019	220,797	37,481	35点	17.0
2020 (10月)	204,163	168,989	29,728	38点	17.6
2020 (12月)	55,121	35,261	4,610	36点	13.1
2021 (10月)	256,704	209,749	37,579	34点	17.9
2021 (12月)	39,814	24,965	3,892	34点	15.6
2022	283,856	226,048	38,525	36点	17.0

3. 受験情報

試験概要

〔受験資格〕　年齢、性別、学歴等に関係なく、誰でも受験することができる

〔願書配布〕　7月上旬（予定）

〔願書受付〕　郵送による申込み：配布日から7月下旬まで（予定）

　　　　　　　インターネットによる申込み：配布日から7月中旬まで

〔受験手数料〕　8,200円（予定）

〔試験日〕　10月第3日曜日　午後1時〜3時（予定）

〔合格発表〕　11月下旬〜12月上旬（予定）

〔問い合わせ先〕　(一財)不動産適正取引推進機構　試験部

　　　　　　　〒105-0001　東京都港区虎ノ門3-8-21　第33森ビル3階

　　　　　　　https://www.retio.or.jp/

4. 出題科目にはどんなものがあるの？

　権利関係、宅建業法、法令上の制限、税・価格の評定、5問免除対象科目の5科目から、4肢択一形式で50問出題されます。各科目の出題数は下記のとおりです。

	出題内訳	出題数
権利関係	民法・借地借家法・建物区分所有法・不動産登記法	14問
宅建業法	宅建業法・住宅瑕疵担保履行法	20問
法令上の制限	都市計画法・建築基準法・国土利用計画法・農地法・土地区画整理法・宅地造成等規制法・その他の法令	8問
税・価格の評定	地方税・所得税・その他の国税：2問 不動産鑑定評価基準・地価公示法：1問	3問
5問免除対象科目	独立行政法人住宅金融支援機構法：1問 不当景品類及び不当表示防止法：1問 統計・不動産の需給：1問 土地：1問 建物：1問	5問

登録無料 インターネット情報提供サービス

お届けするフォロー内容

- 法改正情報
- 宅建NEWS

アクセスして試験に役立つ最新情報を手にしてください。

登録方法
情報閲覧にはLECのMyページ登録が必要です。

LEC東京リーガルマインドのサイトにアクセス
https://www.lec-jp.com/

↓

≫Myページ ログイン をクリック

↓

MyページID・会員番号をお持ちの方	Myページお持ちでない方 LECで初めてお申込頂く方
Myページログイン	**Myページ登録**

必須

Myページ内希望資格として **宅地建物取引士** を選択して、 をクリックしてください。

ご選択頂けない場合は、情報提供が受けられません。
また、ご登録情報反映に半日程度時間を要します。しばらく経ってから再度ログインをお願いします（時間は通信環境により異なる可能性がございます）

※サービス提供方法は変更となる場合がございます。その場合もMyページ上でご案内いたします。
※インターネット環境をお持ちでない方はご利用いただけません。ご了承ください。
※上記の図は、登録の手順を示すものです。Webの実際の画面と異なります。

注目 本書ご購入者のための特典

① 2023年法改正情報（2023年8月末公開予定）
② 2023年「宅建NEWS」（2023年8月までに2回公開予定）

〈注意〉上記情報提供サービスは、2023年宅建本試験前日までとさせていただきます。予めご了承ください。

第1編
権利関係

意思表示

Point 001
重要度 **A**

詐欺による意思表示の取消しは、取消し前の善意かつ無過失の第三者に対抗することが<u>できない</u>。

合格ステップ ①2

出題例

☐ AがBの詐欺を理由に甲土地の売却の意思表示を取り消しても、取消しより前にBが甲土地をDに売却し、Dが所有権移転登記を備えた場合には、**DがBの詐欺の事実を知っていたか否かにかかわらず、AはDに対して甲土地の所有権を主張することができない。**　　　　　　　(2016-3-2 ✕)

☐ A所有の土地について、AがBに、BがCに売り渡し、AからBへ、BからCへそれぞれ所有権移転登記がなされた。Cが移転登記を受ける際に、AB間の売買契約がBの詐欺に基づくものであることを**過失なく知らなかった**場合で、当該登記の後にAによりAB間の売買契約が取り消されたとき、**Cは、Aに対して土地の所有権の取得を対抗できる。**

　　　　　　　　　　　　　　　(1996-5-1改 ○ 正解肢)

Point 002
重要度 **A**

第三者が詐欺を行った場合、相手方がその事実を<u>知り又は知ることができた場合に限り</u>、その意思表示を取り消すことができる。

合格ステップ ①2

出題例

☐ A所有の土地につき、AとBとの間で売買契約を締結した。Aが、Cの詐欺によってBとの間で売買契約を締結した場合、**Cの詐欺をBが知っているか否かにかかわらず、Aは売買契約を取り消すことはできない。**　　(2004-1-3 ✕)

☐ Aが第三者の詐欺によってBに甲土地を売却し、その後BがDに甲土地を転売した場合、**Bが第三者の詐欺の事実を過**

失なく知らなかったとしても、Ｄが第三者の詐欺の事実を知っていれば、Ａは詐欺を理由にＡＢ間の売買契約を取り消すことができる。　　　　　　（2018-1-4改　×　正解肢）

権利関係

Point 003 重要度 **A**
強迫による意思表示の取消しは、取消し前の第三者の善意・悪意、過失の有無を問わず、対抗することが**できる**。

合格ステップ ①3

出題例

□ 所有権がＡからＢに移転している旨が登記されている甲土地について、ＦがＢとの間で売買契約を締結して所有権移転登記をしたが、その後ＡはＢの強迫を理由にＡＢ間の売買契約を取り消した場合、ＦがＢによる強迫を知り、又は、**知ることができたときに限り、Ａは所有者であることをＦに対して主張できる**。　　　　　　　　　　（2008-2-4改　×）

講師からの アドバイス
強迫を受けた者は、詐欺を受けた者よりも強く保護されています。

Point 004 重要度 **A**
第三者が強迫を行った場合、相手方がその事実を知っていたか否か、知ることができたか否かを問わず、その意思表示を取り消すことができる。

合格ステップ ①3

出題例

□ Ａ所有の甲土地について、Ａが第三者Ｃの強迫によりＢとの間で売買契約を締結した場合、Ｂがその強迫の事実を**知っていたか否かにかかわらず**、ＡはＡＢ間の売買契約に関する意思表示を**取り消すことができる**。

　　　　　　　　　　　　　　　　（2007-1-3　○　正解肢）

□ Ａ所有の土地につき、ＡとＢとの間で売買契約を締結した。Ａが、Ｃの強迫によってＢとの間で売買契約を締結した場合、Ｃの強迫をＢが過失なく**知らなければ、Ａは売買契約を取り消すことができない**。　　　（2004-1-4改　×）

LEC東京リーガルマインド　2023年版 出る順宅建士 逆解き式！ 最重要ポイント555　　3

Point 005 重要度A

虚偽表示による契約は無効である。

合格ステップ ①4

出題例

□ A所有の土地につき、AとBとの間で売買契約を締結した。Aが、強制執行を逃れるために、実際には売り渡す意思はないのにBと**通じて売買契約の締結をしたかのように装った**場合、売買契約は無効である。（2004-1-2改 ○ 正解肢）

□ A所有の甲土地についてのAB間の売買契約が、AとBとで**意を通じた仮装のもの**であったとしても、Aの売買契約の動機が債権者からの差押えを逃れるというものであることをBが知っていた場合には、AB間の売買契約は**有効**に成立する。（2007-1-2 ×）

□ Aが、債権者の差押えを免れるため、Bと**通じて**、A所有地をBに**仮装譲渡する契約をした**。BがAから所有権移転登記を受けていた場合でも、Aは、Bに対して、AB間の契約の**無効**を主張することができる。（2000-4-1 ○）

言葉の意味

仮装譲渡契約とは、「虚偽表示」による契約です。

Point 006 重要度A

虚偽表示による契約の無効は、善意の第三者に対抗することが**できない**。

合格ステップ ①4

出題例

□ 所有権がAからBに移転している旨が登記されている甲土地について、DがBとの間で売買契約を締結したが、AB間の所有権移転登記はAとBが通じてした仮装の売買契約に基づくものであった場合、**DがAB間の売買契約が仮装であることを知らず**、知らないことに無過失であっても、Dが所有権移転登記を備えていなければ、**Aは所有者であることをDに対して主張できる**。（2008-2-2 ×）

□ Aは、その所有する甲土地を譲渡する意思がないのに、B

講師からのアドバイス

仮装譲渡契約をした者よりも、仮装譲渡契約を信頼して契約関係に入った第三者が保護されます。その第三者は、善意であればよく、登記を備えることまでは必要ありません。

と通謀して、Aを売主、Bを買主とする甲土地の仮装の売買契約を締結したが、その後、甲土地がBから悪意のCへ、Cから善意のDへと譲渡された場合、AはAB間の売買契約の無効をDに主張することができない。　　　(2015-2-4　○)

Point 007 重要度 A

法律行為の目的及び取引上の社会通念に照らして重要な錯誤があった場合、その意思表示を取り消すことができる。

合格ステップ ①5

出題例

□意思表示に法律行為の目的及び取引上の社会通念に照らして重要な錯誤があった場合は、表意者は、その意思表示の無効を主張することができる。　　　(2013-1-1改　×)

Point 008 重要度 A

表意者に重大な過失があるときには、原則として、表意者は錯誤を理由として、意思表示を取り消すことができない。

合格ステップ ①5

出題例

□Aが、Bに住宅用地を売却した。Bは、代金をローンで支払うと定めて契約したが、Bの重大な過失によりローン融資を受けることができない場合、Bは、原則として、錯誤を理由として、売買契約を取り消すことができない。
　　　(2001-2-4改　○)

□AとBとの間で締結された売買契約において、Aは、自己所有の自動車を100万円で売却するつもりであったが、重大な過失によりBに対し「10万円で売却する」と言ってしまい、Bが過失なく「Aは本当に10万円で売るつもりだ」と信じて購入を申し込み、AB間に売買契約が成立した場合、AはBに対し、錯誤による取消しができる。
　　　(2020[10月]-6-1　×)

Point 009
重要度 A

表意者が法律行為の基礎とした事情についてのその認識が真実に反する錯誤（動機の錯誤）の場合、その動機を意思表示の内容とし、相手方に表示したときは、取り消すことができる。

合格ステップ ①5

出題例

☐ AがBに対し土地の売却の意思表示をしたが、その意思表示は錯誤によるものであった。錯誤が、売却の意思表示をなすについての**動機**に関するものであり、それを当該意思表示の内容として**A**がBに対して**表示した**場合であっても、この売却の意思表示を取り消すことはできない。

(2005-2-2改 ✕)

講師からの アドバイス

「甲土地を買いたい」→「甲土地をください」のように、内心の意思と表示は合致しているけれど、意思を形成した動機（例：「甲土地の近くに駅ができるから」）に錯誤があることを、動機の錯誤といいます。

Point 010
重要度 B

表意者が真意ではないことを知ってした意思表示は、相手方が表意者の真意ではないことを知り、又は知ることができたときは無効となる。

合格ステップ ①6

出題例

☐ A所有の甲土地について、ＡＢ間で売買契約を締結した。Aは甲土地を「1,000万円で売却する」という意思表示を行ったが**当該意思表示はＡの真意ではなく、Ｂもその旨を知っ**ていた。この場合、Bが「1,000万円で購入する」という意思表示をすれば、ＡＢ間の売買契約は**有効**に成立する。

(2007-1-1 ✕)

講師からの アドバイス

表意者が真意ではないことを知りながら意思表示をすることを、心裡留保といいます。左記の出題例は、相手方が「知っていた」ので、契約は無効です。

Point 011 重要度 B
公序良俗に反する内容の契約は**無効**である。

合格ステップ ―

出題例

☐ Aは、「近く新幹線が開通し、別荘地として最適である」旨のBの虚偽の説明を信じて、Bの所有する原野（時価20万円）を、別荘地として2,000万円で購入する契約を締結した。Aは当該契約は**公序良俗に反する**として、その**取消し**を主張するとともに、Bの不法行為責任を追及することができる。
(1994-2-1 ✕)

講師からのアドバイス
取消しではなく無効です。

権利関係

条　件

Point 012 重要度 C
条件成就により不利益を受ける者が、故意に条件成就を妨害した場合、相手方は**条件が成就したもの**とみなすことができる。

合格ステップ ―

出題例

☐ Aは、Bとの間で、A所有の山林の売却について買主のあっせんを依頼し、その売買契約が締結され履行に至ったとき、売買代金の2％の報酬を支払う旨の停止条件付きの報酬契約を締結した。この契約において他に特段の合意はない。Bがあっせんした買主Cとの間でAが当該山林の売買契約を締結しても、売買代金が支払われる前に**Aが第三者Dとの間で当該山林の売買契約を締結して履行してしまえば、Bの報酬請求権は効力を生ずることはない**。　(2006-3-2　✕　正解肢)

講師からのアドバイス
Aは「Bのあっせんにより売買契約が締結され履行に至る」という条件の成就を故意に妨害したので、Bは条件が成就したものとみなし、報酬を請求することができます。

制限行為能力者

Point 013
重要度 Ⓐ

意思能力を有しない者のした契約は無効である。

合格
ステップ ①7

Check 出題例

☐ 意思能力を有しないときに行った不動産の売買契約は、後見開始の審判を受けているか否かにかかわらず**効力を有しない**。　　　　　　　　　　　　　　（2021［10月］-5-4　〇　正解肢）

📖 言葉の意味
意思能力を有しない場合、当初から無効です。

Point 014
重要度 Ⓐ

未成年者が保護者の同意を得ないでした行為は取り消すことができる。しかし、以下の場合、取り消すことはできない。
①単に権利を得又は義務を免れる行為
②法定代理人が処分を許した財産の処分行為
③法定代理人が営業を許可した場合のその営業に関する行為

合格
ステップ ①8

Check 出題例

☐ **営業を許された未成年者**が、その**営業に関するか否かにかかわらず**、第三者から法定代理人の同意なく負担付贈与を受けた場合には、法定代理人は当該行為を**取り消すことができない**。　　　　　　　　　　　　　　（2021［10月］-5-3　✕）

Point 015
重要度 Ⓐ

成年被後見人が行った行為のうち、取り消すことができないものは、日用品の購入その他日常生活に関する行為である。

合格
ステップ ①9

Check 出題例

☐ 成年被後見人が行った法律行為は、事理を弁識する能力がある状態で行われたものであっても、取り消すことができ

る。ただし、**日用品の購入その他日常生活に関する行為については、この限りではない。** (2008-1-1 ○ 正解肢)

Point 016 重要度A
成年後見人の同意を得て成年被後見人が行った行為でも、取り消すことができる。

合格ステップ ①9

Check 出題例
□ 成年被後見人が**成年後見人の事前の同意を得て土地を売却する意思表示を行った場合、成年後見人は、当該意思表示を取り消すことができる。** (2003-1-3 ○ 正解肢)

講師からのアドバイス
成年被後見人は、同意の内容どおりに行動できるとは限らないからです。

Point 017 重要度A
被保佐人が、保佐人の同意を得ないで行った一定の行為は、取り消すことができる。

合格ステップ ①10

Check 出題例
□ Aが自己所有の土地を売却した。買主Bが被保佐人であり、**保佐人の同意を得ずにAとの間で売買契約を締結した場合、**当該売買契約は当初から**無効**である。 (2005-1-1 ×)

Point 018 重要度A
制限行為能力者が行為能力者であると信じさせるために詐術を用いた行為は、取り消すことができない。

合格ステップ ―

Check 出題例
□ 被補助人が、補助人の同意を得なければならない行為について、同意を得ていないにもかかわらず、**詐術を用いて相手方に補助人の同意を得たと信じさせていたときは、被補助人は当該行為を取り消すことができない。** (2016-2-1 ○)

言葉の意味
「詐術」とは、相手をだます行為のことです。

時　効

Point 019 重要度 A
所有の意思をもった占有を継続しなければ、所有権の時効取得の主張はできない。

合格ステップ ①11

出題例

☐ 20年間、平穏に、かつ、公然と他人が所有する土地を占有した者は、**占有取得の原因たる事実のいかんにかかわらず、**当該土地の所有権を取得する。　　　　　（2014-3-4　✕）

講師からのアドバイス
占有取得の原因によっては客観的にみて所有の意思が認められないこともあるということです。

☐ Bが父からA所有の**甲土地についての賃借権を相続により承継して賃料を払い続けている**場合であっても、相続から20年間甲土地を占有したときは、Bは、時効によって甲土地の所有権を取得することができる。　（2015-4-1　✕）

Point 020 重要度 A
占有の承継人が、前の占有者の占有を併せて主張する場合、善意・無過失の判定は、最初の占有者の占有開始の時点でなされる。

合格ステップ ―

出題例

☐ A所有の土地の占有者がAからB、BからCと移った。Bが平穏・公然・善意・無過失に所有の意思をもって**8年間占有**し、**CがBから土地の譲渡を受けて2年間占有**した場合、当該土地の真の所有者はBではなかったとCが知っていたとしても、**Cは10年の取得時効を主張できる。**
　　　　　　　　　　　　（2004-5-1　〇　正解肢）

講師からのアドバイス
悪意のC自身は2年間しか占有していませんが、Bの占有を併せて主張すれば、10年の取得時効を主張することができます。

Point 021 重要度A

抵当権は、債務者及び抵当権設定者に対しては、被担保債権と同時でなければ、時効消滅しない。

出題例

□ AのBに対する債権を被担保債権として、AがB所有の土地に抵当権を有している場合、**被担保債権が時効により消滅するか否かにかかわらず**、設定時から10年が経過すれば、**抵当権はBに対しては時効により消滅する**。(2005-4-2 ×)

講師からのアドバイス
被担保債権について責任を負っている債務者や物上保証人(抵当権設定者)に対しては、債権が存在する以上、抵当権だけが時効消滅することはありません。

Point 022 重要度B

所有権は、消滅時効にかからない。

出題例

□ Aが甲土地を所有している場合、Aが甲土地を**使用しないで20年以上放置していたとしても**、Aの有する甲土地の所有権が消滅時効にかかることはない。(2020[10月]-10-4 ○)

Point 023 重要度A

物上保証人が債務の承認をした場合、時効更新の効力は生じない。

出題例

□ Aは、BのCに対する金銭債務を担保するため、A所有の土地に抵当権を設定し、**物上保証人**となった。Aが、Cに対し、この金銭債務が存在することを時効期間の経過前に**承認した場合、当該債務の消滅時効の更新の効力が生じる**。
(2000-2-2改 × 正解肢)

講師からのアドバイス
物上保証人の債務の承認では、更新の効力は生じません。

更新　再スタート　完成ゆうみ
6月

Point 024
重要度 A
裁判外の請求は催告にあたり、催告の時から6ヵ月を経過するまでの間、時効は完成しない。

合格ステップ ①13

Check! 出題例

□ Aは、Bに対し建物を賃貸し、月額10万円の賃料債権を有している。Aが、Bに対する賃料債権につき**内容証明郵便により支払を請求した**ときは、その請求により**消滅時効は更新する**。　　　　　　（2009-3-3改　✕　正解肢）

□ Aは、Bに対し金銭債権を有しているが、支払い期日を過ぎてもBが支払いをしないので、消滅時効が完成する前に、Bに対して**内容証明郵便により支払を請求した**。その**請求の時から消滅時効が更新する**。　　　　（1989-2-2改　✕）

> **講師からのアドバイス**
> 内容証明郵便での請求等、裁判外の請求のことを催告といい、催告があった時は、その時から6ヵ月を経過するまでの間は、時効は完成しません。

Point 025
重要度 A
物上保証人は、被担保債権の消滅時効を援用することが**できる**。

合格ステップ ①14

Check! 出題例

□ Aは、BのCに対する金銭債務を担保するため、A所有の土地に抵当権を設定し、**物上保証人**となった。Aは、この金銭債務の**消滅時効を援用することができる**。
　　　　　　　　　　　　　　　　　　　　（2000-2-1　〇）

□ Cが自己所有の不動産に、AがBに対して有する100万円の貸金債権の担保として抵当権を設定（**物上保証**）している場合、Cは、Aの**債権の消滅時効を援用して**Aに抵当権の抹消を求めることができる。　　　　　（1997-4-3改　〇）

> **言葉の意味**
> 「時効は、当事者（消滅時効にあっては、保証人、物上保証人、第三取得者、その他権利の消滅について正当な利益を有する者を含む。）が援用しなければ、裁判所がこれによって裁判をすることができない」と規定されました。

Point 026
重要度 A

消滅時効完成後に債務の承認をした債務者は、時効完成を知らなくても、消滅時効の援用はできない。

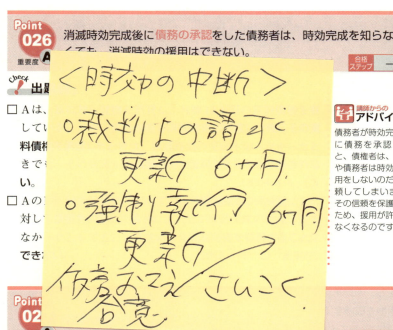

(付箋メモ:)
〈時効の中断〉
○裁判上の請求で
　更新 6ヶ月
○強制執行 6ヶ月
　更新
仮差押え／さし押さえ
承認

出題例

□ Aは、…している。…料債権…きで…い。

□ Aの…対し…なか…できな…

Point 027
重要度 A

出題例

□ AはBに対し建物を賃貸し、月額10万円の賃料債権を有している。Bが、Aとの建物賃貸借契約締結時に、賃料債権につき**消滅時効の利益はあらかじめ放棄**する旨約定したとしても、その約定に**法的効力は認められない**。
　　　　　　　　　　　　　　　　　　　　　(2009-3-2　○)

□ AB間の売買契約において、Bは、Aの代金債権について消滅時効が完成した場合の**時効の利益をあらかじめ放棄することはできない**。　　　　　(1983-11-3　○　正解肢)

講師からのアドバイス

債務者が時効完成後に債務を承認すると、もはや債務者は時効の援用をしないのだと信頼してしまいます。その信頼を保護するため、援用が許されなくなるのです。

講師からのアドバイス

あらかじめの放棄を認めてしまうと、債権者が債務者の窮状につけこんで時効利益の放棄を強いるなどの不都合が生じる危険があるからです。

代　理

Point 028
重要度 A

顕名がない場合でも、代理人が本人のために契約をすることを相手方が知り、又は知ることができたときは、相手方と**本人**との間に契約が成立する。

合格ステップ ①15

Check 出題例

☐ AがA所有の土地の売却に関する代理権をBに与えた。Bが自らを「売主Aの代理人B」ではなく、「**売主B**」と表示して、買主Cとの間で売買契約を締結した場合には、Bは売主Aの代理人として契約していると**Cが知っていても、売買契約はBC間に成立する**。　　　　　　　　(2009-2-1 ✕)

☐ 買主Aが、Bの代理人Cとの間でB所有の甲地の売買契約を締結した。**CがBの代理人であることをAに告げていなくても、Aがその旨を知っていれば、当該売買契約によりAは甲地を取得することができる**。　　　　(2005-3-ア 〇)

講師からのアドバイス

代理人が顕名をせず「売ります」とだけ言ったような場合、相手方が代理人を売主だと勘違いしても無理はありません。したがって、原則として、代理人と相手方との間に契約が成立します。しかし、相手方が知っているのであれば、顕名があったのと同じように、本人と相手方との間に契約が成立します。

Point 029
重要度 A

代理人の意思表示に瑕疵があった場合、**本人**が無効・取消しの主張をすることができる。

合格ステップ ①16

Check 出題例

☐ Aは、Bの代理人として、C所有の土地についてCと売買契約を締結した。**CがAをだまして売買契約を締結させた場合は、Aは当該売買契約を取り消すことができるが、Bは取り消すことができない**。　　　　　　　　　(1990-5-3 ✕)

☐ Aが、Bの代理人としてCとの間で、B所有の土地の売買契約を締結した。Bは、Aに対してCとの間の売買契約を

講師からのアドバイス

詐欺・強迫・錯誤・虚偽表示・心裡留保等の存否、ある事情についての善意・悪意、過失の有無は、実際に代理行為をした代理人について判

14　LEC東京リーガルマインド　2023年版 出る順宅建士 逆解き式！ 最重要ポイント555

委任したが、**A**が、**D**を**C**と勘違いした法律行為の目的及び取引上の社会通念に照らして、重要な**錯誤**によって**D**との間で契約した場合、**A**に**重過失がなければ**、この契約を取り消すことができる。　　　　　　（2002-2-1改　○　正解肢）

断されます。そして、その結果として取消しや無効の主張をすることができるのは、代理行為が帰属する本人です。

権利関係

Point 030
重要度 **A**

代理人が相手方に詐欺をされても、本人がその事情を知りつつ代理人に特定の法律行為を委託して契約させたときは、本人は取り消せない。

合格ステップ ―

Check 出題例

☐ **A**が、**B**所有の建物の売却について**B**から代理権を授与されている。**A**が、買主**D**から虚偽の事実を告げられて売買契約をした場合でも、**Bがその事情を知りつつAに対して特定の法律行為を委託**したものであるときには、**BからDに対する詐欺による取消しはできない**。
　　　　　　（2001-8-2改　○　正解肢）

講師からの アドバイス

代理人が詐欺をされていることを知りつつ契約の続行を命じた本人に、取消しを認める必要はないからです。

Point 031
重要度 **A**

未成年者は代理人になることができる。

合格ステップ ①17

Check 出題例

☐ **A**が、**B**に代理権を授与して**A**所有の土地を売却する。**B**が**未成年者**であるとき、**B**は、**A**の**代理人になることができない**。　　　　　　　　　　　　　　（2000-1-1　✕）

☐ 未成年者が代理人となって締結した契約の効果は、当該行為を行うにつき当該未成年者の**法定代理人による同意**がなければ、有効に本人に帰属しない。　（2012-2-1　✕　正解肢）

講師からの アドバイス

原則として代理人には代理行為の効果が帰属しないからです。

Point 032 重要度A

本人は、代理人が未成年者であることを理由に契約を取り消すことが**できない**。

合格ステップ ①17

出題例

□ AがA所有の土地の売却に関する代理権をBに与えた。Bが自らを「売主Aの代理人B」と表示して買主Dとの間で締結した売買契約について、Bが未成年であったとしても、**AはBが未成年であることを理由に取り消すことはできない**。

(2009-2-2 ○ 正解肢)

講師からのアドバイス

未成年者を代理人に選んだのは本人ですから、不本意な代理行為をされたとしても自業自得といえます。

Point 033 重要度A

自己契約は、原則として無権代理となる。

合格ステップ ①18

出題例

□ AがBの代理人としてB所有の甲土地について売買契約を締結した。**Aが甲土地の売却を代理する権限をBから書面で与えられている場合、A自らが買主となって売買契約を締結したときは、Aは甲土地の所有権を当然に取得する。**

(2008-3-1 ×)

言葉の意味

自己契約とは、買主が売主の代理人になる場合のように、代理人が相手方を兼ねることをいいます。

Point 034 重要度A

双方代理は、原則として無権代理となる。

合格ステップ ①18

出題例

□ AがBの代理人としてB所有の甲土地について売買契約を締結した。**Aが甲土地の売却を代理する権限をBから書面で与えられている場合、AがCの代理人となってBC間の売買契約を締結したときは、Cは甲土地の所有権を当然に取得する。**

(2008-3-2 ×)

言葉の意味

双方代理とは、売主の代理人が買主の代理人を兼ねる場合のように、一人の者が当事者双方の代理人になることをいいます。

Point 035 重要度 **A**

本人が相手方又は無権代理人に対して無権代理行為を追認すると、原則として契約の時から有効な代理行為があったことになる。

合格ステップ ①20

権利関係

出題例

□ 代理権を有しない者がした契約を本人が追認する場合、その契約の効力は、別段の意思表示がない限り、**追認をした時から将来に向かって生ずる**。　　　　　　　　　　(2014-2-ア ✕)

□ AがBに対して、A所有の甲土地を売却する代理権を授与した。Bが、Aから代理権を授与されていないA所有の乙土地の売却につき、Aの代理人としてFと売買契約を締結した場合、AがFに対して追認の意思表示をすれば、Bの代理行為は**追認の時から**Aに対して効力を生ずる。

(2020[12月]-2-4 ✕)

講師からの アドバイス

効果はさかのぼって生じるということです。

Point 036 重要度 **A**

無権代理の相手方の催告に対し、本人が期間内に確答しないときは、追認拒絶とみなされる。

合格ステップ ①21

出題例

□ B所有の土地をAがBの代理人として、Cとの間で売買契約を締結した。Aが無権代理人である場合、CはBに対して相当の期間を定めて、その期間内に追認するか否かを催告することができ、Bが期間内に確答をしない場合には、**追認とみなされ本件売買契約は有効となる**。

(2004-2-2 ✕)

講師からの アドバイス

無権代理の本人は強く保護されているため、催告を放置していたとしても追認拒絶とみなされ、義務を負うことはありません。

LEC東京リーガルマインド　2023年版 出る順宅建士 逆解き式！ 最重要ポイント555　**17**

Point 037
重要度 A

無権代理行為を取り消せるのは、善意の相手方に限られる。

合格ステップ ①21

出題例

□ AはBの代理人として、B所有の甲土地をCに売り渡す売買契約をCと締結した。しかし、Aは甲土地を売り渡す代理権は有していなかった。Bが本件売買契約を追認しない間は、Cはこの契約を取り消すことができる。ただし、Cが契約の時において、Aに甲土地を売り渡す具体的な**代理権がないことを知っていた場合は取り消せない。**

(2006-2-3 ○)

講師からのアドバイス

善意でありさえすればよく、無過失である必要はありません。

Point 038
重要度 A

無権代理人に対し、履行責任又は損害賠償責任を選択して追及することができるのは、原則として善意・無過失の相手方のみである。

合格ステップ ①21

出題例

□ AはBの代理人として、B所有の甲土地をCに売り渡す売買契約をCと締結した。しかし、Aは甲土地を売り渡す代理権は有していなかった。Bが本件売買契約を追認しない場合、Aは、Cの選択に従い、Cに対して契約履行又は損害賠償の責任を負う。ただし、Cが契約の時において、Aに甲土地を売り渡す具体的な**代理権はないことを知っていた場合は責任を負わない。**

(2006-2-4 ○)

講師からのアドバイス

ただし、無権代理人が制限行為能力者である場合、相手方は無権代理人の責任を追及できません。

□ Aが、Bの代理人としてB所有の土地をCに売却する契約を締結したが、Bは、Aに代理権を与えたことはなく、かつ、代理権を与えた旨の表示をしたこともない。Bが追認を拒絶したときは、**Aは自ら契約を履行する責任を負うことがある。**

(1997-1-4 ○ 正解肢)

講師からのアドバイス

相手方Cが善意・無過失であれば、Aは履行又は損害賠償責任を負うことがあります。

Point 039
重要度 A

本人の与えていた代理権の範囲を越えて代理人が行動した場合に表見代理が成立するのは、相手方が無権代理人に代理権があると**信じ**、それに**正当事由**のある場合である。

合格ステップ ―

出題例

□ AはBの代理人として、B所有の甲土地をCに売り渡す売買契約をCと締結した。しかし、Aは甲土地を売り渡す代理権は有していなかった。BがAに対し、**甲土地に抵当権を設定する代理権**を与えているが、Aの売買契約締結行為は権限外の行為となる場合、**甲土地を売り渡す具体的な代理権がAにあるとCが信ずべき正当な理由**があるときは、BC間の本件売買契約は**有効**となる。　　　　　　(2006-2-2 ○)

□ Aが、Bの代理人としてCとの間で、B所有の土地の売買契約を締結した。Bが、Aに**B所有土地を担保として、借金をすることしか頼んでいない**場合、CがAに土地売却の**代理権があると信じ**、それに正当の事由があっても、BC間に売買契約は**成立しない**。　　　　　　　　(2002-2-2 ✕)

講師からのアドバイス

表見代理とは、無権代理であるにもかかわらず①代理権があるかのような外観があり、②それを作り出した責任が本人にあり、③相手方が善意・無過失である場合に、有効な代理行為として本人に効果が帰属するという制度です。外観を作り出した責任がある本人より、善意・無過失の相手方を保護しようという趣旨です。

Point 040
重要度 A

本人が、実際には代理権を与えていないにもかかわらず、代理権を与えたと表示した場合に表見代理が成立するのは、相手方が**善意・無過失**の場合である。

合格ステップ ①21

出題例

□ AがBの代理人として行った行為に関し、BがAに代理権を与えていないにもかかわらず代理権を与えた旨をCに表示し、Aが当該代理権の範囲内の行為をした場合、CがAに**代理権がないことを知っていた**としても、Bはその責任を負わなければならない。　　(2021[12月]-5-2 ✕)

講師からのアドバイス

悪意なので表見代理は成立しません。

権利関係

LEC東京リーガルマインド　2023年版 出る順宅建士 逆解き式! 最重要ポイント555　**19**

Point 041 重要度A

以前与えていた代理権が消滅した場合に表見代理が成立するのは、相手方が善意・無過失の場合である。

合格ステップ ①21

出題例

□ 買主Aが、Bの代理人Cとの間でB所有の甲地の売買契約を締結した。**Bが従前Cに与えていた代理権が消滅**した後であっても、**Aが代理権の消滅について善意無過失**であれば、当該売買契約により**Aは甲地を取得することができる**。

(2005-3-イ ○)

□ Aは、Bの代理人として、Bの所有地をCに売却した。Aが代理権を与えられた後売買契約締結前に破産すると、Aの代理権は消滅するが、**Aの代理権が消滅しても、Cが善意無過失**であれば、その売買契約は**有効**である。

(1994-4-4 ○ 正解肢)

講師からのアドバイス
代理人が破産すると代理権は消滅します。

Point 042 重要度A

無権代理行為の後、本人が死亡し、無権代理人が単独で本人を相続した場合、無権代理行為は当然に有効になる。

合格ステップ ①22

出題例

□ **無権代理人が本人に無断で本人の不動産を売却した後に、単独で本人を相続**した場合、本人が自ら当該不動産を売却したのと同様な法律上の効果が生じる。 (2018-10-1 ○)

□ AがBの代理人としてB所有の甲土地について売買契約を締結した。Aが無権代理人であってDとの間で売買契約を締結した後に、**Bの死亡によりAが単独でBを相続**した場合、**Dは甲土地の所有権を当然に取得**する。

(2008-3-3 ○ 正解肢)

講師からのアドバイス
無権代理人が、本人が持っていた追認拒絶権を行使して義務の履行を免れることは、信義則上許されません。したがって、無権代理行為は当然に有効になります。

Point 043 重要度 **A**

無権代理行為の後、無権代理人が死亡し、本人が単独で無権代理人を相続した場合、無権代理行為は当然には有効にならない。

合格ステップ ①22

権利関係

出題例

☐ AがBの代理人としてB所有の甲土地について売買契約を締結した。Aが無権代理人であってEとの間で売買契約を締結した後に、**Aの死亡によりBが単独でAを相続した場合、Eは甲土地の所有権を当然に取得する。**　(2008-3-4 ✕)

☐ B所有の土地をAがBの代理人として、Cとの間で売買契約を締結した。Aが無権代理人であって、**Aの死亡によりBが単独でAを相続した場合には、Bは追認を拒絶できるが、CがAの無権代理につき善意無過失であれば、CはBに対して損害賠償を請求することができる。**

(2004-2-4 ◯　正解肢)

講師からのアドバイス

本人が無権代理行為の追認を拒絶しても信義則に反しません。したがって、本人が無権代理人を相続しても、無権代理行為が当然に有効になるわけではありません。しかし、本人は無権代理人の責任を承継していますので、善意・無過失の相手方から履行又は損害賠償の請求をされた場合は責任を負わなければなりません。

Point 044 重要度 **A**

任意代理人が復代理人を選任できるのは、本人の許諾を得たとき、又はやむを得ない事由があるときである。

合格ステップ ①24

出題例

☐ AがA所有の土地の売却に関する代理権をBに与えた。Bは、自らが選任及び監督するのであれば、**Aの意向にかかわらず、いつでもEを復代理人として選任して売買契約を締結させることができる。**　(2009-2-3 ✕)

☐ Aは不動産の売却を妻の父であるBに委任し、売却に関する代理権をBに付与した。Bは、**やむを得ない事由があるときは、Aの許諾を得なくとも、復代理人を選任することができる。**

(2007-2-1 ◯　正解肢)

LEC東京リーガルマインド　2023年版 出る順宅建士 逆解き式！ 最重要ポイント555　**21**

債務不履行・解除

Point 045 重要度 **A**

両者が同時履行の関係にある債務を負っている場合、一方が自己の債務の**履行の提供**をしない限り、相手方は履行遅滞とはならない。

合格ステップ ①25

出題例

☐ AはBとの間で、土地の売買契約を締結し、Aの所有権移転登記手続とBの代金の支払を同時に履行することとした。決済約定日に、Aは所有権移転登記手続を行う債務の**履行の提供をした**が、Bが代金債務につき弁済の提供をしなかったので、Aは履行を拒否した。**Bは、履行遅滞に陥り、遅延損害金支払債務を負う。**　　　　　　　　　(2006-8-1　〇)

☐ AはBとの間で、土地の売買契約を締結し、Aの所有権移転登記手続とBの代金の支払を同時に履行することとした。決済約定日に、Aは所有権移転登記手続を行う債務の**履行の提供をした**が、Bが代金債務につき弁済の提供をしなかったので、Aは履行を拒否した。**Aは、一旦履行の提供をしているので、これを継続しなくても、相当の期間を定めて履行を催告し、その期間内にBが履行しないときは土地の売買契約を解除できる。**　　　　　　　　　(2006-8-2　〇)

講師からのアドバイス
自分がやるべきことをやった（履行の提供）のであれば相手方の責任を追及できる、ということです。

講師からのアドバイス
履行の提供を継続する必要はありません。

Point 046 重要度A

契約取消しの場合の原状回復義務は、同時履行の関係に立つ。

合格ステップ ①27

出題例

□ 売買契約が詐欺を理由として有効に**取り消された場合**における当事者双方の**原状回復義務は、同時履行の関係に立つ**。
(2003-9-4 ○)

□ AがBに甲土地を売却し、甲土地につき売買代金の支払と登記の移転がなされた後、第三者の詐欺を理由に売買契約が**取り消された場合、原状回復のため、BはAに登記を移転する義務**を、AはBに**代金を返還する義務**を負い、各義務は**同時履行の関係となる**。
(2018-1-1 ○)

講師からのアドバイス
同時履行ですので、相手方が履行しない限り、履行を拒むことができます。

Point 047 重要度A

弁済と抵当権の登記の抹消手続きは同時履行の関係に立たない。

合格ステップ ①27

出題例

□ 貸金債務の**弁済**と当該債務の担保のために経由された**抵当権設定登記の抹消登記手続**とは、同時履行の関係に立つ。
(2003-9-3 × 正解肢)

講師からのアドバイス
弁済をしなければ抵当権は消えません。

Point 048 重要度A

損害賠償額の予定をした場合、特約がない限り賠償額の増減はできない。

合格ステップ ―

出題例

□ 共に宅建業者であるＡＢ間でＡ所有の土地について、令和5年9月1日に売買代金3,000万円（うち、**手付金200万円**は同年9月1日に、残代金は同年10月31日に支払う。）とする売買契約を締結した。Ｂの債務不履行によりＡが売買契約を解除する場合、**手付金相当額を損害賠償の予定とする**旨を売買契約で定めていた場合には、特約がない限り、Ａの損害が200万円を超えていても、Ａは**手付金相当額以上に損害賠償請求はできない**。　　　　（2004-4-3　○　正解肢）

講師からのアドバイス
「損害額が多い」「少ない」という紛争を防止するために、損害賠償額をあらかじめ決めてしまうのが損害賠償額の予定です。後で増減できるのでは意味がありません。

Point 049 重要度A

債務不履行に基づき契約の解除をしても、損害賠償請求はできる。

合格ステップ ①30

出題例

□ 売主Ａは、買主Ｂとの間で甲土地の売買契約を締結し、代金の3分の2の支払と引換えに所有権移転登記手続と引渡しを行った。その後、Ｂが残代金を支払わないので、Ａは適法に甲土地の売買契約を解除した。Ａは、Ｂが契約解除後遅滞なく原状回復義務を履行すれば、契約締結後原状回復義務履行時までの間に甲土地の価格が下落して損害を被った場合でも、Ｂに対して**損害賠償を請求することはできない**。　　　　　　　　　　　　（2009-8-4　×）

□ 売主が、買主の代金不払を理由として売買契約を解除した場合には、売買契約はさかのぼって消滅するので、売主は買主に対して**損害賠償請求はできない**。　　（2005-9-2　×）

講師からのアドバイス
解除により、契約は当初から存在しなかったのと同じ状態になります。それでも債務不履行によって生じた損害は存在するため、その賠償請求はできることとされています。

Point 050 重要度A　解除による原状回復によって、登記のある第三者の権利を害することはできない。

合格ステップ ①30

出題例

□ 売主Aは、買主Bとの間で甲土地の売買契約を締結し、代金の3分の2の支払と引換えに所有権移転登記手続と引渡しを行った。その後、Bが残代金を支払わないので、Aは適法に甲土地の売買契約を解除した。Aの解除前に、BがCに甲土地を売却し、**BからCに対する所有権移転登記がなされている**ときは、BのAに対する代金債務につき不履行があることをCが知っていた場合においても、**Aは解除に基づく甲土地の所有権をCに対して主張できない。**

（2009-8-1　○　正解肢）

講師からのアドバイス
ここでいう第三者とは、解除された契約から生じた法律効果を基礎として、解除までに新たな権利を取得した者をいいます。善意・悪意は問いません。

□ AはBに甲建物を売却し、AからBに対する所有権移転登記がなされた。BがBの債権者Cとの間で甲建物につき抵当権設定契約を締結し、その**設定登記をした後、AがAB間の売買契約を適法に解除した場合、Aはその抵当権の消滅をCに主張できない。**

（2004-9-1　○　正解肢）

□ Aは、A所有の土地を、Bに対し、1億円で売却する契約を締結し、手付金として1,000万円を受領した。Aは、決済日において、登記及び引渡し等の自己の債務の履行を提供したが、Bが、土地の値下がりを理由に残代金を支払わなかったので、**登記及び引渡しはしなかった。**Bが、AB間の売買契約締結後、この土地をCに転売する契約を締結していた場合、**Aは、AB間の売買契約を解除しても、Cのこの土地を取得する権利を害することはできない。**

（2002-8-4　×　正解肢）

講師からのアドバイス
登記はA名義のままであり、第三者Cには移転していません。この場合、Aの原状回復が優先されます。

Point 051 重要度 B

売主は手付の倍額を現実に提供すれば、契約を解除することができる。

出題例

☐ 買主Aと売主Bとの間で建物の売買契約を締結し、AはBに手付を交付したが、その手付は解約手付である旨約定した。Bが本件約定に基づき売買契約を解除する場合は、Bは、Aに対して、単に口頭で手付の額の倍額を償還することを告げて受領を催告するだけでは足りず、これを**現実に提供しなければならない。** (2000-7-4 ○ 正解肢)

> **言葉の意味**
> 現実の提供とは、金銭を持参して、支払う旨を述べることなどをいいます。

Point 052 重要度 A

手付解除をすることができる時期は、相手方が履行に着手するまでである。

出題例

☐ Aを売主、Bを買主として甲土地の売買契約を締結した。BがAに解約手付を交付している場合、**Aが契約の履行に着手していない場合であっても、Bが自ら履行に着手していれば、Bは手付を放棄して売買契約を解除することができない。** (2009-10-2 ✕)

☐ 買主が、売主に対して手付金を支払っていた場合には、**売主は、自らが売買契約の履行に着手するまでは、買主が履行に着手していても、手付金の倍額を買主に支払うことによって、売買契約を解除することができる。** (2005-9-4 ✕)

> **講師からのアドバイス**
> 自らが履行に着手していても、相手方が着手していなければ手付解除は可能です。

Point 053 重要度A

手付解除をされた者が、損害賠償請求をすることはできない。

出題例

□ 買主Aと売主Bとの間で建物の売買契約を締結し、AはBに手付を交付したが、その手付は解約手付である旨約定した。Aが**本件約定に基づき売買契約を解除した場合**で、Aに債務不履行はなかったが、Bが手付の額を超える額の損害を受けたことを立証できるとき、Bは、その**損害全部の賠償を請求することができる**。　　　　　　（2000-7-3　×）

言葉の意味

解約手付とは、相手方の債務不履行がなくても、自ら手付額分の損失を覚悟することにより解除できることとする契約です。お互いに納得済みの話ですので、手付解除されたとしても損害賠償の請求をすることはできません。

弁　済

Point 054　重要度 A

受領権者としての外観を有する者に、善意・無過失でした弁済は**有効**である。

合格ステップ ①35

出題例

□ Aは、土地所有者Bから土地を賃借し、その土地上に建物を所有してCに賃貸している。Aが、Bの代理人と称して借賃の請求をしてきた無権限者に対し債務を弁済した場合、**その者に弁済受領権限があるかのような外観があり、Aがその権限があることについて善意、かつ、無過失であるときは、その弁済は有効である。**　　　　　（2005-7-2　○　正解肢）

□ Aが、Bに対して不動産を売却し、所有権移転登記及び引渡しをした。Bが、「AからDに対して代金債権を譲渡した」旨記載された偽造の文書を持参した取引上の社会通念に照らして受領権者としての外観を有する**Dに弁済した場合で、Bが善意無過失であるとき、Bは、代金債務を免れる。**

（1999-5-3改　○）

言葉の意味

「取引上の社会通念に照らして受領権者としての外観を有する者」（表見的受領権者）の規定は受領権限があるようにみえる外観を信頼して弁済をした善意の者を保護するものであるため、債権者本人と称する者の他、債権者の代理人と称する者も含まれます。

Point 055　重要度 A

弁済をするについて正当な利益を有しない第三者は、原則として、債務者の意思に反して**弁済できない**。

合格ステップ ①36

出題例

□ Aが、Bに対して不動産を売却し、所有権移転登記及び引渡しをした。Bの**親友C**が、Aに直接代金の支払を済ませても、それが**Bの意思に反する弁済である場合には、Bの意思に反することをAが知らなかったときを除き、Bの代金債権は消滅しない。**　　　　　　　　（1999-5-1改　○）

□ AのBからの借入金100万円の弁済に関して、**Aの兄C**は、

言葉の意味

「弁済をするについて正当な利益を有する第三者」とは、弁済をしなければ債権者から執行を受ける者、たとえば、物上保証人や抵当不動産の第三取得者等が正当な利益を有する第三者に該

28　　**LEC**東京リーガルマインド　2023年版 出る順宅建士 逆解き式！ 最重要ポイント555

Aが反対しても、Bの承諾があれば、**Bに弁済することができる**。　　　　　　　　　　　　　　　（1993-6-1　×　正解肢）

当します。これに対し、債務者の親・兄弟や友人知人は正当な利益を有しません。

Point 056 重要度A

弁済をするについて正当な利益を有する第三者は、債務者の意思に反しても**弁済できる**。

合格ステップ ①36

check 出題例

□ Aは、土地所有者Bから**土地を賃借し、その土地上に建物を所有してCに賃貸している**。Cは、借賃の支払債務に関して正当な利益を有しないので、**Aの意思に反して、債務を弁済することはできない**。　　（2005-7-1改　×）

Point 057 重要度A

代物弁済をするには、債権者との**契約**が必要である。

合格ステップ ―

check 出題例

□ 借地人が地代の支払を怠っている場合、借地上の建物の賃借人は、**土地賃貸人の意思に反しても**、地代について金銭以外のもので**代物弁済することができる**。
　　　　　　　　　　　　　　　　（2008-8-3　×　正解肢）

講師からのアドバイス
土地賃貸人（債権者）との間で他の給付をすることにより、債務を消滅させる旨の契約をする必要があります。

Point 058 重要度B

弁済をするにつき正当な利益を有する者は、通知・承諾の手続きなしに、弁済によって**当然**に債権者に代位する。

合格ステップ ①37

check 出題例

□ AがBに1,000万円を貸し付け、Cが**連帯保証人**となっている。CがAに対して全額弁済した場合に、Bに対して**Aが有する抵当権を代位行使するためには、Cは、Bへの通知又はBの承諾を得る必要がある**。　　（1998-4-4改　×）

講師からのアドバイス
弁済をするにつき正当な利益を有する者とは、保証人、連帯保証人、物上保証人抵当不動産の第三取得者等が該当します。

契約不適合責任

Point 059 重要度 B

全部他人物売買は有効である。

合格ステップ ―

出題例

□ Aは、中古自動車を売却するため、Bに売買の媒介を依頼し、報酬として売買代金の3%を支払うことを約した。Bの媒介によりAは当該自動車をCに100万円で売却した。この場合、**売買契約締結時には当該自動車がAの所有物ではなく**、Aの父親の所有物であったとしても、**AC間の売買契約は有効に成立する。** (2017-5-4 ○ 正解肢)

□ AからBが建物を買い受ける契約を締結した。**この建物がCの所有**で、CにはAB間の契約締結時からこれを他に売却する意思がなく、AがBにその所有権を移転することができない場合でも、**AB間の契約は有効**に成立する。

(1999-10-1 ○ 正解肢)

講師からのアドバイス

売主はその他人から権利を取得して買主に移転する義務を負います。義務が果たされなかった場合、買主は売主の債務不履行責任を追及することができます。

Point 060 重要度 A

売買の目的物の権利の**全部が他人の権利**の場合、**一部が他人の権利**の場合、どちらにおいても、売主はその権利を**取得して買主に移転する義務**を負う。

合格ステップ ①38

出題例

□ AがBから建物所有の目的で土地を買い受ける契約をしたが、この**土地がC所有**であることをAが知って契約した場合でも、Bがこの土地をCから取得してAに**移転できないとき**には、Aは、Bに対して契約を解除することができる。

(1996-8-1 ○)

□ AがBから建物所有の目的で土地を買い受ける契約をした。この土地の8割の部分はBの所有であるが、**2割の部分がC**

の所有である場合、Bは、この土地の2割の部分をCから取得して、Aに移転しなければならない。

(予想問題　○)

Point 061 重要度A

引き渡された目的物の種類・品質・数量が契約の内容に適合しないものであるとき、買主は、履行の追完請求（目的物の修補、代替物の引渡し、不足分の引渡し）、代金減額請求、損害賠償請求、契約の解除等の責任追及をすることができる。

合格ステップ ①38

出題例

☐ Aを売主、Bを買主として、A所有の甲自動車を50万円で売却する契約が締結された。Bが甲自動車の引渡しを受けたが、甲自動車のエンジンに**契約の内容に適合しない欠陥**があることが判明した場合、BはAに対して、甲自動車の**修理を請求**することができる。　　　　(2021[10月]-7-1　○)

講師からのアドバイス

売主が買主に移転した権利が契約の内容に適合しないものであるときも同様に買主は売主に契約不適合責任を追及することができます。

Point 062 重要度A

契約不適合責任のうち、履行の追完請求、代金減額請求、契約の解除について、買主は、売主に帰責事由がなくとも追及することができる

合格ステップ —

出題例

☐ Aが、自らが所有しているマンションの一室をBに売却し、Bは引渡しを受けたが、当該マンションの天井裏に欠陥があり、契約内容に適合しないものであった。当該欠陥は、2年前にAが購入した時点で存在し、Aに**帰責事由はなかった**。この場合、Bは当該契約を**解除**することができない。

(予想問題　✕)

講師からのアドバイス

損害賠償請求は、売主に帰責性がなければ追及することができません。

LEC東京リーガルマインド　2023年版 出る順宅建士 逆解き式！ 最重要ポイント555　31

Point 063 重要度A

契約不適合が、契約及び取引上の社会通念に照らして軽微である場合、契約を解除することはできない。

合格ステップ ―

出題例

□ Aが、BからB所有の土地付中古建物を買い受けて引渡しを受けたが、建物の主要な構造部分に欠陥があり、契約内容に適合しないものであった。この場合、Aが、この契約不適合を理由に、Bの契約不適合責任を追及して催告による契約の解除をするためには、その契約不適合が**契約及び取引上の社会通念に照らして軽微でない**ことが必要である。

(2003-10-2改 ○ 正解肢)

Point 064 重要度A

目的物の種類又は品質に関して契約の内容に不適合な目的物の引渡しを受けた買主が契約不適合責任を追及するには、原則として、買主が不適合を知った時から1年以内に売主に通知する必要がある。

合格ステップ ①38

出題例

□ Aが、BからB所有の土地付中古建物を買い受けて引渡しを受けたが、建物の主要な構造部分に欠陥があり、契約内容に適合しないものであった。Aが、この契約不適合を知らないまま契約を締結した場合、**契約締結から1年以内**にその旨を売主に通知しなければ、原則として、AはBに対して契約不適合責任を追及することができなくなる。

(2003-10-3改 ×)

□ 宅地建物取引業者でも事業者でもないAB間の不動産売買契約において、買主Bは、目的物の種類又は品質に関して契約内容の不適合を**知った時から1年以内**にその旨をAに通知しないときは、原則として、契約不適合責任を追及することができない。

(2007-11-4改 ○)

講師からのアドバイス

売主が引渡しの時に不適合を知り、又は重大な過失により知らなかった場合、買主は通知をする必要はありません。

□ Ａが、自らが所有している甲土地をＢに売却した場合、Ｂ
が契約不適合責任を追及する場合には、引渡しを受けた甲
土地の品質に関する契約不適合の存在を知った時から１年
以内にその契約不適合の事実をＡに通知すればよく、**１年
以内に訴訟を提起**して契約不適合責任を追及する必要はな
い。 (2008-9-3改 ○)

**Point
065**
重要度 **A**

契約不適合責任を負わない旨の特約をすることは有効だが、売主
がその不適合を知りながら買主に告げなかった事実については、
その責任を免れることはできない。

合格
ステップ ―

Check 出題例

□ Ａが、自らが所有している甲土地をＢに売却した場合にお
いて、売買契約で、Ａは甲土地の引渡しの日から２年間だ
け契約不適合責任を負う旨を合意したとしても、**Ａが知って
いたのにＢに告げなかった**契約内容に不適合な事実について
は、契約不適合責任に基づく損害賠償請求権が時効で消滅
するまで、Ｂは当該損害賠償を請求できる。

(2008-9-4改 ○)

Point 066 売買契約を媒介する者に対しては、契約不適合責任を追及することはできない。

重要度 A

出題例

☐ Aが、BからB所有の土地付中古建物を買い受けて引渡しを受けたが、建物の主要な構造部分に欠陥があり、契約内容に適合しないものであった。この場合、AB間の売買契約が、宅地建物取引業者Cの媒介により契約締結に至ったものである場合、Bに対して契約不適合責任が追及できるのであれば、**AはCに対しても契約不適合責任を追及することができる**。　　　　　　　　　　　　　　　（2003-10-4改　✕）

☐ Aは、中古自動車を売却するため、報酬として売買代金の3％を支払うことを約し**Bに売買の媒介を依頼**し、Bの媒介によりAは当該自動車をCに100万円で売却した。この場合、当該自動車の品質が契約内容に適合しない場合には、CはAに対しても、**Bに対しても、契約不適合責任を追及することができる**。　　　　　　　　　　　　　（2017-5-2改　✕）

相 続

Point 067　重要度 A
胎児は、相続人とみなされる。

合格ステップ ①39

出題例

□ 自己所有の建物に妻Bと同居していたAが、遺言を残さないまま死亡した。Aには先妻との間に子C及びDがいる。A死亡の時点でBが**Aの子Eを懐妊**していた場合、**Eは相続人とみなされ**、法定相続分は、Bが2分の1、C・D・Eは各6分の1ずつとなる。　　　　　　　(2004-12-3　○　正解肢)

 講師からのアドバイス
配偶者と子が相続人となる場合、相続分は配偶者2分の1、残り2分の1を子で分けます。

Point 068　重要度 A
相続放棄をした者の子は、代襲相続できない。

合格ステップ ①39

出題例

□ 被相続人の子が、相続の開始後に**相続放棄**をした場合、その者の子がこれを**代襲して相続人となる**。
　　　　　　　　　　　　　　　　　(2002-12-4　×　正解肢)

 講師からのアドバイス
相続放棄をすると初めから相続人とならなかったものとみなされます。

Point 069 重要度 A

相続の承認、放棄は、自己のために相続の開始を知った時から3か月以内にしなければならず、期間内に限定承認又は放棄をしないときは、単純承認とみなされる。

合格ステップ ①41

出題例

☐ 相続人が、被相続人の妻Aと子Bのみである場合（被相続人の遺言はないものとする。）、相続の承認又は放棄をすべき3か月の期間の始期は、AとBとで異なることがある。

(1998-10-1 ○)

☐ Aが死亡し、相続人がそれぞれAの子であるB及びCの2名である場合に関し、Bが自己のために相続の開始があったことを**知らない場合であっても、相続の開始から3か月が経過したときは、Bは単純承認をしたものとみなされる。**

(2016-10-4 × 正解肢)

Point 070 重要度 A

代襲相続人が数人いる場合、代襲相続人は、被代襲者の相続分を分けて相続する。

合格ステップ ①39

出題例

☐ 死亡したAに子が3人あり、Aの死亡の際、2人は存命であったが、1人は既に死亡していた。その**死亡した子には2人の嫡出子H、I**がいた。A死亡の際、配偶者もいなかった場合、Hの法定相続分は6分の1である。

(2001-11-4 ○ 正解肢)

Point 071 重要度 A

嫡出子、非嫡出子、養子、胎児、子はすべて相続人であり、その相続分は平等である。

合格ステップ ①40

出題例

☐ AとBが婚姻中に生まれたAの**子Cは、AとBの離婚の際、親権者をBと定められた**が、Aがその後再婚して、再婚にかかる配偶者がいる状態で死亡したときは、**Cには法定相続分はない**。　　　　　　　　　　　　　　　(2001-11-1　✕)

☐ Aが死亡し、被相続人Aに、配偶者B、**Bとの婚姻前に縁組した養子C**、Bとの間の実子D（Aの死亡より前に死亡）、Dの実子E及びFがいる場合、BとCとEとFが相続人となり、**EとFの法定相続分はいずれも8分の1**となる。
　　　　　　　　　　　　　　　　(1996-10-1　◯　正解肢)

講師からのアドバイス

子は、等しい割合で相続を受けることになります。配偶者Bが2分の1、子C、D全員で2分の1を平等に分けるので、各4分の1ずつとなります。そして、Dの相続分をE、Fが代襲するので、E、Fの相続分は8分の1ずつとなります。

Point 072 重要度 A

相続人が数人あるときは、限定承認は、共同相続人の全員が共同してのみこれをすることができる。

合格ステップ ①41

出題例

☐ AがBに対して1,000万円の貸金債権を有していたところ、Bが相続人C及びDを残して死亡した。Cが単純承認を希望し、Dが限定承認を希望した場合には、相続の開始を知った時から3か月以内に、**Cは単純承認を、Dは限定承認をしなければならない**。　　　　(2007-12-1　✕　正解肢)

☐ 相続人が数人あるときは、限定承認は、共同相続人の**全員**が共同してのみこれをすることができる。
　　　　　　　　　　　　　　　　(2002-12-2　◯)

講師からのアドバイス

限定承認は全員でしなければなりませんので、Cが単純承認をした以上、Dは限定承認をすることはできません。

Point 073 重要度 A
遺留分を侵害する遺贈・贈与は当然には無効とならない。

合格ステップ ①43

Check 出題例

□ Aには、相続人となる子BとCがいる。Aは、Cに老後の面倒をみてもらっているので、「甲土地を含む全資産をCに相続させる」旨の有効な遺言をした。**Bの遺留分を侵害するAの遺言は、その限度で当然に無効である。**

(2008-12-1 ×)

講師からのアドバイス
遺言は有効ですが、Bは遺留分侵害額請求をすることができます。

Point 074 重要度 A
前の遺言が後の遺言と抵触するときは、その抵触する部分については、後の遺言で前の遺言を撤回したものとみなされる。

合格ステップ ①42

Check 出題例

□ Aが公正証書で土地をBに遺贈すると遺言した場合でも、**後に自筆証書でこれをCに遺贈すると遺言したときは、Bは、Aが死亡しても、当該土地の所有権を取得しない。**

(1994-13-4 ○ 正解肢)

講師からのアドバイス
Bに遺贈するという前の遺言が撤回されたものとみなされますので、Bは土地の所有権を取得しません。

Point 075 重要度 A
遺言が遺言後の生前処分と抵触するときは、その抵触する部分については、遺言を撤回したものとみなされる。

合格ステップ ①42

Check 出題例

□ 被相続人A、相続人B及びC（いずれもAの子）として、Aが、「Aの甲土地をBに相続させる」旨の遺言をした場合で、その後甲土地を第三者Eに売却し、登記を移転したとき、その**遺言は撤回されたものとみなされる。**

(2000-10-3改 ○)

Point 076 重要度A

兄弟姉妹には、遺留分がない。

合格ステップ ①43

出題例

□ 被相続人Aの配偶者BとAの**弟C**のみが相続人であり、Aが他人Dに遺産全部を遺贈したとき、Bの遺留分は遺産の8分の3、**Cの遺留分は遺産の8分の1である**。
(1997-10-1 × 正解肢)

□ 法定相続人が配偶者Aと子Bだけである場合、Aに全財産を相続させるとの適法な遺言がなされた場合、**Bは遺留分権利者とならない**。
(2005-12-4 ×)

講師からのアドバイス
弟Cには遺留分はありません。

Point 077 重要度A

直系尊属のみが相続人となる場合以外の遺留分は、被相続人の財産の2分の1である。

合格ステップ ①43

出題例

□ Aが死亡し、相続人として、**妻Bと嫡出子C・D・E**がいる。Eの遺留分は、被相続人Aの財産の**12分の1**の額である。
(1990-11-3 ○)

講師からのアドバイス
遺留分2分の1を法定相続分にしたがって分けますので、妻Bは4分の1、嫡出子C・D・Eは4分の1×3分の1＝12分の1ずつの遺留分を持ちます。

□ 成年Aには将来相続人となるB及びC（いずれも法定相続分は2分の1）がいる。Aが「相続財産全部をBに相続させる」旨の有効な遺言をして死亡した場合、**BがAの配偶者でCがAの子であるときはCには相続財産の4分の1の遺留分があるのに対し、B及びCがAの兄弟であるときはCには遺留分がない**。
(2006-12-2 ○ 正解肢)

講師からのアドバイス
Bが配偶者でCが子であるとき、遺留分2分の1を法定相続分にしたがって分けますので、配偶者Bは4分の1、子Cは4分の1の遺留分を持ちます。

物権変動

Point 078 重要度 A
当事者以外の第三者に所有権を対抗するには、登記が必要である。

合格ステップ ①45

出題例

☐ Aを所有者とする甲土地につき、AがGとの間で10月1日に、Hとの間で10月10日に、それぞれ売買契約を締結した場合、**G、H共に登記を備えていないときには**、先に売買契約を締結したGがHに対して所有権を主張することができる。
(2007-3-4 ×)

講師からのアドバイス
二重譲渡の第一譲受人と第二譲受人はお互いに第三者にあたります。G、Hともに登記を備えていないため、どちらも所有権を主張できません。

☐ 建物がAとEとの持分2分の1ずつの共有であり、Aが自己の持分をBに売却した場合、**所有権移転登記を行っていないBは、Eに対し、この建物の持分の取得を対抗できない**。
(2004-3-3 ○)

講師からのアドバイス
BにとってEは第三者にあたりますので、Bは登記がなければEに対して持分を対抗できません。

☐ Aが自己所有の甲土地をBとCとに対して二重に譲渡してBが所有権移転登記を備えた場合に、**AC間の売買契約の方がAB間の売買契約よりも先になされたことをCが立証できれば、Cは、登記がなくても、Bに対して自らが所有者であることを主張することができる**。
(2012-6-3 ×)

Point 079 重要度 A
売主の相続人に対しては、登記がなくても対抗できる。

合格ステップ ①45

出題例

☐ Aは、自己所有の甲地をBに売却し、代金を受領して引渡しを終えたが、AからBに対する所有権移転登記はまだ行われていない。**Aの死亡によりCが単独相続し**、甲地につい

講師からのアドバイス
買主にとって、売主の権利義務を承継した売主の相続人は当事者にあたり、登記

て相続を原因とするAからCへの所有権移転登記がなされた場合、Bは、自らへの登記をしていないので、甲地の所有権をCに対抗できない。　　　　　(2005-8-1　×　正解肢)

がなくても所有権を主張することができます。

Point 080　重要度A

正当な権原なく占有している者に対しては、登記がなくても対抗できる。

合格ステップ ①45

check 出題例

□ Aは、Aが所有している甲土地をBに売却し、甲土地を**何らの権原なく不法占有**しているCがいる場合、BがCに対して甲土地の所有権を主張して明渡請求をするには、甲土地の**所有権移転登記を備えなければならない**。

(2019-1-1　×　正解肢)

Point 081　重要度A

仮装譲渡の譲受人に対しては、登記がなくても対抗できる。

合格ステップ ①45

check 出題例

□ Aは、自己所有の甲地をBに売却し引き渡したが、Bはまだ所有権移転登記を行っていない。AとFが、通じて甲地をAから**Fに仮装譲渡**し、所有権移転登記を得た場合、**Bは登記がなくとも、Fに対して甲地の所有権を主張することができる**。　　　(2003-3-4改　○)

□ Aが、債権者の差押えを免れるため、Bと通じて、A所有地をBに仮装譲渡する契約をした。DがAからこの土地の譲渡を受けた場合には、**所有権移転登記を受けていないときでも、Dは、Bに対して、その所有権を主張することができる**。

(2000-4-3改　○)

講師からのアドバイス

仮装譲渡は無効ですので、譲受人は無権利者です。無権利者には登記がなくても対抗できます。

Point 082 重要度 A

無権利の登記名義人に対しては、登記がなくても対抗できる。

合格ステップ ①45

出題例

☐ 所有権がAからBに移転している旨が登記されている甲土地について、CがBとの間で売買契約を締結して所有権移転登記をしたが、甲土地の真の所有者はAであって、Bが各種の書類を偽造して自らに登記を移していた場合、Aは所有者であることをCに対して主張できる。

(2008-2-1 ○ 正解肢)

講師からのアドバイス
書類を偽造して登記を移転したBは無権利の登記名義人であり、Bから購入して所有権移転登記をしたCも、無権利の登記名義人です。

☐ AからB、BからCに、甲地が順次売却され、AからBに対する所有権移転登記がなされた。Aが甲地につき全く無権利の登記名義人であった場合、真の所有者Dが所有権登記をBから遅滞なく回復する前に、Aが無権利であることにつき善意のCがBから所有権移転登記を受けたとき、Cは甲地の所有権をDに対抗できる。

(2001-5-1 × 正解肢)

講師からのアドバイス
Aが無権利の登記名義人であった以上、Aから購入したBも、Bから購入したCも、無権利の登記名義人となります。Cが善意であっても同様です。

Point 083 重要度 A

賃貸建物の所有権を譲り受けた者は、登記をしなければ、引渡しを受けた賃借人に賃貸人たる地位を対抗できない。

合格ステップ ―

出題例

☐ Aは、自己所有の建物をBに売却したが、Bはまだ所有権移転登記を行っていない。DがAからこの建物を賃借し、引渡しを受けて適法に占有している場合、Bは、Dに対し、この建物の所有権を対抗でき、賃貸人たる地位を主張できる。

(2004-3-2 × 正解肢)

講師からのアドバイス
いわゆるオーナーチェンジです。新しいオーナーが賃借人に賃料を請求するには、所有権の登記が必要です。

Point 084 重要度A

契約を取り消した者は、登記がなければ取消後の第三者に対抗できない。

合格ステップ ①46

出題例

□ 不動産売買契約に基づく所有権移転登記がなされた後に、売主が当該契約に係る意思表示を詐欺によるものとして適法に取り消した場合、**売主は、その旨の登記をしなければ、当該取消後に当該不動産を買主から取得して所有権移転登記を経た第三者（背信的悪意者を除く。）に所有権を対抗できない。** (2007-6-1 ○)

講師からのアドバイス

先に取り消したのですから登記を回復しようと思えばできたはずです。それを怠った場合、対抗することはできません。

□ AがBから甲土地を購入したところ、甲土地の所有者を名のるCがAに対して連絡してきた。甲土地はCからB、BからAと売却されており、CB間の売買契約がBの強迫により締結されたことを理由として取り消された場合には、**BA間の売買契約締結の時期にかかわらず、Cは登記がなくてもAに対して所有権を主張することができる。** (2010-4-2 ×)

講師からのアドバイス

取消後の第三者に対しては、登記を備えなければ、自己が所有者であることを対抗することができません。したがって、売買契約締結の時期にかかわらずとする本肢は誤りです。

Point 085 重要度A

契約を解除した者は、登記がなければ解除後の第三者に対抗できない。

合格ステップ ①46

出題例

□ 所有権がAからBに移転している旨が登記されている甲土地について、EがBとの間で売買契約を締結したが、BE間の売買契約締結の前にAがBの債務不履行を理由にAB間の売買契約を解除していた場合、**Aが解除した旨の登記をしたか否かにかかわらず、Aは所有者であることをEに対して主張できる。** (2008-2-3 ×)

講師からのアドバイス

先に解除したのですから登記を回復しようと思えばできたはずです。それを怠った場合、対抗することはできません。

Point 086 重要度A

時効により所有権を取得した者は、登記がなくても時効完成前の第三者に対抗できる。

合格ステップ ①46

出題例

□ Aから甲土地を買い受けたCが所有権の移転登記を備えた後に、甲土地を占有していたBについて甲土地所有権の取得時効が完成した場合、Bは、Cに対し、登記がなくても甲土地の所有者であることを主張することができる。（2015-4-3 ○ 正解肢）

□ AがBから甲土地を購入したところ、甲土地の所有者を名のるCがAに対して連絡してきた。Cが時効により甲土地の所有権を取得した旨主張している場合、取得時効の進行中にBA間で売買契約及び所有権移転登記がなされ、その後に時効が完成しているときには、Cは登記がなくてもAに対して所有権を主張することができる。（2010-4-3 ○ 正解肢）

講師からのアドバイス

時効取得者は、時効完成時の所有者と当事者の関係に立ち、登記なく所有権を対抗できます。時効完成前に所有権を取得した第三者も時効完成時における所有者ですので、時効取得者にとっては当事者にあたり、時効取得者は所有権を登記なく対抗できます。

Point 087 重要度A

時効により所有権を取得した者は、登記がなければ時効完成後の第三者に対抗できない。

合格ステップ ①46

出題例

□ 取得時効の完成により乙不動産の所有権を適法に取得した者は、その旨を登記しなければ、時効完成後に乙不動産を旧所有者から取得して所有権移転登記を経た第三者（背信的悪意者を除く。）に所有権を対抗できない。（2007-6-4 ○）

□ AからB、BからCに、甲地が順次売却され、AからBに対する所有権移転登記がなされた。BからCへの売却前に、取得時効の完成により甲地の所有権を取得したEがいる場合、Eがそれを理由にして所有権登記をBから取得する前に、Eの取得時効につき善意のCがBから甲地を購入し、かつ、所有権移転登記を受けたときは、Cは甲地の所有権をEに対抗できる。（2001-5-4 ○）

講師からのアドバイス

先に取得時効が完成しているのですから登記をしようと思えばできたはずです。それを怠った場合、対抗することはできません。

Point 088
重要度 **A**

共同相続の場合、相続人の1人が他の共同相続人の同意を得ずに自己名義で単独所有である旨の登記をし、これを第三者に譲渡し、所有権移転の登記をしたときは、他の共同相続人は、自己の持分については、登記なくして第三者に対抗することができる。

合格
ステップ ―

権利関係

出題例 Check

□ 共同相続財産につき、相続人の一人から相続財産に属する不動産につき所有権の全部の譲渡を受けて移転登記を備えた第三者に対して、他の共同相続人は、**自己の持分を登記なくして対抗することができる**。 　　　　(2021[12月]-6-4 ○)

□ 甲不動産につき兄と弟が各自2分の1の共有持分で共同相続した後に、**兄が弟に断ることなく単独で所有権を相続取得した旨の登記をした場合、弟は、その共同相続の登記をしなければ、共同相続後に甲不動産を兄から取得して所有権移転登記を経た第三者（背信的悪意者を除く。）に自己の持分権を対抗できない**。 　　　(2007-6-3 × 　正解肢)

□ Aが死亡し、それぞれ3分の1の相続分を持つAの子B、C及びD（他に相続人はいない。）が、全員、単純承認し、これを共同相続した。相続財産である土地につき、遺産分割協議前に、**Bが、CとDの同意なくB名義への所有権移転登記をし、これを第三者に譲渡し、所有権移転登記をしても、CとDは、自己の持分を登記なくして、その第三者に対抗できる**。 　　　　　　　(2003-12-1 ○ 　正解肢)

講師からのアドバイス

無断で単独名義の登記をした共同相続人は、自己の持分以外の持分については無権利者です。無権利者から購入した第三者も無権利者です。

不動産登記法

Point 089
重要度 **A**

建物の滅失の登記は、滅失から**1ヵ月**以内にしなければならない。

合格ステップ ①48

出題例

☐ 建物が滅失したときは、表題部所有者又は所有権の登記名義人は、その**滅失の日から1月以内**に、当該建物の滅失の登記を申請しなければならない。 (2009-14-4 ○)

Point 090
重要度 **A**

仮登記権利者が仮登記を単独で申請できるのは、**仮登記義務者の承諾**があるとき及び仮登記を命じる処分があるときである。

合格ステップ ①51

出題例

☐ 仮登記の**登記義務者の承諾**がある場合であっても、**仮登記権利者**は単独で当該仮登記の申請をすることができない。

(2008-16-2 ✕ 正解肢)

Point 091
重要度 **A**

仮登記の抹消は、**仮登記名義人の承諾**があるときは、登記上の利害関係人が単独で申請できる。

合格ステップ ①51

出題例

☐ 仮登記の抹消の申請は、**仮登記名義人の承諾**があるときは、**登記上の利害関係人**が単独ですることができる。 (2004-15-4 ○)

Point 092
重要度 **A**

相続又は法人の合併による権利の移転の登記は、登記権利者が単独で申請できる。

合格ステップ ①52

46 LEC東京リーガルマインド　2023年版 出る順宅建士 逆解き式！ 最重要ポイント555

出題例

□ 登記の申請は、登記権利者及び登記義務者が共同してする
のが原則であるが、**相続による登記は、登記権利者のみで申請することができる。**　　　　　　　　（2002-15-3　○）

Point 093 重要度 **A**

登記手続を命ずる確定判決による登記は、共同申請人の他方が単独で申請できる。

合格ステップ ①52

出題例

□ 登記権利者及び登記義務者が共同して申請することを要する登記について、登記義務者が申請に協力しない場合には、登記権利者が登記義務者に対し**登記手続を求める旨の判決を得れば、その登記義務者の申請は要しない。**（2002-15-4　○）

講師からのアドバイス

登記手続を求める旨の判決とは、登記手続を命ずる判決と同じ意味です。

Point 094 重要度 **A**

登記名義人の氏名・名称・住所についての変更の登記又は更正の登記は、登記名義人が単独で申請できる。

合格ステップ ①52

出題例

□ 登記名義人の氏名若しくは名称又は住所についての変更の登記又は更正の登記は、登記名義人が**単独で申請することができる。**　　　　　　　　　　　　　（2005-16-3　○）

Point 095 重要度 **A**

委任による登記申請の代理権は、本人の死亡によって消滅しない。

合格ステップ ―

出題例

□ 登記の申請をする者の委任による代理人の権限は、**本人の死亡によっては、消滅しない。**　　　　　　（2019-14-4　○）

抵当権

Point 096
重要度 B

抵当権の効力は、従物に及ぶ。

合格ステップ ―

出題例

□ 借地人が所有するガソリンスタンド用店舗建物に抵当権を設定した場合、当該建物の従物である地下のタンクや洗車機が抵当権設定当時に存在していれば、**抵当権の効力はこれらの従物に及ぶ**。 (2007-7-4 ○ 正解肢)

□ 抵当権の効力は、抵当権設定行為に別段の定めがあるとき等を除き、不動産に附合した物だけでなく、抵当権設定当時の抵当不動産の**従物にも及ぶ**。 (1989-7-3 ○)

□ 抵当権の対象不動産が借地上の建物であった場合、特段の事情がない限り、**抵当権の効力は当該建物のみならず借地権についても及ぶ**。 (2013-5-2 ○ 正解肢)

📖 **言葉の意味**

「刀」に対する「さや」のように、主物に付属し継続的に主物の効用を助ける物を従物といいます。ガソリンスタンド用店舗建物に対する地下タンク及び洗車機や、借地上の建物に対する借地権も従物となります。

Point 097
重要度 A

抵当権者は、抵当目的物の売却代金、賃料、滅失・損傷による損害賠償請求権、保険金請求権に物上代位することができる。ただし、抵当権者は払渡しの前に差押えをしなければならない。

合格ステップ ①55

出題例

□ 抵当権者は、抵当権を設定している不動産が賃借されている場合には、賃料の払渡しの前に他の債権者よりも先に差し押さえて、**賃料に物上代位することができる**。 (2005-5-2 ○)

□ 抵当権者も先取特権者も、その目的物が火災により焼失して債務者が火災保険金請求権を取得した場合には、その**火災保険金請求権に物上代位することができる**。 (2009-5-1 ○ 正解肢)

□ AはBから2,000万円を借り入れて土地とその上の建物を購入し、Bを抵当権者として当該土地及び建物に2,000万円を被担保債権とする抵当権を設定し、登記した。当該建物に火災保険が付されていて、当該建物が火災によって焼失してしまった場合、Bの抵当権は、**火災保険契約に基づく損害保険金請求権に対しても行使することができる**。

(2010-5-2 ○)

講師からの アドバイス
本肢においては、抵当権の目的物は土地です。その目的物ではなく、建物に火災保険が付されているに過ぎません。

□ 甲土地上の建物が火災によって焼失してしまったが、当該建物に火災保険が付されていた場合、Bは、**甲土地の抵当権に基づき**、この火災保険契約に基づく損害保険金を請求することができる。

(2016-4-2 ✕ 正解肢)

Point 098
重要度 Ⓐ

抵当権設定登記後に設定された賃借権は、原則として、抵当権者及び競売における買受人に対抗できない。ただし、建物賃借権については、6ヵ月の明渡し猶予がある。

合格ステップ ①60

Check 出題例

□ AはBから2,000万円を借り入れて土地とその上の建物を購入し、Bを抵当権者として当該土地及び建物に2,000万円を被担保債権とする抵当権を設定し、登記した。**Bの抵当権設定登記後にAがDに対して当該建物を賃貸し**、当該建物をDが使用している状態で**抵当権が実行され当該建物が競売された場合、Dは競落人に対して直ちに当該建物を明け渡す必要はない**。

(2010-5-3 ○)

講師からの アドバイス
Dは建物賃借権の賃借人ですので、6ヵ月の明渡し猶予があります。したがって、直ちに明け渡す必要はありません。

□ A所有の**甲土地**にBのCに対する債務を担保するためにCの**抵当権が設定**され、その旨の登記がなされた後において、Cに対抗することができない賃貸借により甲土地を競売手続の開始前から使用するEは、甲土地の競売における買受人Fの買受けの時から6か月を経過するまでは、甲土地をFに引き渡すことを要しない。

(2022-4-2 ✕)

講師からの アドバイス
6ヵ月の明渡しの猶予の制度は、あくまでも建物に目的とした抵当権設定の場合だけです。

LEC東京リーガルマインド　2023年版 出る順宅建士 逆解き式！ 最重要ポイント555　**49**

Point 099 重要度 A

法定地上権が成立するためには、抵当権設定時に、土地の上に建物が存在することが必要である。

合格ステップ ①61

check 出題例

☐ 更地である土地の抵当権者が抵当権設定後に地上建物が建築されることを承認した場合であっても、土地の抵当権設定時に土地と所有者を同じくする地上建物が存在していない以上、地上建物について法定地上権は成立しない。（2009-7-2 ○）

Point 100 重要度 A

法定地上権が成立するためには、抵当権設定時に、土地と建物の所有者が同一人であることが必要である。

合格ステップ ①61

check 出題例

☐ 土地に1番抵当権が設定された当時、土地と地上建物の所有者が異なっていたとしても、2番抵当権設定時に土地と地上建物の所有者が同一人となれば、土地の抵当権の実行により土地と地上建物の所有者が異なるに至ったときは、地上建物について法定地上権が成立する。　（2009-7-3　✕　正解肢）

講師からのアドバイス
1番抵当権設定時に土地と建物の所有者が異なる以上、法定地上権は成立しません。

Point 101 重要度 A

更地に抵当権を設定した後に建物が築造されたときは、抵当権者は、土地とともにその建物を競売することができる。ただし、その優先権は、土地の代価についてのみ行使することができる。

合格ステップ ①61

check 出題例

☐ 土地に抵当権が設定された後に抵当地に建物が築造されたときは、一定の場合を除き、抵当権者は土地とともに建物を競売することができるが、その優先権は土地の代価についてのみ行使することができる。　　　　　　　　（2015-6-4　○）

根抵当権

Point 102 重要度 A

元本の確定前に根抵当権者から債権を取得した者は、その債権に

合格ステップ ①62

出題

- 普通抵当
  は、担保
  とともに
- 元本の確
  権を取得
  とはで

Point 103 重要度 A

極度額まで

合格ステップ ①62

出題

- 普通抵当権でも、根抵当権でも、遅延損害金については、最後の２年分を超えない利息の範囲内で担保される。
  (2003-6-4 ×)
- 登記された極度額が１億円の場合、根抵当権者は、元本１億円とそれに対する最後の２年分の利息及び損害金の合計額につき、優先弁済を主張できる。 (2000-5-3 ×)
- 根抵当権者は、総額が極度額の範囲内であっても、被担保債権の範囲に属する利息の請求権については、その満期となった最後の２年分についてのみ、その根抵当権を行使することができる。 (2011-4-1 ×)

保証・連帯債務

Point 104 重要度 A
保証債務は、債権者と保証人の契約であり、主たる債務者の意思に反して結ぶこともできる。

合格ステップ ①63

出題例
□ 保証人となるべき者が、主たる債務者と連絡を取らず、同人からの**委託を受けないまま**債権者に対して保証したとしても、その保証契約は有効に成立する。　（2010-8-1　○）

Point 105 重要度 A
保証契約は書面又は電磁的記録でしなければ、その効力を生じない。

合格ステップ ①63

出題例
□ 保証人となるべき者が、**口頭で明確に**特定の債務につき保証する旨の意思表示を債権者に対してすれば、その保証契約は有効に成立する。　（2010-8-2　×　正解肢）

Point 106 重要度 A
主たる債務者について生じた事由の効力は、原則として保証人に及ぶ。

合格ステップ ①64

出題例
□ Aは、Aの所有する土地をBに売却し、Bの売買代金の支払債務についてCがAとの間で保証契約を締結した。Cの保証債務にBと連帯して債務を負担する特約がない場合、**Bに対する**裁判上の請求その他消滅時効の完成猶予及び更新は、**Cに対しても**その効力を生ずる。　（2003-7-4改　○）

Point 107
重要度 A

債権者が連帯保証人以外の保証人に債務の履行を請求したときは、保証人は、まず主たる債務者に催告をすべき旨を請求することができる。

合格ステップ ①65

権利関係

Check 出題例

□ Aは、Aの所有する土地をBに売却し、Bの売買代金の支払債務についてCがAとの間で保証契約を締結した。Cの保証債務がBとの**連帯保証債務**である場合、**AがCに対して保証債務の履行を請求してきても、CはAに対して、まずBに請求するよう主張できる。** (2003-7-1　✕　正解肢)

□ **連帯保証ではない場合の保証人は、債権者から債務の履行を請求されても、まず主たる債務者に催告すべき旨を債権者に請求できる。**ただし、主たる債務者が破産手続開始の決定を受けたとき、又は行方不明であるときは、この限りでない。 (2010-8-3　○)

講師からのアドバイス

二次的な責任しか負わない保証人とは異なり、連帯保証人は主たる債務者と連帯して債務を負っています。したがって、まず主たる債務者に請求するように主張すること（これを催告の抗弁権といいます）はできません。

Point 108
重要度 A

保証人に生じた事由のうち、履行（弁済等）及び相殺以外は主たる債務者に及ばない。

合格ステップ ―

Check 出題例

□ AがBに1,000万円を貸し付け、Cが連帯保証人となった。AがCに対して請求の訴えを提起し、確定判決によって権利が確定すれば、**Bに対する関係で消滅時効の更新の効力が生ずる。** (1998-4-3改　✕)

□ DからEが1,000万円を借り入れ、Fがその借入金返済債務についてEと連帯して保証する場合、Dが、Eに対して債務を免除した場合にはFが、**Fに対して債務を免除した場合にはEが、それぞれ全額の債務を免れる。** (2008-6-1改　✕)

LEC東京リーガルマインド　2023年版 出る順宅建士 逆解き式！ 最重要ポイント555　**53**

Point 109 重要度 A

債権者は、**すべて**の連帯債務者に対し、**同時**に**全部**の履行を請求することができる。

合格ステップ ①68

出題例

□ AとBとが共同で、Cから、C所有の土地を2,000万円で購入し、代金を連帯して負担する（**連帯債務**）と定めた。**Cは、Aに対して2,000万円の請求をすると、それと同時には、Bに対しては、全く請求をすることができない。**

(2001-4-4 ×)

講師からのアドバイス

債権者に権利行使の自由を認めることによって、債権の効力強化を図っています。

Point 110 重要度 A

連帯債務者の1人に生じた事由のうち、**履行（弁済等）**、**相殺**、**混同**、**更改**以外は他の連帯債務者に及ばない。

合格ステップ ①68

出題例

□ A及びBは、Cの所有地を買い受ける契約をCと締結し、**連帯して代金を支払う債務を負担している。CがBに対して支払いを請求して、Cの代金債権の消滅時効の完成が猶予されたときは、Aの債務についても、完成が猶予される。**

(1991-6-3改 ×)

□ AとBが、Cから土地を購入し、Cに対する代金債務については**連帯して**負担する契約を締結した場合で、AとBの共有持分及び代金債務の負担部分はそれぞれ2分の1とする旨の約定がある。**Cが、Aに対して代金債務の全額を免除した場合でも、Bに対して代金の全額を請求することができる。**

(1996-4-3改 ○)

□ 債務者A、B、Cの3名が、内部的な負担部分の割合は等しいものとして合意した上で、債権者Dに対して300万円の連帯債務を負った場合に、AとDとの間に**更改**があったときは、300万円の債権は、**全ての連帯債務者の利益のために消滅する。**

(2021[10月]-2-4 ○)

共 有

Point 111 重要度 A

共有者の1人が、その持分を放棄したとき、又は死亡して相続人がなく特別縁故者への財産分与もなされないときは、その持分は他の共有者に帰属する。

合格ステップ ①69

出題例

□ A、B及びCが、持分を各3分の1とする甲土地を共有している。**Aがその持分を放棄**した場合には、その持分は所有者のない不動産として、**国庫に帰属する。**

(2007-4-4　×　正解肢)

□ A、B及びCが、持分を各3分の1として甲土地を共有している。**Aが死亡し、相続人の不存在が確定**した場合、Aの持分は、民法第958条の3の特別縁故者に対する財産分与の対象となるが、当該財産分与がなされない場合は**B及びCに帰属する。** (2006-4-4　○)

□ A、B及びCが、持分を各3分の1で建物を共有している。**Aが、その共有持分を放棄**した場合、この建物は、**BとCの共有となり、共有持分は各2分の1となる。** (2003-4-3　○)

Point 112 重要度 A

共有持分権の売却には、他の共有者の同意は不要である。

合格ステップ ①69

出題例

□ A、B及びCが、持分を各3分の1で建物を共有している。**Aは、BとCの同意を得なければ、この建物に関するAの共有持分権を売却することはできない。**

(2003-4-1　×　正解肢)

講師からのアドバイス

共有物の売却は、他の共有者の同意を得なければ、することができません。

Point 113 重要度 A

不法占拠者への明渡請求は、各共有者が単独でできる。

合格ステップ ①70

出題例

□ A、B及びCが、持分を各3分の1として甲土地を共有している。**甲土地全体がDによって不法に占有されている場合、Aは単独でDに対して、甲土地の明渡しを請求できる。**
(2006-4-1 ◯)

□ A・B・Cが、持分を6・2・2の割合とする建物の共有をしている。**この建物をEが不法占有している場合には、B・Cは単独でEに明渡しを求めることはできないが、Aなら明渡しを求めることができる。**
(2001-1-3 ✕)

講師からのアドバイス
不法占拠者への明渡請求は共有物の保存行為にあたり、各共有者がすることができます。持分割合は関係ありません。

Point 114 重要度 A

共有物に対する不法行為に基づく損害賠償は、各共有者は自己の持分についてのみ請求することができる。

合格ステップ ①70

出題例

□ A、B及びCが、持分を各3分の1として甲土地を共有している。甲土地全体がEによって不法に占有されている場合、**Aは単独でEに対して、Eの不法占有によってA、B及びCに生じた損害全額の賠償を請求できる。**
(2006-4-2 ✕ 正解肢)

Point 115 重要度 A

共有物に関する賃貸借契約の解除は、各共有者の**持分価格の過半数**の賛成で行う。

合格ステップ ①70

出題例

□ A、B及びCが、**持分を各3分の1とする甲土地を共有して**いる。A、B及びCが甲土地について、Eと賃貸借契約を締結している場合、**AとBが合意すれば、Cの合意はなくとも、賃貸借契約を解除することができる**。 （2007-4-2 ○）

講師からのアドバイス
賃貸借契約の締結・解除は共有物の管理行為にあたり、各共有者の持分価格の過半数で決します。

Point 116 重要度 A

共有物の物理的変更（その形状又は効用の著しい変更を伴わないものを除く。）には、**共有者全員**の同意が必要である。

合格ステップ ①70

出題例

□ A、B及びCが、持分を各3分の1で建物を共有している。**Aは、BとCの同意を得なければ、この建物に物理的損傷及び改変などの変更を加えることはできない**。 （2003-4-2 ○）

講師からのアドバイス
変更行為には共有者全員の同意が必要です。なお、共有物の売却も変更行為に該当します。

Point 117
重要度 Ⓐ

裁判による分割の場合であっても、特段の事情があれば、共有物を共有者のうちの1人の単独所有とし、この者から他の共有者に対して持分の価格を賠償させる方法による分割をすることができる。

合格ステップ ―

Check 出題例

□ A、B及びCが、持分を各3分の1として甲土地を共有している。共有物たる甲土地の分割について共有者間に協議が調わず、裁判所に分割請求がなされた場合、**裁判所は特段の事情があれば、甲土地全体をAの所有とし、AからB及びCに対し持分の価格を賠償させる方法により分割することができる**。 (2006-4-3 ○)

□ A・B・Cが持分を6・2・2の割合とする建物の共有をしている。**裁判による共有物の分割では、Aに建物を取得させ、AからB・Cに対して適正価格で賠償させる方法によることは許されない**。 (2001-1-4 ✕)

講師からの アドバイス
この分割方法を価格賠償といいます。

Point 118
重要度 Ⓐ

共有物を分割しない契約は、5年を超えないものに限り有効である。

合格ステップ ①71

Check 出題例

□ A、B及びCが、持分を各3分の1とする甲土地を共有している。A、B及びCは、**5年を超えない期間内は甲土地を分割しない旨の契約を締結することができる**。 (2007-4-3 ○)

□ A、B及びCが、持分を各3分の1で建物を共有している。各共有者は何時でも共有物の分割を請求できるのが原則であるが、**5年を超えない期間内であれば分割をしない旨の契約をすることができる**。 (2003-4-4 ○)

講師からの アドバイス
共有物の分割は、各共有者がいつでも請求することができるのが原則です。

58　LEC東京リーガルマインド　2023年版 出る順宅建士 逆解き式！ 最重要ポイント555

建物区分所有法

Point 119 重要度 A

共用部分の変更は、その形状又は効用の著しい変更を伴わないものを除き、区分所有者及び議決権の各４分の３以上の多数による集会の決議で決するが、区分所有者の定数は規約でその過半数まで減ずることができる。

合格ステップ ①74

出題例

□ 共用部分の変更（その形状又は効用の著しい変更を**伴わないものを除く。**）は、区分所有者及び議決権の各４分の３以上の多数による集会の決議で決するが、規約でこの**区分所有者の定数及び議決権を**各過半数まで減ずることができる。
(2012-13-2　×　正解肢)

□ 共用部分の変更（その形状又は効用の著しい変更を伴わないものを除く。）は、区分所有者及び議決権の各４分の３以上の多数による集会の決議で決するが、この区分所有者の定数は、規約で**２分の１以上の多数まで減ずることができる。
(2020[10月]-13-1　×)

講師からのアドバイス

規約で変更が可能なのは、「区分所有者」の定数だけであり、議決権は変更できません。また、減じることができるのは「過半数」までであり、２分の１以上とすることはできません。

Point 120 重要度 A

区分所有者は、規約に別段の定めがない限り、集会の決議によって、管理者を選任し、又は解任することができる。

合格ステップ ―

出題例

□ 区分所有者は、**規約に別段の定めがない限り**集会の決議によって、管理者を選任し、又は解任することができる。
(2008-15-3　○　正解肢)

□ 区分所有者が管理者を選任する場合は、集会の決議の方法で決することが必要で、**規約によっても、それ以外の方法による旨定めることはできない。**
(2000-13-1　×)

講師からのアドバイス

規約に別段の定めをすることができます。

Point 121 重要度A

公正証書による規約を設定することができるのは、最初に建物の専有部分の全部を所有する者である。

合格ステップ ー

出題例

☐ 他の区分所有者から区分所有権を譲り受け、建物の専有部分の全部を所有することとなった者は、公正証書による規約の設定を行うことができる。　　(2009-13-4　✕　正解肢)

☐ 最初に建物の専有部分の全部を所有する者は、公正証書により、建物の共用部分を定める規約を設定することができる。　　　　　　　　　　　　　　　　　　(2007-15-2　◯)

ステップ・アップ

公正証書による規約で定めることができるのは、規約共用部分、規約敷地、専有部分とその専有部分に係る敷地利用権の分離処分禁止、敷地利用権の割合です。

Point 122 重要度A

規約の保管場所は建物内の見やすい場所に掲示しなければならないが、各区分所有者に通知する必要はない。

合格ステップ ー

出題例

☐ 規約の保管場所は、各区分所有者に通知するとともに、建物内の見やすい場所に掲示しなければならない。

(2007-15-4　✕　正解肢)

講師からのアドバイス

通知は不要です。

Point 123 重要度A

規約は管理者が保管しなければならない。ただし、管理者がないときは、建物を使用している区分所有者又はその代理人で、規約又は集会の決議で定めるものが保管しなければならない。

合格ステップ ー

出題例

☐ 規約は、管理者が保管しなければならない。ただし、管理者がないときは、建物を使用している区分所有者又はその代理人で**理事会**又は集会の決議で定めるものが保管しなければならない。　　　　　　　　　　　　　(2008-15-4　✕)

講師からのアドバイス

理事会ではありません。

60　LEC東京リーガルマインド　2023年版 出る順宅士 逆解き式！最重要ポイント555

Point 124 重要度 A
管理者は、少なくとも毎年1回集会を招集しなければならない。

出題例

□ 管理者は、少なくとも**毎年2回**集会を招集しなければならない。また、区分所有者の5分の1以上で議決権の5分の1以上を有するものは、管理者に対し、集会の招集を請求することができる。 (2008-15-1 ✕)

□ 管理者は、集会において、**毎年2回**一定の時期に、その事務に関する報告をしなければならない。(2016-13-11 ✕)

毎年2回ではありません。

Point 125 重要度 A
集会の招集の通知は、会日より少なくとも1週間前に、会議の目的たる事項を示して、各区分所有者に発しなければならない。ただし、この期間は規約で伸縮することができる。

出題例

□ 管理者は、少なくとも毎年1回集会を招集しなければならない。また、招集通知は、会日より少なくとも**1週間前**に、会議の目的たる事項を示し、各区分所有者に発しなければならない。ただし、この期間は、規約で**伸縮**することができる。 (2009-13-1 〇)

□ 集会の招集の通知は、会日より少なくとも**2週間前**に発しなければならないが、この期間は規約で伸縮することができる。 (2006-16-1 ✕)

2週間前ではありません。

Point 126 重要度 A

集会は、区分所有者**全員**の同意があるときは、招集の手続きを経ないで開くことができる。

合格ステップ ―

出題例

□ 集会は、**区分所有者及び議決権の各4分の3以上の多数の同意**があるときは、招集の手続きを経ないで開くことができる。　(2008-15-2 ✗)

□ 管理者は、少なくとも毎年1回集会を招集しなければならないが、集会は、**区分所有者全員の同意**があるときは、招集の手続を経ないで開くことができる。

(2001-15-4 ○　正解肢)

講師からのアドバイス

全員の同意が必要です。

賃貸借

Point 127 重要度A
建物の賃貸借契約の締結には、原則として書面は不要である。

合格ステップ ―

出題例

□ 定期建物賃貸借契約は書面によって契約を締結しなければ有効とはならないが、**一時使用賃貸借契約は書面ではなく口頭で契約しても有効となる**。　　　　（2007-14-1　○　正解肢）

□ 動産の賃貸借契約は、当事者の合意があれば書面により契約を締結しなくても効力を生じるが、**建物の賃貸借契約（定期建物賃貸借、取壊し予定の建物の賃貸借、一時使用目的の建物の賃貸借を除く。）は、書面により契約を締結しなければ無効である**。　　　　（2005-15-1　×）

講師からのアドバイス
定期建物賃貸借、取壊し予定の建築物の賃貸借は、書面により契約する必要がありますが、一時使用目的の建物賃貸借及びその他の建物賃貸借は書面により契約をする必要はありません。

Point 128 重要度A
賃借人は、賃借物について必要費を支出したときは、賃貸人に対し、直ちにその償還を請求することができる。

合格ステップ ①86

出題例

□ AがBからBの所有する建物を賃借している場合、AはBの負担すべき**必要費を支出したときは、ただちに、Bに対してその償還を請求することができる**。　（1991-13-2改　○）

Point 129
重要度 A

賃借人が支出した有益費については、価格の増加が現存する場合に限り、賃借人は賃貸借契約終了の時に償還請求できるが、その額は、支出した金額又は増価額のうち**賃貸人が選択した額**である。

合格ステップ ①86

出題例

□ AがBからBの所有する建物を賃借している場合、Aは有益費を支出したときは、賃貸借終了の際、その価格の増加が現存する場合に限り、**自らの選択により**その費した金額又は増加額の償還を請求することができる。

(1991-13-3　✕　正解肢)

講師からの アドバイス
賃借人Aの選択した額ではなく、賃貸人Bの選択した額です。

Point 130
重要度 A

借地借家法が適用されない賃貸借契約の最長期間は、**50年**である。

合格ステップ ―

出題例

□ 甲土地の所有者が甲土地につき、建物の所有を目的として賃貸する場合(以下「ケース①」という。)と、**建物の所有を目的とせずに資材置場として賃貸する場合**(以下「ケース②」という。)に関して、賃貸借の存続期間を60年と定めた場合には、ケース①では書面で契約を締結しなければ期間が30年となってしまうのに対し、ケース②では**口頭による合意であっても期間は60年となる。**　(2014-11-1改　✕)

講師からの アドバイス
ケース①、ケース②ともに誤りです

□ 自らが所有している甲土地を有効利用したいAと、同土地上で事業を行いたいBが契約を締結しようとしている。甲土地につき、Bが建物を所有して小売業を行う目的で公正証書によらずに存続期間を35年とする土地の賃貸借契約を締結する場合、約定の期間、当該契約は存続する。しかし、**Bが建物を建築せず駐車場用地として利用する目的で存続期間を55年として土地の賃貸借契約を締結する場合には、期間は定めなかったものとみなされる。**　(2006-13-1　✕　正解肢)

講師からの アドバイス
期間を定めなかったものとなるのではなく、50年となります。

64　LEC東京リーガルマインド　2023年版 出る順宅建士 逆解き式！ 最重要ポイント555

Point
131
重要度 **B**

借地借家法が適用されない賃貸借契約には、最短期間の制限がない。

合格ステップ ―

出題例

□ 動産の賃貸借契約は、賃貸人と賃借人が合意して契約期間を 6月と定めればそのとおりの効力を有するが、建物の賃貸借 契約（定期建物賃貸借、取壊し予定の建物の賃貸借、一時 使用目的の建物の賃貸借を除く。）は、賃貸人と賃借人が合 意して契約期間を6月と定めても期間を定めていない契約 とみなされる。 (2005-15-3 ○ 正解肢)

Point
132
重要度 **A**

借地借家法が適用されない賃貸借契約の期間を当事者が定めな かったときは、各当事者はいつでも解約の申入れをすることがで きる。

合格ステップ ―

出題例

□ Aが所有している甲土地を**平置きの駐車場用地として利用し ようとするBに貸す場合**と、一時使用目的ではなく建物所有 目的を有するCに貸す場合とについて、土地賃貸借契約の 期間を定めなかった場合、**Aは、Bに対しては、賃貸借契約 開始から1年が経過すればいつでも解約の申入れをすること ができる**のに対し、Cに対しては、賃貸借契約開始から30 年が経過しなければ解約の申入れをすることができない。

(2008-13-3 ✕)

講師からの アドバイス
AはBに対して、賃 貸借契約開始から1 年が経過しなくて も、いつでも解約の 申入れをすることが できます。

権利関係

Point 133 重要度A

借地借家法が適用されない不動産賃借権を第三者に対抗するには、登記が必要である。

合格ステップ ―

Check 出題例

□ 賃借人が**賃借権の登記もなく**建物の引渡しも受けていないうちに建物が売却されて所有者が変更すると、定期建物賃貸借契約の借主は賃借権を所有者に主張できないが、**一時使用賃貸借の借主は賃借権を所有者に主張できる**。

(2007-14-4　✕)

講師からのアドバイス

建物の賃貸借であっても、一時使用賃貸借には借地借家法は適用されません。

Point 134 重要度A

賃借人が賃貸人の承諾を得ずに第三者に賃借物を使用又は収益させた場合であっても、背信的行為と認めるに足りない特段の事情があるときは、賃貸人は賃貸借契約を解除することができない。

合格ステップ ①87

Check 出題例

□ AがB所有の建物について賃貸借契約を締結し、引渡しを受けた。AがBの承諾なく当該建物をCに転貸しても、この転貸がBに対する**背信的行為と認めるに足りない特段の事情があるとき**は、BはAの無断転貸を理由に賃貸借契約を解除することはできない。　(2006-10-1　〇)

□ Aは、A所有の甲建物につき、Bとの間で期間を10年とする借地借家法第38条第1項の定期建物賃貸借契約を締結し、Bは甲建物をさらにCに賃貸（転貸）した。BがAに無断で甲建物をCに転貸した場合には、**転貸の事情のいかんにかかわらず、AはAB間の賃貸借契約を解除することができる**。

(2013-11-1　✕)

Point 135 重要度 A

建物明渡債務と敷金返還債務は同時履行の関係ではなく、**建物明渡債務**を先に履行しなければならない。

出題例

□ 借主Aは、B所有の建物について貸主Bとの間で賃貸借契約を締結し、敷金として賃料2カ月分に相当する金額をBに対して支払ったが、当該敷金についてBによる賃料債権への充当はされていない。賃貸借契約が終了した場合、建物明渡しと敷金返還とは同時履行の関係に立たず、**Aの建物明渡しはBから敷金の返還された後に行えばよい。**

(2003-11-1　×)

□ Aは、BからB所有の建物を賃借し、特段の定めをすることなく、敷金として50万円をBに交付した。賃貸借契約が終了した場合、**建物明渡債務と敷金返還債務とは常に同時履行の関係にあり、Aは、敷金の支払と引換えにのみ建物を明け渡すと主張できる。**

(2001-9-3　×)

□ マンションの賃貸借契約終了に伴う**賃貸人の敷金返還債務と、賃借人の明渡債務は、特別の約定のない限り、同時履行の関係に立つ。**

(2015-8-ア　×)

□ 建物の賃貸借契約が期間満了により終了した場合、賃借人から敷金の返還請求を受けた**賃貸人は、賃貸物の返還を受けるまでは、これを拒むことができる。**

(2020[10月]-4-3　○　正解肢)

言葉の意味

敷金とは、明渡しまでに生じた賃借人の債務すべてを担保するものです。敷金の返還は明渡しの後に行います。

講師からのアドバイス

建物の明渡しが先です。

Point 136 重要度A
賃貸人たる地位が移転した場合、敷金に関する権利義務は新賃貸人に承継される。

合格ステップ ①89

出題例

□ Aは、自己所有の甲建物（居住用）をBに賃貸し、引渡しも終わり、敷金50万円を受領した。**AがC建物をCに譲渡し、所有権移転登記を経た場合**、Bの承諾がなくとも、敷金が存在する限度において、**敷金返還債務はAからCに承継される**。
(2008-10-2 ○)

□ 借主Aは、B所有の建物について貸主Bとの間で賃貸借契約を締結し、敷金として賃料2カ月分に相当する金額をBに対して支払ったが、当該敷金についてBによる賃料債権への充当はされていない。賃貸借契約期間中にBが建物をCに譲渡した場合で、**Cが賃貸人の地位を承継したとき、敷金に関する権利義務は当然にCに承継される**。
(2003-11-2 ○ 正解肢)

ステップ・アップ
建物賃貸借契約が終了した後、建物の明渡し前に、建物の所有権が移転した場合、敷金に関する権利義務は、旧所有者と新所有者の合意のみによっては、新所有者に承継されません。

Point 137 重要度A
賃借権が譲渡された場合、敷金に関する権利義務は原則として新賃借人に承継されない。

合格ステップ ①89

出題例

□ Aは、自己所有の甲建物（居住用）をBに賃貸し、引渡しも終わり、敷金50万円を受領した。BがAの承諾を得て**賃借権をDに移転する場合**、賃借権の移転合意だけでは、**敷金返還請求権（敷金が存在する限度に限る。）はBからDに承継されない**。
(2008-10-3 ○)

借地借家法（借家）

権利関係

Point 138
重要度 **A**

期間を１年未満とする建物の賃貸借は、期間の定めがない建物の賃貸借とみなされる。

合格ステップ ①91

出題例

□ 動産の賃貸借契約は、賃貸人と賃借人が合意して契約期間を６月と定めればそのとおりの効力を有するが、**建物の賃貸借契約**（定期建物賃貸借、取壊し予定の建物の賃貸借、一時使用目的の建物の賃貸借を除く。）**は、賃貸人と賃借人が合意して契約期間を６月と定めても期間を定めていない契約とみなされる。**　　　　　　　　　　　（2005-15-3　○　正解肢）

Point 139
重要度 **A**

期間の定めがある建物賃貸借において、賃貸人が更新拒絶をするには、期間満了の１年前から６ヵ月前までの間に正当事由ある更新拒絶の通知をすることが必要である。

合格ステップ ①91

出題例

□ 期間の定めのある建物賃貸借において、賃貸人が、期間満了の１年前から６月前までの間に、**更新しない旨の通知を出すのを失念した**ときは、賃貸人に借地借家法第28条に定める正当事由がある場合でも、**契約は期間満了により終了しない。**　　　　　　　　　　　（2002-14-1　○　正解肢）

□ ＡがＢと、Ｂ所有の甲建物につき、居住を目的として、期間３年、賃料月額20万円と定めて賃貸借契約を締結した場合、ＡもＢも相手方に対し、賃貸借契約の期間満了前に何らの通知もしなかったとき、従前の契約と同一の条件で契約を更新したものとみなされるが、その**期間は定めがないものとなる。**　　　　　　　　　　　（2016-12-1　○）

ステップ・アップ
期間は定めのないものとなります。

LEC東京リーガルマインド　2023年版 出る順宅建士 逆解き式！ 最重要ポイント555　69

Point 140 重要度 A

期間の定めのない建物賃貸借において、賃貸人が正当事由ある解約申入れをした場合に契約が終了するのは、解約申入れの日から **6ヵ月**を経過した日である。

合格ステップ ①91

出題例

□ 期間の定めのない建物賃貸借契約において、**賃貸人が、解約の申入れをしたときで、その通知に借地借家法第28条に定める正当事由がある場合は、解約の申入れの日から3月を経過した日に、契約は終了する。** (2002-14-4 ×)

講師からのアドバイス
3ヵ月ではありません。6ヵ月が経過した日に終了します。

Point 141 重要度 A

建物の賃貸借は、賃借権の登記がなくても、建物の引渡しがあったときは対抗力が認められる。

合格ステップ ①92

出題例

□ Aが、B所有の建物を賃借している。Aが、建物に自ら居住せず、**Bの承諾を得て第三者に転貸し、居住させているとき**は、Aは、Bからその建物を買い受けた者に対し、**賃借権を対抗することができない。** (2000-12-1 ×)

□ Aは、B所有の甲建物につき、居住を目的として、期間2年、賃料月額10万円と定めた賃貸借契約をBと締結して建物の**引渡し**を受けた。本件契約期間中にBが甲建物をCに売却した場合、Aは甲建物に賃借権の登記をしていなくても、**Cに対して甲建物の賃借権があることを主張することができる。** (2010-12-1 ○)

□ AがBとの間で、A所有の甲建物について、期間3年、賃料月額10万円と定めた賃貸借契約を締結したが、Cが、AB間の賃貸借契約締結前に、Aと甲建物の賃貸借契約を締結していた場合、**AがBに甲建物を引き渡しても、Cは、甲建物の賃借権をBに対抗することができる。** (2015-11-3 ×)

講師からのアドバイス
転借人が居住していれば引渡しがあったといえます。

Point 142
重要度 A

造作買取請求を認めない旨の特約は、有効である。

合格ステップ ①93

出題例

□ 賃貸人Aと賃借人Bとの間の居住用建物の賃貸借契約に関し、「Aは、Bが建物に造作を付加することに同意するが、Bは、賃貸借の終了時に、Aに対してその**造作の買取りを請求しない**」旨の特約は有効である。

(1999-14-1 ○ 正解肢)

□ 建物賃貸借契約において、期間満了により賃貸借契約が終了する際に賃借人は**造作買取請求をすることができない旨の規定**は、定期借家契約では有効であるが、普通借家契約では無効である。 (2015-12-3 ×)

□ AがBと、B所有の甲建物につき、居住を目的として、期間3年、賃料月額20万円と定めて賃貸借契約を締結した場合、甲建物の適法な転借人であるCが、Bの同意を得て甲建物に造作を付加したとき、期間満了により賃貸借契約が終了するときは、**CはBに対してその造作を時価で買い取るよう請求することができる**。 (2016-12-3 ○)

> **講師からのアドバイス**
> 建物の賃貸人の同意を得て建物に付加した造作（畳、建具など）を、賃貸借契約終了時に賃貸人に時価で買い取らせることができる権利を造作買取請求権といいます。

> **講師からのアドバイス**
> 転借人もできます。

Point 143
重要度 A

期間満了又は解約申入れによる賃貸借契約の終了を転借人に対抗するには、賃貸人から転借人への通知が必要である。

合格ステップ ①94

出題例

□ AはBに対し甲建物を賃貸し、Bは、Aの承諾を得たうえで、甲建物の一部をCに対し転貸している。賃貸人Aは、AB間の賃貸借契約が**期間の満了**によって終了するときは、転借人Cに対しその旨の**通知をしなければ**、**賃貸借契約の終了をCに対し対抗することができない**。 (2004-13-2 ○)

権利関係

LEC東京リーガルマインド　2023年版 出る順宅建士 逆解き式！ 最重要ポイント555　71

Point 144
重要度 **B**

賃借人の債務不履行により賃貸借契約が解除された場合、転貸借は、賃貸人が転借人に目的物の返還を請求した時に終了する。

合格ステップ ―

Check 出題例

□ AがB所有の建物について賃貸借契約を締結し、引渡しを受けた。AがBの承諾を受けてDに対して当該建物を転貸している場合には、**AB間の賃貸借契約がAの債務不履行を理由に解除され、BがDに対して目的物の返還を請求しても、AD間の転貸借契約は原則として終了しない。**

(2006-10-2 ✕ 正解肢)

講師からのアドバイス
賃貸人Bが転借人Dに返還請求した時に終了します。

Point 145
重要度 **B**

賃料不払いを理由に賃貸借契約を解除するには、転借人に支払いの機会を与える必要はない。

合格ステップ ①94

Check 出題例

□ AはBに対し甲建物を賃貸し、Bは、Aの承諾を得たうえで、甲建物の一部をCに対し転貸している。**賃貸人AがAB間の賃貸借契約を賃料不払いを理由に解除する場合は、転借人Cに通知等をして賃料をBに代わって支払う機会を与えなければならない。** (2004-13-4 ✕ 正解肢)

講師からのアドバイス
賃貸人は賃借人に相当の期間を定めて履行を催告し、その期間内に履行がないときは、賃貸借契約を解除することができます。

Point 146 重要度 A

賃貸借契約を合意解除した場合、原則として、賃貸人は転借人に明渡しを請求することができない。

合格ステップ ①94

出題例

□ AはBに対し甲建物を賃貸し、Bは、Aの承諾を得たうえで、甲建物の一部をCに対し転貸している。AB間で賃貸借契約を**合意解除**しても、転借人Cに不信な行為があるなどの特段の事情がない限り、賃貸人Aは、**転借人Cに対し明渡しを請求することはできない**。　　　　(2004-13-3 ○)

講師からのアドバイス
ただし、原賃貸借が合意解除された当時、賃貸人が賃借人の債務不履行による解除権を有していたときは、転借人に対抗できます。

Point 147 重要度 A

建物の借賃が不相当になったときは、当事者は将来に向かって借賃の増減額請求ができる。

合格ステップ ①97

出題例

□ 貸主A及び借主B間の建物賃貸借契約が、Bが当該建物をさらに第三者に転貸する事業を行ういわゆるサブリース契約である場合、使用収益開始後、経済事情の変動によって**AB間で定めた賃料が不相当となっても、Bから賃料減額請求を行うことはできない**。　　　　(2004-14-2 ×)

言葉の意味
サブリース契約とは、賃貸ビル等を運営管理する事業者が、第三者に転貸する目的で土地や建物の所有者から土地・建物を一括して借り上げる契約をいいます。

□ 賃貸人A（個人）と賃借人B（個人）との間で居住用建物の賃貸借契約を締結している。**家賃が、近傍同種の建物の家賃に比較して不相当に高額になったときは、契約の条件にかかわらず、Bは、将来に向かって家賃の減額を請求することができる**。　　　　(2001-13-3 ○)

講師からのアドバイス
一定期間借賃を減額しない旨の特約があっても減額請求ができます。これに対し、一定期間借賃を増額しない旨の特約がある場合には、その期間内は増額請求をすることはできません。

Point 148 重要度 **A**

減額を正当とする裁判が確定した場合、借賃は、減額請求の意思表示が相手方に到達した時点にさかのぼって減額される。

合格ステップ —

Check！ 出題例

□ 貸主Ａ及び借主Ｂ間の建物賃貸借契約において、Ｂが賃料減額請求権を行使してＡＢ間に協議が調わない場合、賃料減額の**裁判の確定時点から将来に向かって**賃料が減額されることになる。 　　　　　　　　　　　　　　　　　(2004-14-3　✕)

□ 賃貸人Ａ（個人）と賃借人Ｂ（個人）との間で居住用建物の賃貸借契約を締結している。Ｂが家賃減額の請求をしたが、家賃の減額幅についてＡＢ間に協議が調わず裁判になったときは、その請求にかかる一定額の減額を正当とする**裁判が確定した時点以降分**の家賃が減額される。

　　　　　　　　　　　　　　　(2001-13-2　✕　正解肢)

講師からの アドバイス

賃料増減額請求権は、一方的意思表示によって賃料増減の効果が生じる形成権です。裁判所の判決は、賃料増減額請求権の行使によってすでに生じている賃料の改定を確認するものに過ぎません。

Point 149 重要度 **A**

定期借家契約は、公正証書等の書面又は電磁的記録によってしなければ効力を生じない。

合格ステップ ①98

Check！ 出題例

□ 定期建物賃貸借契約は書面又は電磁的記録によって契約を締結しなければ有効とはならないが、一時使用賃貸借契約は書面ではなく口頭で契約しても有効となる。

　　　　　　　　　　　　　(2007-14-1改　◯　正解肢)

□ 定期建物賃貸借契約を締結するには、**公正証書による等書面又は電磁的記録**によらなければならない。

　　　　　　　　　　　　　　　　　(2014-12-1改　◯)

講師からの アドバイス

書面による場合、公正証書による等書面であればよく、公正証書に限定されるわけではありません。

Point 150 重要度 A

定期借家契約を締結しようとする場合、賃貸人は、あらかじめ賃借人に対し、契約の更新がなく、期間満了により賃貸借が終了することについて、その旨を記載した書面を交付又は電磁的方法により提供して説明しなければならない。

合格ステップ ①98

出題例

☐ **定期借家契約**を締結しようとするときは、賃貸人は、あらかじめ賃借人に対し、契約の更新がなく、期間満了により賃貸借が終了することについて、その旨を記載した**書面を交付又は電磁的方法により提供して説明しなければならない。**
(2003-14-3改 ○ 正解肢)

☐ Ａが所有する甲建物をＢに対して３年間賃貸する旨の契約をした。ＡＢ間の賃貸借契約が**借地借家法第38条の定期建物賃貸借**で、契約の更新がない旨を定めるものである場合、当該契約前にＡがＢに契約の**更新がなく期間の満了により終了する旨を記載した書面を交付又は電磁的方法により提供して説明**しなければ、契約の更新がない旨の約定は無効となる。
(2017-12-4改 ○ 正解肢)

ステップ・アップ

定期建物賃貸借契約を締結するには、当該契約に係る賃貸借は契約の更新がなく、期間の満了によって終了することを、書面による場合は、契約書とは別の書面に記載して説明する必要があります。

権利関係

Point 151 重要度 **A**

期間が1年以上の定期借家契約においては、賃貸人は、期間満了の**1年前から6ヵ月**前までの間に賃借人に対し期間の満了により賃貸借が終了する旨の通知をしなければ、その終了を賃借人に対抗することができない。

合格ステップ ①98

✎ 出題例

☐ 期間が1年以上の定期建物賃貸借契約においては、賃貸人は、**期間の満了の1年前から6か月前までの間に賃借人に対し期間満了により賃貸借が終了する旨の通知をしなければ、**当該期間満了による終了を賃借人に対抗することができない。　　　　　　(2008-14-3　○　正解肢)

☐ 契約期間が2年の定期借家契約を適法に締結した場合、賃貸人は、**期間満了日1ヵ月前までに**期間満了により契約が終了する旨通知すれば、その終了を賃借人に対抗できる。

(2003-14-4　✕)

☐ Aを賃貸人、Bを賃借人とする甲建物の賃貸借契約が借地借家法第38条の定期建物賃貸借契約で、期間を5年、契約の更新がない旨を定めた場合、Aは、期間満了の1年前から6月前までの間に、Bに対し賃貸借が終了する旨の通知をしなければ、従前の契約と同一条件で契約を**更新したものとみなされる。**　　　　　　　(2021[10月]-12-4　✕)

> **講師からの アドバイス**
> 賃貸人が通知期間の経過後に賃借人に通知をした場合、通知の日から6ヵ月を経過すると賃貸借が終了します。

> **講師からの アドバイス**
> 通知をしない場合に、契約が更新されるわけではありません。

借地借家法（借地）

Point 152 重要度 A

借地権の存続期間は 30年 であるが、契約でこれより長い期間を定めたときはその期間となる。

合格ステップ ①101

出題例

□ Aが所有している甲土地を平置きの駐車場用地として利用しようとするBに貸す場合と、**一時使用目的ではなく建物所有目的を有するCに貸す場合**とについて、AB間の土地賃貸借契約の期間は、AB間で60年と合意すればそのとおり有効であるのに対して、**AC間の土地賃貸借契約の期間は、50年が上限である**。　　　　　　　　　　(2008-13-1　✕)

講師からのアドバイス
AB間の土地賃貸借の期間は50年が上限ですが、AC間の土地賃貸借契約期間は30年以上であれば上限はありません。

□ 借地権の存続期間は、契約で25年と定めようと、**35年と定めようと、いずれの場合も30年**となる。
　　　　　　　　　　(1993-11-1　✕)

講師からのアドバイス
25年と定めると30年となりますが、35年と定めると35年となります。

Point 153 重要度 A

借地権者の更新請求によって契約が更新したものとみなされるのは、建物がある場合に限られる。

合格ステップ ①101

出題例

□ Aは、建物所有を目的として、Bが所有する土地を30年で賃借している場合、**期間満了前に建物が滅失し、Aが再築しない場合**、期間満了の際にAが契約の更新の請求をしても、Bが異議を述べたときは、当該契約は**更新されない**。
　　　　　　　　　　(1992-10-2　○　正解肢)

講師からのアドバイス
建物がありませんので更新請求による更新はできません。

Point 154 重要度A

借地契約の最初の更新後の期間は20年以上でなければならず、それに満たない期間を定めた場合、その期間は20年となる。

合格ステップ①101

Check 出題例

□ 借地権の当初の存続期間が満了し借地契約を更新する場合において、当事者間でその期間を更新の日から10年と定めたときは、その定めは効力を生じず、更新後の存続期間は更新の日から20年となる。　　　　(2009-11-4　○　正解肢)

□ A所有の甲土地につき、Bとの間で居住の用に供する建物の所有を目的として存続期間30年の約定で賃貸借契約(以下この問において「本件契約」という。)が締結された場合において、AとBとが期間満了に当たり本件契約を最初に更新するとき、更新後の存続期間を15年と定めても、20年となる。　　　　(2020[10月]-11-4　○　正解肢)

講師からのアドバイス
2回目以降の更新後の期間は10年以上でなければなりません。

Point 155 重要度A

借地権の登記がなくても、借地権者が土地上に自己名義の登記をした建物を所有するときは、借地権を第三者に対抗することができる。

合格ステップ①103

Check 出題例

□ AとBとの間で、A所有の甲土地につき建物所有目的で賃貸借契約を締結した場合、Bは、甲土地につき借地権登記を備えなくても、Bと同姓でかつ同居している未成年の長男名義で保存登記をした建物を甲土地上に所有していれば、甲土地の所有者が替わっても、甲土地の新所有者に対し借地権を対抗することができる。　　　　(2018-11-4　×)

□ 建物の所有を目的とする土地の賃貸借契約において、借地権の登記がなくても、その土地上の建物に借地人が自己を所有者と記載した表示の登記をしていれば、借地権を第三者に対抗することができる。　　　　(2012-11-1　○)

講師からのアドバイス
賃借権の登記又は借地上の建物の自己名義の登記がなければ、BはCに対して賃借権を対抗することができません。

Point 156 重要度 **A**

借地上の建物が滅失した場合、一定事項を土地上の見やすい場所に掲示することにより滅失日から2年間賃借権を対抗することができるのは、借地上の建物について借地権者名義の登記をしていた場合のみである。

合格ステップ ①103

権利関係

Check 出題例

□ Aは、建物の所有を目的としてBから土地を賃借し、建物を建築して所有しているが、その土地の借地権については登記をしていない。その土地の所有権がBからCに移転され、所有権移転登記がなされた。本件建物が火事により滅失した場合、建物を新たに築造する旨を本件土地の見やすい場所に掲示していれば、**Aは、本件建物について登記していなかったときでも、借地権をCに対抗することができる。**

(1996-13-3 ✕)

講師からのアドバイス

建物について登記していなかった場合は、この方法による対抗力は認められません。

Point 157 重要度 **A**

借地権者の債務不履行を原因とする借地契約の終了の場合は、借地上の建物買取請求は認められない。

合格ステップ ①104

Check 出題例

□ AがBに土地を賃貸し、Bがその土地上に建物を所有している。建物買取請求権は、契約終了の理由を問わず、**Bの債務不履行を原因とする契約終了の場合にも、BはAに対して建物の買取りを請求することができる。**

(2002-13-2 ✕ 正解肢)

□ Aが地代を支払わなかったことを理由としてBが乙土地の賃貸借契約を解除した場合、契約に特段の定めがないときは、Bは甲建物を時価で買い取らなければならない。

(2016-11-4 ✕)

講師からのアドバイス

建物買取請求が認められるのは、契約の更新がないとき及び借地権設定者が賃借権の譲渡・転貸を承諾しないときです。

LEC東京リーガルマインド　2023年版 出る順宅建士 逆解き式！ 最重要ポイント555　**79**

Point 158 重要度A

借地上の建物を譲渡する場合、原則として、借地権設定者の承諾が必要である。

合格ステップ ①104

出題例

□ 借地人Aが、甲地所有者Bと締結した建物所有を目的とする甲地賃貸借契約に基づいてAが甲地上に所有している建物と甲地の借地権とを第三者Cに譲渡した。甲地上のA所有の建物が登記されている場合には、AがCと当該建物を譲渡する旨の合意をすれば、**Bの承諾の有無にかかわらず**、CはBに対して甲地の借地権を主張できる。

(2005-13-1 ✗)

講師からのアドバイス
借地権設定者Bの承諾が必要です。

Point 159 重要度A

借地上の建物を賃貸する場合、借地権設定者の承諾は不要である。

合格ステップ ①104

出題例

□ AはBとの間で、BがCから借りている土地上のB所有の建物について賃貸借契約(期間2年)を締結し引渡しを受け、債務不履行をすることなく占有使用を継続している。**Bが、Cの承諾を得ることなくAに対して借地上の建物を賃貸**し、それに伴い敷地であるその借地の利用を許容している場合でも、Cとの関係において、借地の無断転貸借とはならない。

(2006-14-1 ○)

講師からのアドバイス
土地を借りているのは、相変わらずBだからです。

Point 160 重要度 A
借地上の建物の譲渡の場合、借地権設定者の承諾に代わる裁判所の許可の申立権者は、<u>借地権者</u>である。

合格ステップ ①104

出題例

□ 借地権者が賃借権の目的である土地の上の建物を第三者に譲渡しようとする場合において、その第三者が賃借権を取得しても借地権設定者に不利となるおそれがないにもかかわらず、借地権設定者がその賃借権の譲渡を承諾しないときは、裁判所は、その**第三者の申立て**により、借地権設定者の**承諾に代わる許可**を与えることができる。
(2011-11-3　✕　正解肢)

Point 161 重要度 A
借地上の建物の競売の場合、借地権設定者の承諾に代わる裁判所の許可の申立権者は、<u>買受人</u>である。

合格ステップ ①104

出題例

□ AがBの土地を賃借して建てた建物の所有権が、Cに移転した。Bは、Cが使用しても何ら支障がないにもかかわらず、賃借権の譲渡を承諾しない。Cの建物の取得が**競売**によるものであるときは、**C**は、競売代金支払い後2月以内に限り、裁判所に対して、Bの承諾に代わる許可の**申立てをすることができる**。
(1994-11-2　○　正解肢)

□ 第三者が賃借権の目的である土地の上の建物を**競売により取得**した場合において、その第三者が賃借権を取得しても借地権設定者に不利となるおそれがないにもかかわらず、借地権設定者がその賃借権の譲渡を承諾しないときは、裁判所は、その**第三者の申立て**により、借地権設定者の**承諾に代わる許可**を与えることができる。
(2011-11-4　○)

権利関係

Point 162 重要度 **A**

借地権を消滅させるため、借地権の設定後30年以上を経過した日に借地上の建物を借地権設定者に相当の対価で譲渡する特約は、書面で締結する<u>必要はない</u>。

合格ステップ ①105

出題例

□ Aを賃借人、Bを賃貸人としてB所有の土地に**建物譲渡特約付借地権**を設定する契約（その設定後30年を経過した日に借地上の建物の所有権がAからBに移転する旨の特約が付いているものとする。）を締結した。本件契約における**建物譲渡の特約は、必ずしも公正証書によって締結する必要はない**。　　　　　　　　　　　　　　　（2000-11-1　○）

講師からのアドバイス

建物譲渡特約の締結に書面は要しません。

Point 163 重要度 **A**

もっぱら<u>事業用建物</u>の所有を目的とし、存続期間を10年以上50年未満として<u>公正証書</u>により借地権を設定する場合においては、契約の更新及び建物の築造による存続期間の延長がなく、<u>建物買取請求をしない</u>こととする旨を定めることができる。

合格ステップ ①105

出題例

□ 事業用定期借地権は、専ら事業の用に利用される建物の所有を目的としているので、住宅を建てるために設定することはできないが、**住宅賃貸の事業者が賃貸マンションを建てる場合には、設定することができる**。　　（1995-12-3　✕）

□ 事業の用に供する建物の所有を目的とする場合であれば、従業員の社宅として**従業員の居住の用に供するときであっても、事業用定期借地権を設定することができる**。
　　　　　　　　　　　　　　　　　　　　　　（2010-11-1　✕）

□ **存続期間を10年以上20年未満**とする短期の**事業用定期借地権**の設定を目的とする契約は、**公正証書によらなくとも、書面又は電磁的記録によって適法に締結することができる**。
　　　　　　　　　　　　　　　　　　　　　　（2010-11-2　✕）

講師からのアドバイス

住宅賃貸の事業者が賃貸マンションを建てる場合は、居住の用に供することになるので、事業用定期借地権として設定することはできません。

82　LEC東京リーガルマインド　2023年版 出る順宅建士 逆解き式！ 最重要ポイント555

不法行為

Point 164 重要度 A

不法行為による損害賠償義務は、不法行為の時から履行遅滞になる。

合格ステップ ①106

出題例

□ 不法行為による損害賠償の支払債務は、催告を待たず、**損害発生と同時**に遅滞に陥るので、その時以降完済に至るまでの遅延損害金を支払わなければならない。（2007-5-1 ○）

□ Aが、その過失によってB所有の建物を取り壊し、Bに対して不法行為による損害賠償債務を負担した。Aの損害賠償債務は、BからAへ**履行の請求があった時**から履行遅滞となり、Bは、その時以後の遅延損害金を請求することができる。（2000-8-4 ×）

講師からのアドバイス
期限の定めのない債務は、原則として催告のあった時に遅滞に陥ります。不法行為による損害賠償債務も期限の定めのない債務ですが、被害者保護の見地から催告を待たず不法行為時（損害発生時）に遅滞に陥ります。

Point 165 重要度 A

不法行為による損害賠償請求権は、被害者又はその法定代理人が損害及び加害者を知った時から3年間（人の生命又は身体を害する不法行為の場合は5年間）行使しないときは時効によって消滅し、不法行為の時から20年間行使しないときも同様である。

合格ステップ ①106

出題例

□ 不法行為による損害賠償の請求権の消滅時効の期間は、**権利を行使することができることとなった時から10年**である。（2007-5-4 × 正解肢）

□ 人の**生命又は身体を害する不法行為**による損害賠償請求権は、被害者又はその法定代理人が損害及び加害者を**知った時から5年間**行使しない場合、時効によって消滅する。（2020[12月]-1-4 ○）

Point 166 重要度B

被害者が即死した場合、被害者に損害賠償請求権が発生し、相続人が承継する。

合格ステップ ―

Check 出題例

□ Aが故意又は過失によりBの権利を侵害し、これによってBに損害が生じた。Aの加害行為によりBが即死した場合には、BにはAに対する慰謝料請求権が発生したと考える余地はないので、Bに相続人がいても、その相続人がBの慰謝料請求権を相続することはない。 (2008-11-1 ✗)

講師からのアドバイス
即死した場合にも受傷した瞬間に被害者本人に損害賠償請求権が発生するとされています。

Point 167 重要度A

被害者に損害を賠償した使用者は、信義則上相当と認められる限度において、被用者に求償することができる。

合格ステップ ①107

Check 出題例

□ 事業者Aが雇用している従業員Bの不法行為がAの事業の執行につき行われたものであり、Aが使用者としての損害賠償責任を負担した場合、A自身は不法行為を行っていない以上、Aは負担した損害額の2分の1をBに対して求償できる。 (2006-11-4 ✗)

講師からのアドバイス
損害額の2分の1ではなく、信義則上相当と認められる限度において求償をすることができます。

□ Aの被用者Bと、Cの被用者Dが、A及びCの事業の執行につき、共同してEに対し不法行為をし、A、B、C及びDが、Eに対し損害賠償債務を負担した。Aは、Eに対し損害賠償債務を負担したことに基づき損害を被った場合は、損害の公平な分担という見地から信義則上相当と認められる限度において、Bに対し、損害の賠償又は求償の請求をすることができる。 (2002-11-3 ○)

講師からのアドバイス
被用者が第三者に対してその損害を賠償した場合、被用者は、損害の公平な分担という見地から相当と認められる額について、使用者に対して求償することができます。

84　LEC東京リーガルマインド　2023年版 出る順宅建士 逆解き式！ 最重要ポイント555

Point 168 重要度 **A**

数人が共同の不法行為によって他人に損害を与えたときは、それらの者は損害の**全額**につき連帯して賠償責任を負う。

合格ステップ ①108

権利関係

出題例

□ Aの被用者Bと、Cの被用者Dが、A及びCの事業の執行につき、**共同してEに対し不法行為**をし、A、B、C及びDが、Eに対し損害賠償債務を負担した。Aは、Eに対するBとDの加害割合が6対4である場合は、Eの損害全額の賠償請求に対して、**損害の6割に相当する金額について賠償の支払をする責任を負う。** (2002-11-1 ✕ 正解肢)

□ Aが、その過失によってB所有の建物を取り壊し、Bに対して不法行為による損害賠償債務を負担した。不法行為がAの過失とCの過失による**共同不法行為**であった場合、Aの過失がCより軽微なときでも、Bは、Aに対して**損害の全額について賠償を請求することができる。**

(2000-8-2 ◯ 正解肢)

□ Aに雇用されているBが、勤務中にA所有の乗用車を運転し、営業活動のため顧客Cを同乗させている途中で、Dが運転していたD所有の乗用車と正面衝突した（なお、事故についてはBとDに過失がある。）。事故によって**損害を受けたCは、AとBに対して損害賠償を請求することはできる**が、**Dに対して損害賠償を請求**することはできない。

(2013-9-3 ✕)

講師からのアドバイス

連帯するということは加害者全員に対し、同時に、全額の請求ができるということです。

LEC東京リーガルマインド 2023年版 出る順宅建士 逆解き式！ 最重要ポイント555 **85**

Point 169
重要度 **A**

土地の工作物の設置又は保存の瑕疵によって他人に損害を生じたときは、その工作物の占有者は被害者に対しその損害を賠償する責任を負うが、損害の発生を防止するのに必要な注意をしていれば損害賠償責任を免れることができる。

合格ステップ ①**109**

出題例

□ Aは、所有する家屋を囲う塀の設置工事を業者Bに請け負わせたが、Bの工事によりこの塀は瑕疵がある状態となった。Aがその後この塀を含む家屋全部を**C**に**賃貸**し、**C**が**占有使用**しているときに、この瑕疵により塀が崩れ、脇に駐車中のD所有の車を破損させた。A、B及びCは、この瑕疵があることを過失なく知らない。**Cは、損害の発生を防止するのに必要な注意をしていれば、Dに対する損害賠償責任を免れることができる。** (2005-11-3 ○)

Point 170
重要度 **A**

土地の工作物の設置又は保存の瑕疵によって他人に損害を生じた場合で、工作物の占有者が損害賠償責任を免れたときは、所有者が損害を賠償しなければならず、損害の発生を防止するのに必要な注意をしていたとしても損害賠償責任を免れることはできない。

合格ステップ ①**109**

出題例

□ **Aは、所有する家屋を囲う塀**の設置工事を業者Bに請け負わせたが、Bの工事によりこの塀は瑕疵がある状態となった。Aがその後この塀を含む家屋全部をCに賃貸し、Cが占有使用しているときに、この瑕疵により塀が崩れ、脇に駐車中のD所有の車を破損させた。A、B及びCは、この瑕疵があることを過失なく知らない。**Aは、損害の発生を防止するのに必要な注意をしていれば、Dに対する損害賠償責任を免れることができる。** (2005-11-1 ✕ 正解肢)

請 負

Point 171 重要度 A

引き渡された請負の目的物の種類・品質が契約の内容に適合しない場合、注文者は、請負人に対して①修補等の追完請求、②報酬の減額請求、③損害賠償請求、④契約の解除をすることができる。

合格ステップ ①110,38

出題例

☐ Aは、Bに建物の建築を注文し、完成して引渡しを受けた建物をCに対して売却したが、本件建物に契約内容の不適合があった。本件建物に存在している不適合が軽微とはいえない場合でも、**AはBとの契約を一方的に解除することができない**。 (2014-6-4改 ×)

☐ AがBに対して**建物の建築工事を代金3,000万円で注文し**、Bがこれを完成させた。請負契約の目的物たる建物に契約内容の不適合があり、**不適合の修補に要する費用が契約代金を超える場合には、Aは原則として請負契約を解除することができない**。 (2006-6-3改 ×)

委 任

Point 172 重要度 A

受任者は、特約がなければ、委任者に対して報酬を請求することができない。

合格ステップ ①111

出題例

☐ Aが、A所有の不動産の売買をBに対して委任した。Bは、委任契約をする際、**有償の合意をしない限り、報酬の請求をすることができない**が、委任事務のために使った費用とその利息は、Aに請求することができる。 (2002-10-2 ○ 正解肢)

Point 173 重要度 A
受任者は、有償・無償を問わず善良な管理者の注意をもって、委任事務を処理する義務を負う。

合格ステップ ①111

出題例

☐ 委託の受任者は、報酬を受けて受任する場合も、無報酬で受任する場合も、**善良な管理者の注意**をもって委任事務を処理する義務を負う。　　　　　　　　　　（2008-7-2　○）

☐ AとBとの間で締結された委任契約において、委任者Aが受任者Bに対して報酬を支払うこととされていた場合、Bは、契約の本旨に従い、自己の財産に対するのと同一の注意をもって委任事務を処理しなければならない。
　　　　　　　　　　　　　　　　　（2020［10月］-5-2　×）

講師からのアドバイス
「自己の財産に対するのと同一の注意」は、「善良な管理者の注意」よりも軽い注意義務です。

Point 174 重要度 A
委任契約は各当事者がいつでも解除することができるが、やむを得ない理由もなく相手方の不利な時期に解除した場合は、損害賠償をしなければならない。

合格ステップ ―

出題例

☐ Aが、A所有の不動産の売買をBに対して委任した。委任はいつでも解除することができるから、有償の合意があり、売買契約成立寸前にAが理由なく解除してBに不利益を与えたときでも、BはAに対して**損害賠償を請求することはできない**。　　　　　　　　　　　　　　　　　　　（2002-10-4　×）

債権譲渡

Point 175
重要度 A

債権譲渡を債務者以外の第三者に対抗するためには、確定日付のある通知又は承諾が必要である。

合格ステップ①112

出題例

□ 指名債権の性質を持つ預託金会員制ゴルフクラブの会員権の譲渡については、ゴルフ場経営会社が定める規定に従い会員名義書換えの手続を完了していれば、**確定日付のある債権譲渡通知又は確定日付のある承諾のいずれもない場合でも、ゴルフ場経営会社以外の第三者に対抗できる。**

(2007-9-2 ✕)

講師からの アドバイス
確定日付のある通知・承諾がない以上、対抗できません。

□ Aは、Bに対して貸付金債権を有しており、Aはこの貸付金債権をCに対して譲渡した。Aが貸付金債権をDに対しても譲渡し、**Cへは確定日付のない証書、Dへは確定日付のある証書によってBに通知した**場合で、いずれの通知もBによる弁済前に到達したとき、Bへの通知の到達の先後にかかわらず、**DがCに優先して権利を行使することができる。**

(2003-8-3 ○)

Point 176
重要度 A

債権が二重譲渡された場合において、いずれの譲渡通知も確定日付のある証書によってなされたときの譲受人間の優劣は、通知の到達の先後で決める。

合格ステップ①112

出題例

□ Aが、Bに対して有する金銭債権を、Aが、CとDとに二重譲渡し、**それぞれについて譲渡通知をした**場合で、Cに係る通知の確定日付はDに係るものより早いが、Bに対しては、**Dに係る通知がCに係る通知より先に到達したとき、Dへの債権譲渡が優先する。**

(2000-6-3 ○)

講師からの アドバイス
確定日付の先後で決めるのではありません。

LEC東京リーガルマインド 2023年版 出る順宅建士 逆解き式！ 最重要ポイント555 **89**

相 殺

Point 177 重要度 A

時効消滅した債権が消滅以前に相殺できる状態になっていた場合には、その債権者は相殺できる。

出題例

□ AのCに対する債権が、CのAに対する債権と**相殺できる状態**であったにもかかわらず、Aが相殺することなく放置していたために**AのCに対する債権が時効により消滅した場合、Aは相殺することはできない**。　　　　　　　　　　（2005-4-3　×）

Point 178 重要度 A

不法行為に基づく損害賠償債権を自働債権として、被害者が相殺することは認められている。

出題例

□ 事業者Aが雇用している従業員Bの不法行為がAの事業の執行につき行われたものであり、Aに使用者としての損害賠償責任が発生する場合、Aが被害者に対して売買代金債権を有していれば、**被害者は不法行為に基づく損害賠償債権で売買代金債務を相殺することができる**。
　　　　　　　　　　　　　　　（2006-11-3　○　正解肢）

□ Aは、令和5年10月1日、A所有の甲土地につき、Bとの間で、代金1,000万円、支払期日を同年12月1日とする売買契約を締結した。同年10月10日、**BがAの自動車事故によって被害を受け**、Aに対して不法行為に基づく損害賠償債権を取得した場合には、**Bは売買代金債務と当該損害賠償債権を対当額で相殺することができる**。
　　　　　　　　　　　　　　　（2018-9-3　○　正解肢）

講師からのアドバイス

①人の生命又は身体の侵害による損害賠償債権、②悪意による不法行為に基づく損害賠償債権を受働債権として、加害者が相殺することは禁止されています。被害者救済の観点から、被害者に対しては現実の弁済がなされるべきだからです。また、加害者からの相殺を許すと、相殺を目的とする不法行為を誘発する危険があるからです。

地役権

Point 179 重要度 **C**

要役地の所有権が移転したときは、特約がない限り地役権も移転し、要役地の所有権移転登記があれば、地役権の移転登記がなくても地役権の移転を第三者に対抗できる。

合格ステップ ─

Check 出題例

□ 要役地の所有権とともに地役権を取得した者が、**所有権の取得を承役地の所有者に対抗し得る**ときは、地役権の取得についても承役地の所有者に対抗することができる。

(2020[12月]-9-4 ○)

相隣関係

Point 180 重要度 **B**

袋地の所有者が公道に至るためその土地を囲んでいる他の土地を通行する場合、他の土地のために損害が最も少ないものを選ばなければならない。

合格ステップ ─

Check 出題例

□ 複数の筆の他の土地に囲まれて公道に通じない土地の所有者は、公道に至るため、その土地を囲んでいる他の土地を**自由に選んで通行することができる。**

(2009-4-2 × 正解肢)

□ A所有の甲地は他の土地に囲まれて公道に通じない土地であり、Aが所有していない回りの土地を通る通路を開設しなければ公道に出ることができない。Aは、回りの土地の所有者に代償を支払えば、**自己の意思のみによって通行の場所及び方法を定め**、回りの土地に通路を開設することができる。

(2001-3-1 ×)

権利関係

Point 181 重要度 B

隣地の竹木の枝が境界線を越えて伸びてきた場合、竹木の所有者に枝を切除するよう催告したにもかかわらず、竹木の所有者が相当の期間内に切除しないときには、土地の所有者は、自らその枝を切り取ることができる。

合格ステップ ―

出題例

☐ 土地の所有者は、隣地から木の枝が境界線を越えて伸びてきたときは、常に自らこれを切断できる。

(2004-7-3改　✕　正解肢)

講師からの アドバイス

①竹木の所有者を知ることができず、又はその所在を知ることができないとき、②急迫の事情があるときにも、土地の所有者は、自らその枝を切り取ることができます。

Point 182 重要度 B

隣地の竹木の根が境界線を越えて伸びてきた場合、土地の所有者は、自らその根を切り取ることができる。

合格ステップ ―

出題例

☐ 土地の所有者は、隣地から木の根が境界線を越えて伸びてきたときは、自らこれを切断できる。　(2004-7-4　○)

留置権

Point 183 （重要度 C）
留置権に物上代位は認められていない。

出題例
□ 不動産に**留置権**を有する者は、目的物が金銭債権に転じた場合には、当該金銭に**物上代位することができる**。
(2005-5-4 × 正解肢)

言葉の意味
留置権とは、他人の物の占有者が、その物に関して生じた債権の弁済を受けるまで、その物を留置することができる権利です。

先取特権

Point 184 （重要度 B）
先取特権には物上代位が認められているが、物上代位をするためには金銭の払渡し前に差押えが必要である。

出題例
□ 不動産の売買により生じた債権を有する者は先取特権を有し、当該不動産が賃借されている場合には、**賃料の払渡しの前に他の債権者よりも先に差し押さえ**、賃料に物上代位することができる。
(2005-5-1 ○)

□ Aが、Bに建物を賃貸している。Bがその建物内のB所有の動産をDに売却したときは、Aは、その代金債権に対して、**払渡し前に差押えをしないで**、先取特権を行使することができる。
(2000-3-3 × 正解肢)

言葉の意味
先取特権とは、一定の債権を有する者が、債務者の財産について他の債権者に先立って自己の債権の弁済を受けることができる権利をいいます。

使用貸借

Point 185
重要度 B

使用貸借には、引渡しによる対抗力は認められない。

合格
ステップ ―

出題例

□ Aは、自己所有の建物について、災害により居住建物を失った友人Bと、適当な家屋が見つかるまでの一時的住居とするとの約定のもとに、**使用貸借契約**を締結した。AがこのB建物をCに売却し、その旨の所有権移転登記を行った場合でも、Aによる売却の前にBがこの建物の引渡しを受けていたときは、Bは使用貸借契約をCに対抗できる。

(2005-10-2 × 正解肢)

言葉の意味

無償で物を貸し借りする契約を使用貸借といいます。

Point 186
重要度 B

使用貸借は、借主の死亡によってその効力を失う。

合格
ステップ ―

出題例

□ Aは、自己所有の建物について、災害により居住建物を失った友人Bと、適当な家屋が見つかるまでの一時的住居とするとの約定のもとに、使用貸借契約を締結した。**Bが死亡した場合、使用貸借契約は当然に終了する。** (2005-10-1 ○)

□ 使用貸借契約において、**貸主又は借主が死亡した場合、使用貸借契約は効力を失う。** (2001-6-2 × 正解肢)

□ AB間で、Aを貸主、Bを借主として、A所有の甲建物につき、賃貸借契約又は使用貸借契約を締結した場合に関し、**Bが死亡した場合、賃貸借契約では契約は終了しないが、使用貸借契約では契約が終了する。** (2015-3-1 ○)

講師からのアドバイス

貸主の死亡によっては終了しません。

94 LEC東京リーガルマインド 2023年版 出る順宅建士 逆解き式！ 最重要ポイント555

贈　与

Point 187 重要度 **C**

書面によらない贈与は、履行の終わった部分を除いて、各当事者は解除をすることができる。

合格ステップ　—

出題例

□ Aがその所有する甲建物について、Bとの間で、書面によらずにAを贈与者、Bを受贈者とする負担付贈与契約を締結した場合、Aは、**甲建物の引渡し及び所有権移転登記の両方が終わるまでは、書面によらないことを理由に契約の解除をすることができる。** （2020［10月］9-2 ×）

講師からのアドバイス

不動産の贈与につき引渡し又は所有権移転登記のいずれかがなされれば、「履行の終わった」ものとして、贈与契約の解除はできなくなります。

第2編
宅建業法

宅建業の意味

Point 188
重要度 **A**

用途地域内の土地は、原則として宅地に**あたる**。

合格ステップ ②1

check 出題例

□ 地主Bが、都市計画法の**用途地域内の所有地**を、駐車場用地2区画、資材置場1区画、園芸用地3区画に分割したうえで、これらを**売却する場合、宅建業法の免許を受ける必要はない**。 　　　　　　　　　　　　　　　　　　　(2001-30-2 ✕)

□ 農地は、都市計画法に規定する**用途地域内**に存するものであっても、宅地には該当しない。

　　　　　　　　　　　　　　　　　　　(2020[12月]-44-イ ✕)

□ 都市計画法に規定する**工業専用地域内の土地**で、建築資材置き場の用に供されているものは、法第2条第1号に規定する宅地に該当する。 　　　　　　　　　　　(2015-26-ア ◯)

Point 189
重要度 **A**

宅地又は建物の売買の媒介を不特定多数の者に対し反復継続して行う場合、宅建業の免許が**必要**である。

合格ステップ ②1

check 出題例

□ 建設業法による建設業の許可を受けている A が、建築請負契約に付帯して取り決めた約束を履行するため、建築した**共同住宅の売買のあっせんを反復継続して行う場合、宅建業法の免許を受ける必要はない**。　　(2001-30-1 ✕)

□ 破産管財人が、破産財団の換価のために自ら売主となり、**宅地又は建物の売却を反復継続して行う場合において、その媒介を業として営む者は、宅建業の免許を必要としない**。

　　　　　　　　　　　　　　　　　　　(2010-26-3 ✕)

📖 **言葉の意味**

「あっせん」とは「媒介」のことです。

Point 190 重要度A

自ら貸主となる場合は宅建業の免許は不要である。

合格ステップ ②1

出題例

□ Cが、その所有地にマンションを建築したうえで、**自ら賃借人を募集して賃貸**し、その**管理のみをDに委託**する場合、C及びDは、宅建業の**免許を必要としない**。
(2004-30-2 ○ 正解肢)

講師からのアドバイス
「自ら貸借」も「管理」も「取引」にあたらないため、免許は不要です。

□ A（個人）が、賃貸物件の複数の所有者から一括して借り上げ、賃借人に**自ら又は宅建業者に媒介を依頼し賃貸する行為を繰り返し行う場合**、Aは宅建業法の**免許を必要としない**。
(2002-30-4 ○ 正解肢)

□ Aの所有する商業ビルを賃借しているBが、フロアごとに不特定多数の者に反復継続して**転貸する場合、AとBは免許を受ける必要はない**。　(2014-26-ア ○)

講師からのアドバイス
「転貸」も「自ら貸借」にあたります。

□ 他人の所有する複数の建物を借り上げ、その建物を**自ら貸主として不特定多数の者に反復継続して転貸**する場合は、**宅建業の免許が必要**となるが、自ら所有する**建物を貸借する場合は、宅建業の免許を必要としない**。　(2010-26-2 ×)

Point 191 重要度A

国・地方公共団体は免許不要であるが、国・地方公共団体から宅地建物の売却の媒介・代理を依頼された者は、原則として免許が必要である。

合格ステップ ②1・2

出題例

□ D社が、**地方公共団体**が定住促進策としてその所有する土地について住宅を建築しようとする個人に売却する取引の**媒介をしようとする**場合、免許は必要ない。
(2021[10月]-32-4 ×)

Point 192
重要度 B

信託会社・信託銀行には、宅建業法のうち免許に関する規定以外は適用される。

合格ステップ ②2

出題例

□ 信託会社Aは、国土交通大臣に対し事務所を設置して宅建業を営む旨の届出をした後、**営業保証金の供託又は保証協会への加入をせず宅建業の業務を開始した。**この行為は宅建業法に**違反しない。**　　　　　　　　　(2003-35-1 ✕)

□ 国土交通大臣に宅建業を営む旨の届出をしている信託業法第3条の免許を受けた信託会社は、宅建業の業務に関し**取引の関係者に損害を与えたときは、指示処分を受けることがある。**　　　　　　　　　　　　　　　(2009-45-1 ○)

□ 信託業法第3条の免許を受けた信託会社が宅建業を営もうとする場合、**宅建業の免許を取得する必要はないが、その旨を国土交通大臣に届け出ることが必要である。**
　　　　　　　　　　　　　　(2010-26-4 ○ 正解肢)

講師からの アドバイス
信託会社Aは、宅建業の免許を受ける必要はありませんが、営業保証金の供託又は保証協会への加入は必要です。

講師からの アドバイス
信託会社・信託銀行が宅建業を営もうとする場合は、その旨を国土交通大臣に届け出なければなりません。

Point 193
重要度 B

地方住宅供給公社には、宅建業法の規定は適用されない。

合格ステップ ②2

出題例

□ **甲県住宅供給公社Dが、住宅を不特定多数に継続して販売する場合、Dは宅建業の免許を受ける必要はない。**
　　　　　　　　　　　　　　(2003-30-3 ○ 正解肢)

講師からの アドバイス
国・地方公共団体・都市再生機構にも宅建業法の規定は適用されません。

事務所の設置

Point 194 重要度 A

宅建業を営まない支店は事務所にあたらないが、宅建業を営まない本店は、支店で宅建業を営む場合は事務所にあたる。

合格ステップ ②3

出題例

□ 宅建業を営まず他の兼業業務のみを営んでいる支店は、事務所には該当しない。　　　　　　　　（2022-26-2 ○　正解肢）

□ 甲県に本店を、乙県に支店をそれぞれ有するA社が、**乙県の支店でのみ宅建業を営もうとするとき**は、A社は、**乙県知事の免許**を受けなければならない。　　　（2007-33-1 ×）

□ 本店及び支店1か所を有する法人Aが、**甲県内の本店では建設業のみを営み、乙県内の支店では宅建業のみを営む**場合、Aは乙県知事の免許を受けなければならない。

（2009-26-1 ×）

講師からのアドバイス
複数の都道府県に事務所があれば、国土交通大臣の免許を受けなければなりません。

Point 195 重要度 A

事務所には免許証を掲げる必要はない。

合格ステップ ②4

出題例

□ 宅建業者は、その主たる事務所に、宅建業者免許証を掲げなくともよいが、国土交通省令で定める**標識を掲げなければならない**。　　　　　　　　（2013-41-2 ○　正解肢）

□ 宅建業者は、その事務所ごとに、公衆の見やすい場所に、**免許証**及び国土交通省令で定める**標識を掲げなければならない**。　　　　　　　　　　　　　　　（2010-29-1 ×）

講師からのアドバイス
事務所には標識を掲げる必要があります。

宅建業法

Point 196 重要度 **A**

宅建業者は事務所ごとに帳簿を備え、取引のつど一定事項を記載しなければならない。

合格ステップ ②4

講師からのアドバイス

一括して主たる事務所に備え付けるのではありません。

出題例

□ 宅建業者は、その業務に関して、国土交通省令に定める事項を記載した帳簿を**一括して主たる事務所**に備え付ければよい。 (2003-40-1 ✗)

□ 宅建業者A社がその**事務所ごと**に備えることとされている帳簿の記載は、一定の期間ごとではなく、宅建業に関し**取引のあったつど一定の事項を記載しなければならない**こととされている。 (2004-45-4 ○)

□ 宅建業者は、その**事務所ごと**に、その業務に関する**帳簿を備え**、宅建業に関し**取引のあったつど**、その年月日、その取引に係る宅地又は建物の所在及び面積その他の事項を**記載しなければならない**。 (2006-42-3 ○ 正解肢)

□ 宅建業者は、各事務所の業務に関する帳簿を**主たる事務所**に**備え**、取引のあったつど、その年月日、その取引に係る宅地又は建物の所在及び面積等の事項を**記載しなければならない**。 (2010-29-3 ✗)

Point 197 重要度 **A**

宅建業者は、帳簿を各事業年度の末日をもって閉鎖し、閉鎖後5年間保存しなければならない。なお、宅建業者が自ら売主となる新築住宅に係る帳簿は、閉鎖後10年間保存しなければならない。

合格ステップ ②4

出題例

□ 宅建業者は、その事務所ごとに、その業務に関する帳簿を備えなければならず、**帳簿の閉鎖後5年間**（当該宅建業者が**自ら売主となる新築住宅**に係るものにあっては**10年間**）当該帳簿を保存しなければならない。 (2012-40-エ ○)

Point 198 重要度 A

従業者名簿には、宅地建物取引士であるか否かの別等を記載しなければならず、違反すると業務停止処分を受けることがあるほか、50万円以下の罰金刑に処せられることがある。

合格ステップ ②62

Check 出題例

□ 宅建業者は、その事務所に備える従業者名簿に、従業者が**宅地建物取引士であるか否かの別**を記載しなかった場合、業務停止の処分を受けることがあるが、**罰金の刑に処せられることはない**。　　　　　　　　　　　　（2000-31-4改　×）

□ 宅建業者がその事務所ごとに備える従業者名簿には、従業者の氏名、生年月日、当該事務所の従業者となった年月日及び当該事務所の従業者でなくなった年月日を記載することで**足りる**。　　　　　　　　　　　　　　　　　（2009-43-2　×）

講師からのアドバイス
宅地建物取引士であるか否かの別等も記載が必要です。

Point 199 重要度 A

宅建業者は、事務所ごとに従業者名簿を備えなければならず、最終の記載をした日から10年間保存しなければならない。

合格ステップ ②4

Check 出題例

□ 宅建業者は、国土交通省令に定める事項を記載した従業者名簿を、最終の記載をした日から**5年間**保存すればよい。
　　　　　　　　　　　　　　　　　　　　　　　　（2003-40-3　×）

□ 宅建業者は、その事務所ごとに従業者名簿を備えなければならず、当該名簿を最終の記載をした日から**5年間**保存しなければならない。　　　　　　　　　　　　　　　　　　　　　　（2006-42-1　×）

Point 200 重要度 **B**

宅建業者は事務所ごとに従業者名簿を備え、取引の関係者から請求があったときは、閲覧に供しなければならない。

合格ステップ ②4

✏ 出題例

□ 宅建業者A社は、その事務所に従業者名簿を備えることとされているが、取引の関係者から請求があった場合、当該名簿をその者に**閲覧**させなければならない。

(2004-44-3 ○)

□ 宅建業者は、その事務所ごとに従業者名簿を備え、取引の関係者から請求があったときは、当該名簿をその者の**閲覧**に供しなければならないが、当該名簿を事務所のパソコンのハードディスクに記録し、ディスプレイの画面に表示する方法で閲覧に供することもできる。 (2007-45-2 ○)

講師からのアドバイス
このような方法による閲覧も認められます。

Point 201 重要度 **A**

専任の宅地建物取引士が欠員により不足した場合には、2週間以内に補充するなどの必要な措置を執らなければならず、当該措置を執らない場合、指示処分又は業務停止処分の対象となる。

合格ステップ ②5

✏ 出題例

□ 宅建業者は、その「事務所」だけでなく国土交通省令で定める場所ごとに一定の専任の宅地建物取引士を置かなければならないが、これに抵触することとなった場合は、**2週間以内に**必要な措置を執らなければならない。 (2002-36-3改 ○)

□ 宅建業者は、既存の事務所に置かれている成年者である専任の宅地建物取引士の数が国土交通省令に規定する数を下回ったときは、**直ちに、当該事務所を閉鎖しなければならない。** (2006-36-1改 ✕ 正解肢)

□ 宅建業者Dは、その事務所の専任の宅地建物取引士Eが3か月間入院したため、宅建業法第31条の3に規定する専任の宅地建物取引士の設置要件を欠くこととなったが、その

講師からのアドバイス
2週間以内に必要な措置を執ればよいのであって、直ちに事務所を閉鎖する必要はありません。

---

104 LEC東京リーガルマインド 2023年版 出る順宅建士 逆解き式! 最重要ポイント555

間、同条の規定に適合させるために必要な措置を執らなかった。この場合、Dは指示処分の対象になるが、**業務停止処分の対象にはならない。**　　　　　　　　　(2007-30-3改　✕)

□宅建業者は、その事務所ごとに一定の数の成年者である専任の宅地建物取引士を置かなければならないが、既存の事務所がこれを満たさなくなった場合は、**2週間以内**に必要な措置を執らなければならない。(2010-29-4改　○　正解肢)

□宅建業者Aは、その主たる事務所に従事する唯一の専任の宅地建物取引士Dが令和5年5月15日に退職したため、**同年6月10日**に新たな専任の宅地建物取引士Eを置いた。
(2019-35-2　✕)

宅建業法

Point 202
重要度 **A**

従業者証明書の提示を求められた場合、宅地建物取引士証の提示でこれに代えることは**できない。**

合格ステップ　—

Check 出題例

□宅建業者の従業者である宅地建物取引士は、取引の関係者から従業者証明書の提示を求められたときは、**この証明書に代えて宅地建物取引士証を提示すればよい。**

(2003-40-2改　✕)

□宅建業者の従業者は、宅建業者が発行する従業者証明書をその業務に従事する間、常に携帯し、取引の関係者から請求があったときは、従業者証明書を提示しなければならないが、従業者が宅地建物取引士である場合は、**宅地建物取引士証の提示をもってこれに代えることができる。**

(2007-45-1改　✕　正解肢)

□宅建業者の従業者である宅地建物取引士は、取引の関係者から事務所で従業者証明書の提示を求められたときは、この証明書に代えて**従業者名簿又は宅地建物取引士証を提示することで足りる。**　　(2009-43-1改　✕)

免　許

Point 203
重要度 A

破産手続開始の決定を受けた個人は、復権を得れば直ちに宅建業の免許を受けることができる。

合格ステップ ②7

✏ 出題例

□ 個人Dは、かつて破産手続開始の決定を受け、現在は復権を得ているが、**復権を得た日から5年を経過していないので、Dは宅建業の免許を受けることができない。**

(2004-31-4改 ✕)

□ 破産手続開始の決定を受けた個人Aは、**復権を得てから5年を経過しなければ、宅建業の免許を受けることができない。**

(2009-27-ア ✕)

Point 204
重要度 A

刑の全部の執行猶予期間が満了すれば、直ちに宅建業の免許を受けることができる。

合格ステップ ②7

✏ 出題例

□ A社の取締役が、刑法第211条（業務上過失致死傷等）の罪を犯し、懲役1年（刑の全部の執行猶予2年）の刑に処せられ、執行猶予期間は満了した。その**満了の日から5年を経過していない場合、A社は宅建業の免許を受けることができない。**

(2006-30-1 ✕)

□ 免許を受けようとするD社に、刑法第204条（傷害）の罪により懲役1年（刑の全部の執行猶予2年）の刑に処せられ、その猶予期間が満了している役員がいる場合、その**満了の日から5年を経過しなければ、D社は免許を受けることができない。**

(2008-31-4 ✕)

□ 法人Cの役員のうちに、刑法第204条（傷害）の罪を犯し懲

> **講師からのアドバイス**
>
> 猶予期間満了の日から5年を経過する必要はありません。

役1年の刑に処せられ、その刑の全部の**執行猶予期間を経過**したが、その経過した日から5年を経過しない者がいる場合、Cは、宅建業の**免許を受けることができない**。

(2010-27-3 ×)

Point 205 重要度A
罰金刑の執行を終えてから5年間宅建業の免許を受けることができないのは、①**宅建業法**違反、②**暴力的犯罪**、③**背任**罪を理由に刑に処せられた場合である。

合格ステップ ②7

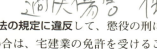

出題例

□ 法人の役員のうちに**宅建業法の規定に違反**して、懲役の刑に処せられている者がいる場合は、宅建業の免許を受けることができないが、**罰金の刑**であれば、**直ちに免許を受けることができる**。

(2003-31-3 ×)

□ 法人の役員のうちに刑法第204条（**傷害**）の罪を犯したことにより、**罰金の刑**に処せられている者がいる場合は、**宅建業の免許を受けることができない**が、刑の執行後5年を経過すれば、免許を受けることができる。

(2003-31-4 ○ 正解肢)

□ A社の政令で定める使用人は、刑法第247条（**背任**）の罪を犯し、**罰金の刑**に処せられたが、その**執行を終えてから3年を経過しているので、A社は宅建業の免許を受けることができる**。

(2004-31-1 ×)

□ C社の取締役が刑法第198条（**贈賄**）の罪により**罰金の刑**に処せられ、その**執行を終えてから3年を経過した場合**であっても、C社は宅建業の**免許を受けることができない**。

(2005-31-2 ×)

□ 法人Bの役員のうちに、**宅建業法の規定に違反**したことにより、**罰金の刑**に処せられ、その刑の執行が終わった日から5**年を経過しない者がいる場合**、Bは、宅建業の**免許を受けることができない**。

(2010-27-2 ○ 正解肢)

講師からのアドバイス
役員又は政令で定める使用人が免許欠格者である法人は、免許を受けることができません。

講師からのアドバイス
贈賄罪で罰金刑に処されても、免許を受けることはできます。

Point 206
重要度 **A**

宅建業の免許が取り消されてから5年間免許の再取得ができないのは、①**不正手段による免許取得**、②業務停止処分対象行為で**情状が特に重い**、③**業務停止処分違反**、のいずれかの理由で免許が取り消された場合である。

合格
ステップ ②7

Check 出題例

□ 個人Cは、かつて宅建業の免許を受けていたとき、自己の名義をもって他人に宅建業を営ませ、その**情状が特に重いとして免許を取り消された**が、免許取消しの日から**5年を経過していない**ので、Cは宅建業の**免許を受けることができない**。

(2004-31-3 ○ 正解肢)

> **講師からの アドバイス**
> 免許取消し後5年間免許不可となるのは、ポイント206の①不正手段による免許取得、②情状が特に重い、③業務停止処分違反の理由で取り消されたときだけです。

□ 宅建業者が、免許を受けてから1年以内に**事業を開始せず免許が取り消され**、その後5年を経過していない場合は、免許を受けることができない。

(2020[12月]-31-1 ✕)

Point 207
重要度 **A**

①**不正手段による免許取得**、②業務停止処分対象行為で**情状が特に重い**、③**業務停止処分違反**、のいずれかに該当するとして免許を取り消された者が法人である場合において、免許取消処分の聴聞の期日及び場所の公示日前**60**日以内に役員であった者は、取消しの日から5年間は免許を受けることができない。

合格
ステップ ②7

Check 出題例

□ B社は**不正の手段により宅建業の免許を取得**したとして甲県知事から免許を取り消されたが、B社の取締役Cは、当該取消しに係る聴聞の期日及び場所の**公示の日の30日前にB社の取締役を退任**した。B社の免許取消しの日から**5年を経過していない**場合、Cは**免許を受けることができない**。

(2006-30-2 ○ 正解肢)

Point 208 重要度 A

①不正手段による免許取得、②業務停止処分対象行為で情状が特に重い、③業務停止処分違反、のいずれかに該当するとして免許取消処分の聴聞が公示された日から、処分がなされるまでの間に、相当な理由なく解散・廃業の届出をした者は、届出の日から5年間は免許を受けることができない。

合格ステップ ②7

出題例

□ E社は乙県知事から**業務停止処分**についての聴聞の期日及び場所を公示されたが、その公示後聴聞が行われる前に、相当の理由なく宅建業を廃止した旨の届出をした。その届出の日から5年を経過していない場合、E社は宅建業の免許を受けることができない。　　　　　　(2006-30-4　×)

□ 宅建業者Cは、**業務停止処分**の聴聞の期日及び場所が公示された日から当該処分をする日又は当該処分をしないことを決定する日までの間に、相当の理由なく廃業の届出を行った。この場合、Cは、当該届出の日から5年を経過しなければ、宅建業の免許を受けることができない。
(2009-27-ウ　×)

講師からのアドバイス
「業務停止処分」について聴聞の期日と場所を公示されたにすぎない場合、届出の日から5年を経過しなくても、免許を受けることができます。

Point 209 重要度 A

成年者と同一の行為能力を有する未成年者は、法定代理人が欠格事由に該当しても免許を受けることができる。

合格ステップ ②7

出題例

□ 宅建業に係る営業に関し成年者と同一の行為能力を**有する**未成年者Dは、その法定代理人が禁錮以上の刑に処せられ、その刑の執行が終わった日から5年を経過しなければ、宅建業の**免許を受けることができない**。　　(2009-27-エ　×)

講師からのアドバイス
法定代理人が法人である場合、その役員を含みます。

Point 210 重要度A

法人の役員又は政令で定める使用人に宅建業の免許を受けることのできない者がいる場合には、その法人は宅建業の免許を受けることができない。

合格ステップ ②7

出題例

□ B社の政令で定める使用人が、かつて不正の手段により宅建業の免許を受けたとして当該免許を取り消された場合で、その取消しの日から5年を経過していないとき、B社は、免許を受けることができない。　　　　　(2000-30-2　○　正解肢)

□ 法人Aの役員のうちに、破産手続開始の決定がなされた後、復権を得てから5年を経過しない者がいる場合、Aは、宅建業の免許を受けることができない。　　　　　(2010-27-1　✕)

□ 法人Bの役員のうちに、宅建業法の規定に違反したことにより、罰金の刑に処せられ、その刑の執行が終わった日から5年を経過しない者がいる場合、Bは、宅建業の免許を受けることができない。　　　　　(2010-27-2　○　正解肢)

Point 211 重要度B

宅建業の免許の更新申請は、有効期間の満了の日の90日前から30日前までに行わなければならない。

合格ステップ ②8

出題例

□ 宅建業の免許の有効期間は5年であり、免許の更新の申請は、有効期間満了の日の90日前から30日前までに行わなければならない。　　　　　(2004-32-3　○)

□ 免許の更新を受けようとする宅建業者Bは、免許の有効期間満了の日の2週間前までに、免許申請書を提出しなければならない。　　　　　(2009-26-2　✕)

Point 212　重要度 A

宅建業の免許更新申請後、新たな免許の処分があるまで従前の免許は効力を有する。

合格ステップ ②8

Check 出題例

□ 宅建業者Cが、免許の更新の申請をしたにもかかわらず、従前の免許の有効期間の満了の日までに、その申請について処分がなされないときは、**従前の免許は、有効期間の満了後もその処分がなされるまでの間は、なお効力を有する。**

(2009-26-3 　○　正解肢)

Point 213　重要度 A

宅建業者は、事務所ごとに置かれる成年者である専任の宅地建物取引士の氏名に変更があった場合には、30日以内に、その旨を免許権者に届け出なければならない。

合格ステップ ②9

Check 出題例

□ 宅建業者B（甲県知事免許）は、その事務所において、成年者である宅地建物取引士Cを新たに専任の宅地建物取引士として置いた。この場合、Bは、**30日以内**に、その旨を甲県知事に届け出なければならない。

(2007-30-2改　　○　正解肢)

□ 宅建業者A社（甲県知事免許）の宅地建物取引士は、専任の宅地建物取引士であるBのみである。A社の専任の宅地建物取引士がBからCに交代した場合、A社は**2週間以内**に甲県知事に対して、宅建業者名簿の変更の届出を行わなければならない。

(2004-33-3改　×)

講師からの アドバイス

事務所ごとに置かれる成年者である専任の宅地建物取引士の氏名のほか、宅建業者の商号又は名称、事務所の名称・所在地、役員の氏名、政令で定める使用人の氏名に変更があった場合も、30日以内にその旨を免許権者に届け出なければなりません（変更の届出）。

宅建業法

Point 214 重要度 **A**

事務所の新設・廃止・移転により現在の免許が不適当となった場合に行わなければならない手続きは、免許換えである。

合格ステップ ②10

Check 出題例

□ A社（国土交通大臣免許）は、甲県に本店、乙県に支店を設置しているが、乙県の支店を廃止し、本店を含むすべての事務所を甲県内にのみ設置して事業を営むこととし、甲県知事へ**免許換え**の申請を行った。

(2008-30-3 ○ 正解肢)

Point 215 重要度 **B**

宅建業者は、廃業した場合、その日から30日以内に、その旨を免許権者に届け出なければならない。

合格ステップ ②11

Check 出題例

□ B社（甲県知事免許）は、甲県の事務所を廃止し、乙県内で新たに事務所を設置して**宅建業を営む**ため、甲県知事へ**廃業の届け**を行うとともに、乙県知事へ免許換えの申請を行った。　　　　　(2008-30-4 ✕)

講師からのアドバイス
廃業していませんので「廃業の届け」は不要です。

Point 216 重要度 **A**

法人である宅建業者が合併により消滅した場合、消滅会社を代表する役員であった者は、その日から30日以内に、その旨を免許権者に届け出なければならない。

合格ステップ ②11

Check 出題例

□ 宅建業者D社（甲県知事免許）が、**合併により消滅したとき**は、その日から30日以内に、**D社を代表する役員**であった者が、その旨を甲県知事に届け出なければならない。

(2017-30-4 ○)

講師からのアドバイス
消滅会社であるD社を代表する役員であった者が、届出をする必要があります。

112　LEC東京リーガルマインド　2023年版 出る順宅建士 逆解き式！ 最重要ポイント555

Point 217 重要度 A

宅建業者が死亡した場合、相続人がその事実を知った日から30日以内に、その旨を免許権者に届け出なければならない。

合格ステップ ②11

出題例

□ 免許を受けている個人Aが死亡した場合、相続人にAの免許は承継されないが、相続人は、Aが生前に締結した契約に基づく取引を結了するための業務を行うことができるので、**当該業務が終了した後**に廃業届を提出すればよい。

(2010-28-1　×)

□ 個人である宅建業者A（甲県知事免許）が死亡した場合、Aの相続人は、A**の死亡の日から**30日以内に、その旨を甲県知事に届け出なければならない。(2021[12月]-29-3　×　正解肢)

Point 218 重要度 A

宅建業者が免許の効力を失った場合でも、その者は、廃業前に締結した契約に基づく取引を結了する目的の範囲内においては、なお宅建業者とみなされる。

合格ステップ ②11

出題例

□ 宅建業者が廃業届を提出し、免許の効力を失った場合であっても、その者は、廃業前に締結した契約に基づく**取引を結了する目的の範囲内**においては、なお**宅建業者とみなされる**。

(2002-44-2　○　正解肢)

□ 宅建業の免許を取り消された者は、免許の取消し前に建物の売買の広告をしていれば、当該建物の売買契約を締結する目的の範囲内においては、なお**宅建業者とみなされる**。

(2011-36-4　×)

□ 宅建業者Bが自ら売主として宅地の売買契約を成立させた後、当該宅地の引渡しの前に免許の有効期間が満了したときは、Bは、当該契約に基づく**取引を結了する目的の範囲内**においては、宅建業者として当該取引に係る**業務を行うことができる**。　(2016-37-イ　○)

講師からのアドバイス

宅建業者として、引渡し等の義務を履行しなければなりません。

事務所以外の場所の規制

Point 219 重要度A

案内所等には、契約行為を行うか否かにかかわらず、案内所等を設置した宅建業者が標識を掲示しなければならない。

合格ステップ ㉒12

出題例

□宅建業者は、一団の宅地の分譲を行う案内所において宅地の売買の契約の締結を行わない場合には、その案内所に国土交通省令で定める標識を掲示しなくてもよい。

(2006-42-4 ✕)

Point 220 重要度A

物件の所在する場所には、売主である宅建業者が標識を掲示しなければならない。

合格ステップ ㉒12

出題例

□宅建業者A（甲県知事免許）が、売主である宅建業者B（甲県知事免許）から、120戸の分譲マンションの販売代理を一括して受け、当該マンションの所在する場所以外の場所にモデルルームを設けて、売買契約の申込みを受けることとした。Aは、マンションの所在する場所に自己の標識を掲示する必要があるが、Bは、その必要はない。

(2002-42-2 ✕ 正解肢)

講師からのアドバイス
現地に標識を掲示する必要があるのは、販売代理業者Aではなく、売主Bです。

Point 221 重要度A

契約行為を行う案内所等には、少なくとも1名以上の専任の宅地建物取引士を置かなければならない。

合格ステップ ㉒12

出題例

□宅建業者B社は、10戸の一団の建物の分譲の代理を案内所

講師からのアドバイス
従業者数5人に対し

を設置して行う場合、当該案内所に従事する者が6名であるときは、当該案内所に少なくとも2名の**専任の宅地建物取引士**を設置しなければならない。　（2012-36-2改　×）

て1人以上の割合で置く必要はありません。

☐ 宅建業者Aは、一団の宅地建物の分譲をするため設置した案内所には、**契約を締結することなく、かつ、契約の申込みを受けることがないときでも**、1名以上の専任の宅地建物取引士を置かなければならない。　（2021[12月]-41-1　×　正解肢）

Point 222　重要度A

契約行為を行う案内所等に専任の宅地建物取引士を設置する義務を負うのは、案内所等を設置した宅建業者である。

Check 出題例

☐ **宅建業者A（甲県知事免許）が**、売主である宅建業者B（甲県知事免許）から、120戸の分譲マンションの販売代理を一括して受け、当該マンションの所在する場所以外の場所に**モデルルームを設けて、売買契約の申込みを受けることとした。Aは、モデルルームに成年者である専任の宅地建物取引士を置く必要があるが、Bは、その必要はない**。
　　（2002-42-4改　○）

講師からのアドバイス
モデルルームを設置したのは宅建業者Aです。

Point 223　重要度A

契約行為を行う案内所等を設置した宅建業者は、免許権者及び案内所等の所在地を管轄する都道府県知事に対し、**業務開始の10日前**までに一定事項を届け出なければならない。

Check 出題例

☐ 宅建業者は、一団の宅地の分譲を案内所を設置して行う場合、**業務を開始する日の10日前**までに、その旨を免許を受けた国土交通大臣又は都道府県知事及び案内所の所在地を管轄する都道府県知事に届け出なければならない。
　　（2009-43-3　○　正解肢）

講師からのアドバイス
宅建業法で「10日」という数字が出てくるのはここだけです。

宅地建物取引士

Point 224
重要度 A

宅地建物取引士の登録は、合格した宅建試験を行った都道府県知事に対して行う。

合格ステップ ❷15

出題例

☐ Xは、**甲県で行われた宅地建物取引士資格試験に合格**した後、乙県に転居した。その後、登録実務講習を修了したので、**乙県知事**に対し宅建業法第18条第1項の登録を申請した。

(2008-30-1改 ✕)

☐ 宅建業者Aの宅地建物取引士Bが、**甲県知事の宅地建物取引士資格試験に合格**し、同知事の宅地建物取引士資格登録を受けている場合、Bが乙県知事への登録の移転を受けた後、乙県知事に登録を消除され、再度登録を受けようとするとき、Bは、**乙県知事**に登録の申請をすることができる。

(1999-45-4改 ✕)

> **講師からのアドバイス**
> 乙県知事に申請することはできません。

Point 225
重要度 A

宅地建物取引士証の交付を受けていない者は宅地建物取引士ではないため、重要事項の説明をすることはできない。

合格ステップ ❷13

出題例

☐ 宅地建物取引士証を滅失した宅地建物取引士は、宅地建物取引士証の**再交付を受けるまで**、宅建業法第35条の規定による**重要事項の説明をすることができない。**(2001-31-4改 ◯ 正解肢)

☐ 宅地建物取引士Gは、宅地建物取引士証の有効期間内に更新をせず、**有効期間の満了日から2週間後に宅地建物取引士証の交付を受けた。その2週間の間にGに重要事項説明を行わせた宅建業者H社は業務停止処分を受けることがある。**

(2004-34-4改 ◯ 正解肢)

> **講師からのアドバイス**
> 宅地建物取引士でない者に重要事項説明を行わせた宅建業者は、指示処分又は業務停止処分を受けることがあります。

116 LEC東京リーガルマインド　2023年版 出る順宅建士 逆解き式！ 最重要ポイント555

Point 226 重要度 C

都道府県知事は、不正手段で宅建試験を受けた者、又は不正手段によって宅建試験を受けようとした者に対しては、合格の取消し、又は受験の禁止をすることができ、3年以内の期間を定めて受験を禁止することができる。

出題例

☐ 都道府県知事は、宅建試験を不正の手段で受験したため合格決定が取り消された者について、同試験の受験を以後**5年間**禁止する措置をすることができる。（2001-31-1 ✗）

☐ 都道府県知事は、不正の手段によって宅建試験を受けようとした者に対しては、その試験を受けることを禁止することができ、また、その禁止処分を受けた者に対し**2年を上限**とする期間を定めて受験を禁止することができる。
（2009-29-1 ✗）

Point 227 重要度 A

①不正手段による免許取得、②業務停止処分対象行為で情状が特に重い、③業務停止処分違反、のいずれかに該当するとして免許を取り消された者が法人である場合において、その取消しに係る聴聞の期日及び場所の公示日前60日以内に役員であった者は登録を消除される。

出題例

☐ 宅地建物取引士が取締役をしている宅建業者が、**不正の手段**により宅建業の免許を受けたとして、その免許を取り消されるに至った場合、当該宅地建物取引士はその**登録を消除**される。（2002-35-2改 ○ 正解肢）

Point 228
重要度 **A**

①不正手段による登録、②不正手段による宅地建物取引士証の交付、③事務禁止処分対象行為で情状が特に重い、④事務禁止処分違反、⑤宅地建物取引士証の交付を受けていない者が宅地建物取引士としてすべき事務を行い情状が特に重い、以上のいずれかに該当するとして、登録の消除処分の聴聞の期日及び場所が公示された日から、処分がなされるまでの間に、相当な理由なく登録消除の申請をした者は、その登録が消除された日から5年間は再登録ができない。

合格ステップ ②15

Check 出題例

□ 甲県知事の宅地建物取引士資格登録を受け、乙県内の宅建業者の事務所に勤務している宅地建物取引士Aは、不正の手段により登録を受けたとして、**登録の消除の処分**の聴聞の期日及び場所が公示された後、自らの申請によりその登録が消除された場合、当該申請に相当の理由がなくとも、登録が消除された日から**5年を経ずに新たに登録を受けること**ができる。 (2006-32-1改 ✕)

Point 229
重要度 **A**

事務禁止処分期間中に、本人の申請により登録の消除がなされた者は、禁止期間が満了するまでは再登録ができない。

合格ステップ ②15

Check 出題例

□ 宅地建物取引士Cが、登録を受けている都道府県知事から事務禁止の処分を受け、その禁止期間中にCからの申請に基づくことなく登録を消除された場合は、**事務禁止の期間が満了するまでの間は、Cは、新たな登録を受けることができない**。 (2000-33-3改 ✕)

講師からのアドバイス

本人の申請に基づくことなく登録を消除された場合、再登録が可能になるまでの期間は消除原因によって異なりますので、一概に「禁止期間が満了するまで」とはいえません。

Point 230 重要度 A

①不正手段による登録、②不正手段による宅地建物取引士証の交付、③事務禁止処分対象行為で情状が特に重い、④事務禁止処分違反、⑤宅地建物取引士証の交付を受けていない者が宅地建物取引士としてすべき事務を行い情状が特に重い、以上のいずれかに該当することにより登録の消除処分を受けた者は、その登録が消除された日から5年間は再登録ができない。

合格ステップ ②15

Check 出題例

□ 宅地建物取引士資格登録を受けている者で宅地建物取引士証の交付を受けていない者が重要事項説明を行い、その情状が特に重いと認められる場合は、当該登録の消除の処分を受け、その処分の日から5年を経過するまでは、再び登録を受けることができない。　（2007-31-2改　○　正解肢）

Point 231 重要度 A

登録を受けている者が、登録先の都道府県知事に遅滞なく変更の登録をしなければならないのは、氏名、住所、本籍、勤務先の宅建業者の商号又は名称、免許証番号が変更したときである。

合格ステップ ②17

Check 出題例

□ 宅地建物取引士の登録を受けている者が本籍を変更した場合、遅滞なく、登録をしている都道府県知事に変更の登録を申請しなければならない。　（2009-29-2改　○　正解肢）

□ 宅地建物取引士Ｃが、宅建業者Ｄ社を退職し、宅建業者Ｅ社に就職したが、ＣはＤ社及びＥ社においても専任の宅地建物取引士ではないので、宅地建物取引士資格登録簿の変更の登録は申請しなくてもよい。　（2004-34-2改　×）

□ 宅建業者Ａ社（甲県知事免許）の宅地建物取引士は、専任の宅地建物取引士であるＢのみである。Ａ社が事務所を乙県に移転したため、乙県知事の免許を取得した場合、Ｂは宅地建物取引士資格登録簿の変更の登録を申請しなければならない。　（2004-33-2改　○　正解肢）

宅建業法

講師からのアドバイス

宅建業者が免許換えをすると免許証番号が変わりますので、勤務している宅地建物取引士は変更の登録が必要です。

Point 232
重要度 A

登録先以外の都道府県に**業務従事地**が変更した場合、現に登録を受けている知事を経由して、新たな業務従事地を管轄する知事に対して、登録の移転を申請**することができる。**

合格ステップ ②18

出題例

□ 甲県知事の登録を受けている宅地建物取引士Aは、乙県に主たる事務所を置く宅建業者Bの専任の宅地建物取引士となる場合、乙県知事に**登録を移転しなければならない。**

(2017-37-2 ✕)

□ 甲県知事の宅地建物取引士の登録を受けている者が、その**住所を乙県に変更**した場合、甲県知事を経由して乙県知事に対し登録の移転を申請することができる。 (2009-29-4改 ✕)

講師からのアドバイス
「登録の移転」は任意です。「申請しなければならない」と出題されたら誤りです。

講師からのアドバイス
「住所」を登録先以外の都道府県に移転しても「登録の移転」はできません。

Point 233
重要度 A

事務の禁止処分の期間中は登録の移転を申請することができない。

合格ステップ ②18

出題例

□ 甲県知事の宅地建物取引士資格登録を受け、乙県内の宅建業者の事務所に勤務している宅地建物取引士Aが甲県知事から**事務の禁止の処分を受け、その禁止の期間が満了していないとき**は、Aは宅地建物取引士としてすべき事務を行うことはできないが、Aは乙県知事に対して、甲県知事を経由して**登録の移転の申請をすることができる。** (2006-32-2改 ✕)

□ 甲県知事の宅地建物取引士登録を受けている宅地建物取引士Aは、乙県知事から**事務の禁止処分**を受けたが、乙県内に所在する宅建業者Bの事務所の業務に従事しているため、その**禁止の期間が満了すれば**、甲県知事を経由して、乙県知事に登録の移転の申請をすることができる。

(2003-33-2改 ◯ 正解肢)

Point 234
重要度 A

登録を受けている者が破産手続開始の決定を受けて復権を得ない者に該当した場合、30日以内に登録先の都道府県知事に届け出る義務を負う者は、**本人**である。

合格ステップ ⓔ19

Check 出題例

□ 甲県知事の宅地建物取引士登録を受けている宅地建物取引士Ａが破産者で復権を得ない者に該当することとなったときは、破産手続開始の決定を受けた日から30日以内にＡの**破産管財人**が甲県知事にその旨を届け出なければならない。

(2003-33-1改 ✕)

> **講師からのアドバイス**
> 「破産管財人」ではなく、「本人」が届け出ます。

Point 235
重要度 A

宅地建物取引士証の交付を受けようとする者が原則として受講しなければならない講習は、**都道府県知事**が指定する講習で、交付の申請前**6ヵ月**以内に行われるものである。

合格ステップ ⓔ20

Check 出題例

□ 甲県知事の宅地建物取引士資格登録を受け、乙県内の宅建業者の事務所に勤務している宅地建物取引士Ａは、宅地建物取引士証の有効期間の更新を受けようとするときは、必ず甲県知事が指定する講習で**交付の申請前1年以内**に行われるものを受講しなければならない。 (2006-32-3改 ✕)

> **講師からのアドバイス**
> 交付の申請前「1年以内」ではありません。

□ 丙県知事から宅地建物取引士証の交付を受けている宅地建物取引士が、宅地建物取引士証の有効期間の更新を受けようとするときは、丙県知事に申請し、その申請前6月以内に行われる**国土交通大臣の指定する講習**を受講しなければならない。 (2007-31-3改 ✕)

> **講師からのアドバイス**
> 「国土交通大臣」の指定する講習ではありません。

宅建業法

LEC東京リーガルマインド　2023年版 出る順宅建士 逆解き式！ 最重要ポイント555　**121**

Point 236 重要度A

登録の移転がなされた場合、移転前の都道府県知事から交付を受けていた宅地建物取引士証の効力は失われる。

合格ステップ ⓔ20

出題例

☐ 宅地建物取引士は、宅建業法第18条第1項の登録を受けた後に他の都道府県知事にその登録を移転したときには、**移転前の都道府県知事から交付を受けた宅地建物取引士証を用いて引き続き業務を行うことができる。**　（2001-32-4改　✕）

☐ Yは、甲県知事から宅地建物取引士証の交付を受けている。Yは、乙県での勤務を契機に乙県に宅地建物取引士の登録の移転をしたが、**甲県知事の宅地建物取引士証の有効期間が満了していなかったので、その宅地建物取引士証を用いて宅地建物取引士としてすべき事務を行うことができる。**
　　　　　　　　　　　　　　　　　（2008-30-2改　✕）

講師からのアドバイス
失効した宅地建物取引士証を用いて宅地建物取引士としてすべき事務を行うことはできません。

Point 237 重要度A

登録の移転の申請とともに宅地建物取引士証の交付申請をした場合、新たな宅地建物取引士証の交付は、現に有する宅地建物取引士証と引換えに行われる。

合格ステップ ⓔ20

出題例

☐ 甲県知事から宅地建物取引士証の交付を受けている宅地建物取引士Aが、乙県知事に対し宅地建物取引士資格登録の移転の申請とともに宅地建物取引士証の交付を申請したとき、Aは、乙県知事から**新たな宅地建物取引士証の交付を受けた後、1週間以内に**甲県知事に**従前の宅地建物取引士証を返納**しなければならない。　（1999-31-1改　✕）

講師からのアドバイス
交付後1週間以内に返納するのではなく、引換えに交付されます。

☐ 宅地建物取引士は、登録の移転の申請とともに宅地建物取引士証の交付の**申請をしたときは、速やかに、宅地建物取引士証をその交付を受けた都道府県知事に返納しなければならない。**　（1991-40-3改　✕）

講師からのアドバイス
交付申請後速やかに返納するのではなく、引換えに交付されます。

Point 238 重要度 A

宅地建物取引士は、重要事項の説明の際には、請求がなくても、必ず宅地建物取引士証を提示しなければならない。

合格ステップ ②21

出題例

□ 売主である宅建業者Eの宅地建物取引士Fは、宅建業者ではない買主Gに**37条書面を交付**する際、Gから求められなかったので、**宅地建物取引士証をGに提示せず**に当該書面を交付した。この行為は宅建業法に**違反しない**。

(2017-40-3 〇 正解肢)

□ 宅地建物取引士は、宅建業法第35条に規定する**重要事項の説明**を行う際、取引の相手方から**請求がない場合でも必ず宅地建物取引士証を提示**しなければならない。 (2006-36-2改 〇)

□ 宅地建物取引士は、**テレビ会議等のITを活用して重要事項の説明**を行うときは、相手方の承諾があれば**宅地建物取引士証の提示を省略**することができる。

(2018-39-4, 2021[12月]-35-1 ×)

講師からのアドバイス

重要事項の説明以外の場合においては、請求があったときに宅地建物取引士証を提示すれば足ります。

Point 239 重要度 A

宅地建物取引士が事務の禁止処分を受けたときに、速やかに宅地建物取引士証を提出しなければならないのは、宅地建物取引士証の交付を受けた都道府県知事に対してである。

合格ステップ ②21

出題例

□ 宅地建物取引士は、宅地建物取引士としてすべき事務の禁止の処分を受けたときは、**2週間以内**に、宅地建物取引士証をその**処分を行った都道府県知事に提出**しなければならない。 (2001-32-3改 ×)

□ 宅地建物取引士（甲県知事登録）が、乙県に所在する建物の売買に関する取引において宅地建物取引士として行う事務に関し不正な行為をし、乙県知事により事務禁止処分を受けたときは、宅地建物取引士証を**甲県知事に提出**しなければならない。 (2020[12月]-29-3 〇 正解肢)

講師からのアドバイス

処分を行った都道府県知事に提出するのではありません。

宅建業法

LEC東京リーガルマインド　2023年版 出る順宅建士 逆解き式！ 最重要ポイント555　**123**

Point 240 重要度 B
宅地建物取引士は、登録を消除されたとき、宅地建物取引士証が効力を失ったときには、宅地建物取引士証をその交付を受けた都道府県知事に速やかに返納しなければならない。

合格ステップ ②21

✏️ 出題例

□ 宅地建物取引士は、その宅地建物取引士証が効力を失ったときは、当該宅地建物取引士証を速やかに**廃棄**しなければならない。　　　　　　　　　　　（1987-36-4改　✕）

□ 甲県知事の宅地建物取引士資格登録を受け、乙県内の宅建業者の事務所に勤務している宅地建物取引士Aは、禁錮以上の刑に処せられ登録が消除された場合は、速やかに、宅地建物取引士証を甲県知事に**返納**しなければならない。
　　　　　　　　　　　　　（2006-32-4改　○　正解肢）

Point 241 重要度 A
宅地建物取引士が、遅滞なく、変更の登録の申請をするとともに、宅地建物取引士証の書換え交付の申請をしなければならないのは、宅地建物取引士の氏名・住所に変更があったときである。

合格ステップ ②21

✏️ 出題例

□ 宅地建物取引士Aは、**氏名**を変更したときは、遅滞なく変更の登録を申請するとともに、当該申請とあわせて、宅地建物取引士証の**書換え交付を申請しなければならない**。
　　　　　　　　　　　　　（1998-30-3改　○　正解肢）

□ 甲県知事から宅地建物取引士証の交付を受けている宅地建物取引士は、その**住所**を変更したときは、遅滞なく、変更の登録の申請をするとともに、宅地建物取引士証の**書換え交付の申請**を甲県知事に対して**しなければならない**。
　　　　　　　　　　　　　（2008-33-3改　○　正解肢）

営業保証金

Point 242 重要度 A
営業保証金を供託する時期は、宅建業の免許を受けた後である。

出題例
☐ 新たに宅建業を営もうとする者は、営業保証金を金銭又は国土交通省令で定める有価証券により、**主たる事務所の最寄りの供託所に供託した後に**、国土交通大臣又は都道府県知事の免許を受けなければならない。　　　　　　　　(2014-29-1 ×)

☐ 新たに宅建業の免許を受けようとする者は、**免許を受ける前に営業保証金を**主たる事務所の最寄りの供託所に**供託しなければならない**。　　　　　　　　　　(2002-36-2 ×　正解肢)

講師からのアドバイス
新たに宅建業を営もうとする者は、宅建業の免許を受けた後、営業保証金を供託しなければなりません。

Point 243 重要度 A
宅建業者は、営業保証金を供託し、その旨を免許権者に届け出なければ、事業を開始できない。

合格ステップ ②24

出題例
☐ 宅建業の免許を受けた者は、**事業を開始した日から3月以内に営業保証金を供託し**、その旨を免許を受けた国土交通大臣又は都道府県知事に届け出なければならない。
　　　　　　　　　　　　　　　　　　　　　(2006-34-1 ×)

☐ 宅建業者A（甲県知事免許）は、甲県知事の**免許を受けた日から1月以内に**、政令で定める額の営業保証金を主たる事務所の最寄りの供託所に供託し、かつ、その旨を甲県知事に届け出なければ、事業を開始することができない。
　　　　　　　　　　　　　　　　　　　　　(2000-44-1 ×)

講師からのアドバイス
先に事業を開始してはいけません。

講師からのアドバイス
免許取得後1ヵ月以内に供託しなければならない、という規定はありません。

Point 244 重要度A

営業保証金は、金銭のみならず一定の有価証券で供託することもできる。

合格ステップ @22

出題例

□ 営業保証金の供託は、必ず、主たる事務所の最寄りの供託所に**金銭を供託する方法**によらなければならない。
(2001-33-1 ×)

□ 営業保証金の供託は、金銭のみならず、一定の有価証券をもって行うこともできるが、営業保証金の不足額の供託は、**金銭により行わなければならない。** (2002-44-1 ×)

□ 宅建業者は、取引の相手方の権利の実行により営業保証金の額が政令で定める額に不足することとなったときは、通知書の送付を受けた日から2週間以内に不足額を**金銭で供託しなければならない。** (2006-34-4 ×)

講師からのアドバイス
営業保証金は、金銭のみならず、国債証券、地方債証券、その他一定の有価証券で供託できます。

Point 245 重要度A

事務所以外の案内所等を新たに設置した場合、営業保証金を供託する必要はない。

合格ステップ ―

出題例

□ 宅建業者A（甲県知事免許）は、1棟50戸のマンションの分譲を行う**案内所**を甲県内に設置し、その旨を甲県知事に届け出た後、**営業保証金を追加して供託せずに**当該案内所において分譲を開始した。この行為は宅建業法に**違反しない**。
(2003-34-1 ○ 正解肢)

□ 宅建業者A（甲県知事免許）は、マンション3棟を分譲するための**現地出張所**を甲県内に設置した場合、**営業保証金を追加して供託しなければ**、当該出張所でマンションの売買契約を**締結することはできない**。 (2007-37-3 × 正解肢)

講師からのアドバイス
営業保証金の額は「事務所」の数に応じて決められます。

Point 246 重要度 **A**

宅建業者は、事業の開始後新たに事務所を設置した場合は、**本店**の最寄りの供託所に新たに営業保証金を供託し、**その旨を免許権者に届け出た**後でなければ、その事務所での事業を開始できない。

合格ステップ ⓔ25

Check 出題例

□宅建業者は、事業の開始後新たに従たる事務所を設置したときは、その**従たる事務所の最寄りの供託所に政令で定める額を供託**し、その旨を免許を受けた国土交通大臣又は都道府県知事に届け出なければならない。　（2014-29-3 ✕）

講師からのアドバイス
従たる事務所の最寄りの供託所に供託するのではありません。

□宅建業者A（甲県知事免許）は、甲県内に2つの支店を新設し、本店の最寄りの供託所に1,000万円を供託し、**営業を開始した後、営業保証金を供託した旨を甲県知事に届け出た。**この行為は宅建業法に違反しない。　（2003-34-3 ✕）

講師からのアドバイス
営業を開始した後届け出るのではありません。

Point 247 重要度 **A**

本店移転のため、最寄りの供託所が変更した場合、保管替えを請求しなければならないのは、**金銭のみ**をもって営業保証金を供託している場合である。

合格ステップ ⓔ26

Check 出題例

□宅建業者A（甲県知事免許）が、営業保証金を**金銭のみで供託**している場合で、免許換えにより主たる事務所の最寄りの供託所が変更したとき、Aは、遅滞なく、変更前の供託所に対し、変更後の供託所への営業保証金の**保管替えを請求しなければならない。**　（2000-44-4 ○　正解肢）

□宅建業者が、営業保証金を**金銭及び有価証券をもって供託**している場合で、主たる事務所を移転したためその最寄りの供託所が変更したときは、**金銭の部分に限り、**移転後の主たる事務所の最寄りの供託所への営業保証金の**保管替えを請求することができる。**　（2014-29-4 ✕）

講師からのアドバイス
営業保証金に有価証券を含む場合は保管替えの請求をすることはできず、遅滞なく移転後の本店の最寄りの供託所に新たに営業保証金を供託しなければなりません。

宅建業法

LEC東京リーガルマインド　2023年版 出る順宅建士 逆解き式！ 最重要ポイント555　127

Point 248
重要度 A

営業保証金から還付を受けるためには、宅建業に関し取引をした者がその取引により生じた債権を有していることが必要である。ただし、宅建業者を除く。

合格ステップ @27

出題例
※出題例において還付を受ける者は、宅建業者でないものとする。

☐ 宅建業者との取引により生じた債権であっても、**内装業者の内装工事代金債権**については、当該内装業者は、営業継続中の宅建業者が供託している営業保証金について、その**弁済を受ける権利を有しない**。　　　(2001-33-4　○　正解肢)

☐ 宅建業者A（国土交通大臣免許）との取引により生じた**電気工事業者の工事代金債権**について、当該電気工事業者は、営業継続中のAが供託している営業保証金から、その**弁済を受ける権利を有する**。　　　(2009-30-3　✕)

> **講師からのアドバイス**
> 宅建業者は営業保証金及び弁済業務保証金の還付を受けることができません。

Point 249
重要度 A

還付により営業保証金の額に不足が生じたときは、宅建業者は、免許権者から不足の通知を受けた日から**2週間**以内に還付金額に相当する額を供託し、供託から**2週間**以内に免許権者に届け出なければならない。

合格ステップ @27

出題例

☐ 宅建業者A（甲県知事免許）は、甲県内に本店Xと支店Yを設置して、額面金額1,000万円の国債証券と500万円の金銭を営業保証金として供託して営業している。Aは、営業保証金の還付が行われ、営業保証金が政令で定める額に不足することになったときは、その旨の**通知書の送付を受けた日から2週間以内にその不足額を供託しなければ**、免許取消の処分を受けることがある。　　　(2008-34-4　○　正解肢)

☐ 宅建業者は、その免許を受けた国土交通大臣又は都道府県知事から、営業保証金の額が政令で定める額に不足することとなった旨の通知を受けたときは、供託額に**不足を生じた日から2週間以内**に、その不足額を供託しなければならない。　　　(2013-27-4　✕)

> **講師からのアドバイス**
> 2週間以内に供託しなかった場合、業務停止処分を受けることがあり、情状が特に重いときは免許取消処分を受けます。

128　LEC東京リーガルマインド　2023年版 出る順宅建士 逆解き式！ 最重要ポイント555

□ 宅建業者Ａ（甲県知事免許）は本店と２つの支店を有している。Ａは営業保証金の還付がなされ、甲県知事から政令で定める額に不足が生じた旨の通知を受け、その**不足額を供託したときは、２週間以内**にその旨を甲県知事に**届け出なければならない**。 (2004-35-4 ○ 正解肢)

Point 250 重要度 **A**　**一部の事務所の廃止**を理由として営業保証金を取り戻す場合、**６ヵ月**以上の期間を定めた公告が必要である。

合格ステップ ②28

Check! 出題例

□ 宅建業者Ａは、**支店を廃止**したため、Ａの営業保証金につき、Ａとの宅建業に関する取引により生じた債権を有する者は**３カ月以内に申し出るべき旨の公告**をしたが、申出がなかったので、営業保証金を取り戻した。この行為は宅建業法に**違反しない**。 (2003-34-4 ✕)

□ 宅建業者Ａ（甲県知事免許）は本店と２つの支店を有している。Ａが**２つの支店を廃止**し、その旨の届出をしたときは、営業保証金の額が政令で定める額を超えることとなるので、その超過額1,000万円について**公告をせずに直ちに取り戻すことができる**。 (2004-35-2 ✕)

□ 宅建業者は、**一部の支店を廃止**したことにより、営業保証金の額が政令で定める額を超えた場合は、還付請求権者に対し**所定の期間内に申し出るべき旨を公告**し、その期間内にその申出がなかったときに、その超過額を**取り戻すことができる**。 (2010-31-3 ○)

□ Ａ社は、宅建業の廃業により営業保証金を取り戻すときは、営業保証金の還付を請求する権利を有する者に対して公告しなければならないが、**支店の廃止**により営業保証金を取り戻すときは、**還付請求権者に対して公告する必要はない**。 (2011-30-3 ✕)

講師からの アドバイス
公告期間は最短でも６ヵ月は必要です。

ステップ・アップ
①免許の失効や、②免許が取り消されたときも、公告が必要となります。

宅建業法

LEC東京リーガルマインド　2023年版 出る順宅建士 逆解き式！ 最重要ポイント555　**129**

弁済業務保証金

Point 251
重要度 A

保証協会への加入は宅建業者の任意であるが、1つの保証協会の社員である者は他の保証協会の社員となることができない。

合格ステップ ②29

✏ 出題例

□ 宅建業者Aは、宅建業を行うに当たり**保証協会へ加入することが義務付けられている**が、一の保証協会の社員となった後に、重ねて他の保証協会の社員となることはできない。

(2000-45-1 ×)

□ 一の保証協会の社員である宅建業者Dは、自らが取引の相手方に対し損害を与えたときに備え、相手方の損害を確実に補填できるよう、**他の保証協会に加入した。**この行為は宅建業法に**違反しない。** (2003-35-3 ×)

□ **保証協会に加入することは宅建業者の任意**であるが、一の保証協会の社員となった後に、**重ねて他の保証協会の社員となることはできない。** (2007-44-1 ○ 正解肢)

> **講師からのアドバイス**
> 義務付けられてはいません。

Point 252
重要度 A

弁済業務保証金分担金の納付は、保証協会の社員となろうとする宅建業者が、保証協会に加入しようとする日までに、保証協会に対して必ず金銭で行わなければならない。

合格ステップ ②29

✏ 出題例

□ 宅建業者Aは、保証協会に加入したときは、その**加入の日から2週間以内**に、弁済業務保証金分担金を保証協会に納付しなければならない。 (2001-40-2 ×)

□ 宅建業者で**保証協会に加入**しようとする者は、その**加入の日から2週間以内**に、弁済業務保証金分担金を保証協会に納付しなければならない。 (2013-39-4 ×)

> **講師からのアドバイス**
> 「加入の日から2週間」ではありません。

130 LEC東京リーガルマインド 2023年版 出る順宅建士 逆解き式！ 最重要ポイント555

Point 253 重要度 **A**

宅建業者が保証協会に加入した後、新たに事務所を設置したとき
は、その日から2週間以内に、弁済業務保証金分担金を保証協会
に納付しなければならない。

合格ステップ ②30

出題例

□ 宅建業者Aは保証協会に加入した後に新たに事務所を開設
したときは、その日から2週間以内に、**営業保証金**500万円
を主たる事務所のもよりの**供託所に供託しなければならな
い**。 (2005-45-2 ✕)

講師からの アドバイス
営業保証金を供託所
に供託するのではあ
りません。

Point 254 重要度 **B**

保証協会は、社員から弁済業務保証金分担金の納付を受けたとき
は、その日から1週間以内に、その納付額に相当する額の弁済業務
保証金を供託所に供託しなければならない。

合格ステップ ②29

出題例

□ 保証協会は、その社員である宅建業者から弁済業務保証金
分担金の納付を受けたときは、その納付を受けた日から**2
週間以内**に、その納付を受けた額に相当する額の弁済業務
保証金を供託しなければならない。 (2014-39-2 ✕)

講師からの アドバイス
「2週間以内」では
ありません。

※ Point255から257及びその出題例において還付を受ける者は、宅建業者でないものとする。

Point 255 重要度 **B**

保証協会の社員が社員となる前に取引をした者は、弁済業務保証
金について弁済を受ける権利を有する。ただし、宅建業者を除く。

合格ステップ ②31

出題例

□ 宅建業者と宅地の売買契約を締結した買主は、当該宅建業
者が**保証協会の社員となる前にその取引**により生じた債権に
関し、当該保証協会が供託した弁済業務保証金について弁
済を受ける権利を有する。 (2022-39-4 ○ 正解肢)

宅建業法

Point 256 重要度A

弁済業務保証金について弁済を受ける権利を実行するときは、保証協会の認証を受けなければならない。

合格ステップ ②31

出題例

□ 保証協会の社員との宅建業に関する取引により生じた債権を有する者は、**弁済を受ける権利を実行しようとする場合**、弁済を受けることができる額について**保証協会の認証**を受けなければならない。 (2012-43-4 ○)

□ 保証協会に加入している宅建業者Aと宅建業に関し取引をした者が、その取引により生じた債権に関し、弁済業務保証金について弁済を受ける権利を実行するときは、保証協会の認証を受けるとともに、必ず**保証協会に対し還付請求**をしなければならない。 (2003-42-2 ×)

□ 保証協会の社員である宅建業者と宅建業に関し取引をした者が、その取引により生じた債権に関し、弁済業務保証金について弁済を受ける権利を実行するときは、当該保証協会の認証を受けるとともに、当該**保証協会に対し、還付請求**をしなければならない。 (2010-43-2 ×)

講師からのアドバイス
保証協会の認証を受け、供託所に還付請求をします。

Point 257 重要度A

弁済業務保証金の還付額の上限は、宅建業者が保証協会の社員でないとしたならば供託すべき営業保証金の額である。

合格ステップ ②31

出題例

□ 300万円の弁済業務保証金分担金を保証協会に納付して当該保証協会の社員となった者と宅建業に関し取引をした者は、その取引により生じた債権に関し、**6,000万円**を限度として、当該保証協会が供託した弁済業務保証金から弁済を受ける権利を有する。 (2008-44-1 ×)

講師からのアドバイス
弁済業務保証金分担金の額から本店と支店8ヵ所を有することがわかります。1,000万円＋500万円×8で5,000万円が限度となります。

Point 258 重要度 A

宅建業者は、保証協会から弁済業務保証金の還付に係る還付充当金を納付すべき旨の通知を受けたときは、その通知を受けた日から2週間以内に、通知された額の還付充当金を保証協会に納付しなければならない。

合格ステップ ②32

出題例

□ 保証協会から還付充当金を納付すべきことの通知を受けた社員は、その通知を受けた日から1月以内に、その通知された額の還付充当金を当該保証協会に納付しなければならない。　(2010-43-3　×)

□ 保証協会の社員である宅建業者は、当該宅建業者と宅建業に関し取引をした者の有するその取引により生じた債権に関し弁済業務保証金の還付がなされたときは、その日から2週間以内に還付充当金を保証協会に納付しなければならない。　(2021[10月]-31-3　×　正解肢)

Point 259 重要度 A

還付充当金を納付すべき旨の通知を受けた日から2週間以内に還付充当金を保証協会に納付しないときは、保証協会の社員の地位を失う。

合格ステップ ②32

出題例

□ 宅建業者Aについて弁済業務保証金が還付された場合で、Aが、その還付された分に充当されるべき金額を、保証協会の通知を受けた日から2週間以内に保証協会に納付しないときは、保証協会の社員としての地位を失う。
　(2001-40-1　〇　正解肢)

□ 宅建業者Aが、保証協会から弁済業務保証金の還付に係る還付充当金を納付すべき旨の通知を受けた日から2週間以内に、通知された額の還付充当金を保証協会に納付しない場合、保証協会は納付をすべき旨の催告をしなければならず、催告が到達した日から1月以内にAが納付しない場合は、Aは社員としての地位を失う。　(2005-45-4　×)

講師からのアドバイス
保証協会が催告しなければならないとする規定はありません。

Point 260 重要度A

宅建業者が保証協会の社員の地位を失ったときは、その日から1週間以内に本店の最寄りの供託所に営業保証金を供託しなければならない。

合格ステップ ②32

出題例

□ 保証協会に加入している宅建業者Aは、保証協会の社員の地位を失ったときは、当該地位を失った日から2週間以内に、営業保証金を本店の最寄りの供託所に供託しなければならない。　　　　　　　　　　　　　　　　　　（2003-42-4　×）

□ 宅建業者は、保証協会の社員の地位を失ったときは、当該地位を失った日から**2週間以内**に、営業保証金を主たる事務所の最寄りの供託所に供託しなければならない。
　　　　　　　　　　　　　　　　　　（2008-44-4　×）

Point 261 重要度A

保証協会が一部の事務所の廃止を理由に弁済業務保証金分担金を宅建業者に返還しようとするとき、公告は不要である。

合格ステップ ②33

出題例

□ 保証協会に加入している宅建業者Aが、**支店を廃止し**、Aの弁済業務保証金分担金の額が政令で定める額を超えることとなった場合で、保証協会が弁済業務保証金分担金をAに返還するときは、弁済業務保証金に係る還付請求権者に対し、一定期間内に認証を受けるため申し出るべき旨の**公告をする必要はない**。　　　　　　　（2003-42-3　○　正解肢）

□ 宅建業者Aがその**一部の事務所を廃止**したため、保証協会が弁済業務保証金分担金をAに返還しようとするときは、保証協会は、弁済業務保証金の還付請求権者に対し、一定期間内に認証を受けるため申し出るべき旨の**公告を行う必要はない**。　　　　　　　　　　　　　（2005-45-3　○　正解肢）

講師からのアドバイス

一部の事務所の廃止を理由に営業保証金を取り戻す場合は、公告が必要です。違いに注意してください。

Point 262 重要度 B

特別弁済業務保証金分担金を納付すべき旨の通知を受けた日から**1ヵ月**以内にその通知された額の特別弁済業務保証金分担金を保証協会に納付しないときは、社員の地位を失う。

合格ステップ ②34

出題例

□ 宅建業者Aが、保証協会から特別弁済業務保証金分担金を納付すべき旨の通知を受けた場合で、その通知を受けた日から**2週間以内**に、通知された額の特別弁済業務保証金分担金を保証協会に納付しないとき、Aは、社員の地位を失う。
(2000-45-3 ×)

□ 保証協会の社員は、保証協会から特別弁済業務保証金分担金を納付すべき旨の通知を受けた場合で、その通知を受けた日から**1か月以内**にその通知された額の特別弁済業務保証金分担金を保証協会に納付しないときは、当該保証協会の社員の地位を失う。
(2008-44-3 ○ 正解肢)

Point 263 重要度 C

保証協会とは、**宅建業者**のみを社員とする**一般社団法人**であって、国土交通大臣の指定を受けたものをいう。

合格ステップ ―

出題例

□ 保証協会は、**一般財団法人**でなければならない。
(2006-44-1 ×)

□ 保証協会の社員は、**宅建業者に限られる**。
(2002-43-1 ○ 正解肢)

📖 **言葉の意味**

「社団」は「人」の集まり、「財団」は「財産」の集まりです。

媒介・代理契約

Point 264 重要度A

専任媒介契約及び専属専任媒介契約の有効期間は3ヵ月を超えることができず、超える部分は無効となる。

合格ステップ ②35

出題例

☐ 宅建業者Aが、B所有地の売買の媒介の依頼を受け、Bと専任媒介契約を締結した。Aは、Bの申出に基づき、「契約の有効期間を6月とする」旨の特約をしたときでも、その期間は3月（**専属専任媒介契約にあっては、1月**）となる。
(2000-37-2 × 正解肢)

講師からのアドバイス
専属専任媒介契約の場合も3ヵ月になります。

☐ 宅建業者Aが、B所有の宅地の売却の媒介依頼を受け、Bと媒介契約を締結した。Bの申出により、契約の有効期間を6月と定めた専任媒介契約を締結した場合、その**契約はすべて無効**である。
(2005-36-ア ×)

講師からのアドバイス
すべて無効ではなく、3ヵ月を超える部分が無効になるだけです。

Point 265 重要度A

専任媒介契約及び専属専任媒介契約の更新は、依頼者からの申出があった場合に、3ヵ月以内に限って行うことができる。

合格ステップ ②35

出題例

☐ 宅建業者Aが、Bから自己所有の宅地の売買の媒介を依頼された。Aは、Bとの間で有効期間を2月とする専任媒介契約を締結した場合、**Bの申出**により契約を更新するときは、更新する媒介契約の有効期間は**当初の有効期間を超えてはならない**。
(2010-33-2 ×)

講師からのアドバイス
3ヵ月以内であれば、当初の契約期間を超えることはできます。

Point 266 重要度 A

専任媒介契約及び専属専任媒介契約の更新については、たとえ依頼者からの申出がある場合であっても自動更新の特約を定めることはできない。

合格ステップ ②35

出題例

□宅建業者Aが、BからB所有の土地付建物の売却の媒介を依頼され、媒介契約を締結した。AB間の媒介契約が専任媒介契約である場合、その有効期間の満了に際して、Bからの更新の申出がなくても、その有効期間を自動的に更新するためには、当該契約の締結時にあらかじめBの承諾を得ておかなければならない。　（2001-38-4　✕　正解肢）

□宅建業者Aは、Bとの間で有効期間を2か月とする専任媒介契約を締結する際、「Bが媒介契約を更新する旨を申し出ない場合は、有効期間満了により自動更新するものとする」旨の特約を定めることができる。（2007-39-4　✕　正解肢）

講師からのアドバイス

依頼者の承諾があっても自動更新は一切認められません。

Point 267 重要度 A

業務処理状況の報告は、専任媒介契約は2週間に1回以上、専属専任媒介契約は1週間に1回以上行わなければならない。

合格ステップ ②35

出題例

□宅建業者Aが、B所有地の売買の媒介の依頼を受け、Bと専任媒介契約を締結した。Aは、Bに対し、当該契約に係る業務の処理状況を2週間に1回以上（専属専任媒介契約にあっては、1週間に1回以上）報告しなければならない。　（2000-37-4　○）

□宅建業者Aが、B所有の甲宅地の売却の媒介を依頼され、Bと専任媒介契約を締結した。AがBに対して、当該専任媒介契約に係る業務の処理状況を14日（ただし、Aの休業日は含まない。）に1回報告するという特約は有効である。　（2009-32-3　✕）

講師からのアドバイス

この業務処理状況の報告とは別に、媒介の目的物について売買・交換の申込みがあったときは、一般媒介か専任媒介かを問わず、その旨を依頼者に報告しなければならなくなりました。

宅建業法

LEC東京リーガルマインド　2023年版 出る順宅建士 逆解き式！ 最重要ポイント555　137

Point 268
重要度 **A**

指定流通機構への登録は、宅建業者の休業日を除いて、媒介契約締結の日から専任媒介契約は7日以内、専属専任媒介契約は5日以内に行わなければならない。

合格ステップ ❷35

出題例

□宅建業者Aは、Bとの間に**専属専任媒介契約**を締結したときは、当該契約の締結の日から**5日以内（休業日を除く。）**に、所定の事項を当該宅地の所在地を含む地域を対象として登録業務を現に行っている指定流通機構に登録しなければならない。 (2007-39-3 ○)

□宅建業者Aが、B所有の宅地の売却の媒介の依頼を受け、Bと**専任媒介契約**を締結した。Aは契約の相手方を探索するため、当該宅地に関する所定の事項を媒介契約締結日から**7日（休業日を含む。）以内**に指定流通機構に登録する必要がある。 (2003-43-3 ✕)

> **講師からのアドバイス**
> 休業日は除きます。

Point 269
重要度 **A**

専任媒介契約又は専属専任媒介契約を締結し、物件につき必要な事項を指定流通機構に登録した宅建業者は、指定流通機構から発行される登録済証を、遅滞なく、依頼者に引き渡さなければならない。

合格ステップ ❷35

出題例

□宅建業者Aが、Bから自己所有の宅地の売却の媒介を依頼された。Aが、Bとの間に専任媒介契約を締結し、当該宅地に関する所定の事項を指定流通機構に登録したときは、Aは、遅滞なく、**その旨を記載した書面を作成してBに交付**しなければならない。 (2008-35-イ ✕)

> **講師からのアドバイス**
> 宅建業者が作成するのではありません。

□宅建業者Aが、B所有の甲宅地の売却の媒介を依頼され、Bと専任媒介契約を締結した。AがBに対して、甲宅地に関する所定の事項を**指定流通機構に登録したことを証する書面を引き渡さなかったとき**は、Aはそのことを理由として**指示処分を受けることがある**。 (2009-32-2 ○ 正解肢)

> **講師からのアドバイス**
> 宅建業法に違反すると指示処分の対象となります。

138 LEC東京リーガルマインド 2023年版 出る順宅建士 逆解き式！最重要ポイント555

Point 270 重要度A

専任媒介契約又は専属専任媒介契約を締結し、指定流通機構に登録した宅建業者は、物件について<u>契約が成立</u>したときは遅滞なく、その旨を指定流通機構に通知しなければならない。

合格ステップ ②35

出題例

□ 宅建業者Aが、B所有の宅地の売却の媒介の依頼を受け、Bと専任媒介契約を締結した。Aは、媒介により、**売買契約を成立させた**が、Bから媒介報酬を受領するまでは、指定流通機構への当該契約成立の**通知をしなくてもよい**。

(2003-43-1 ✕)

□ 宅建業者A社は、宅地の売買の専任媒介契約を締結し、指定流通機構に登録を行った物件について**売買契約が成立した**場合は、遅滞なくその旨を指定流通機構に**通知しなければならず**、当該通知を怠ったときは指示処分を受けることがある。

(2004-45-1 ◯)

講師からのアドバイス
宅建業法に違反すると指示処分の対象となります。

□ 宅建業者Aが、B所有の甲宅地の売却の媒介を依頼され、Bと専任媒介契約を締結した。Aは、指定流通機構に登録した甲宅地について**売買契約が成立し、かつ、甲宅地の引渡しが完了したとき**は、遅滞なく、その旨を当該指定流通機構に**通知しなければならない**。

(2009-32-4 ✕)

講師からのアドバイス
引渡しが完了していなくても売買契約が成立したときは遅滞なく通知しなければなりません。

Point 271 重要度A

34条の2書面は、<u>一般</u>媒介契約であっても交付(電磁的方法による提供を含む。)しなければならない。

合格ステップ ②36

出題例

□ 宅建業者Aが依頼者と専任媒介契約を締結したときは、Aは宅建業法第34条の2に規定する契約内容を記載した書面を依頼者に交付しなければならないが、**一般媒介契約**を締結したときは、当該書面の交付(電磁的方法による提供を含む。)**をしなくてもよい**。

(2002-34-2改 ✕)

講師からのアドバイス
34条の2書面とは、宅建業法第34条の2に規定する契約内容を記載した書面のことです。媒介契約書面ともいいます。

宅建業法

Point 272 重要度A

賃貸借の媒介契約の場合、34条の2書面の作成・交付（電磁的方法による提供を含む。）は不要である。

合格ステップ ②36

出題例

□ 宅建業者Aは、オフィスビルの所有者Cから**賃貸借の媒介**を依頼されたが、過去数次にわたってCの物件について賃貸借の媒介をしていたことから、当該依頼に係る媒介契約を締結したとき、Cに対し、**書面の作成及び交付（電磁的方法による提供を含む。）を行わなかった**。この行為は宅建業法の規定に**違反しない**。　　　　（2003-45-3改　○　正解肢）

□ 宅建業者Aは、Dが所有する丙宅地の**貸借に係る媒介**の依頼を受け、Dと専任媒介契約を締結した。このとき、Aは、Dに法第34条の2第1項に規定する**書面を交付又は電磁的方法により提供しなければならない**。　　　（2015-28-ウ改　×）

Point 273 重要度A

34条の2書面への記名押印を行うのは、宅地建物取引士ではなく、**宅建業者**である。

合格ステップ ②36

出題例

□ 宅建業者Aが、BからB所有の土地付建物の売却の媒介を依頼され、AB間で媒介契約が締結されたとき、**Aは**遅滞なく宅建業法第34条の2の規定に基づく媒介契約の内容を記載した書面を作成し、**記名押印して**、Bに交付しなければならない。　　　　　　　　　　　　　　（2001-38-1　○）

□ 宅建業者Aが、Bから自己所有の宅地の売買の媒介を依頼された。Aは、Bとの間で専任媒介契約を締結したときは、宅地建物取引士に宅建業法第34条の2第1項の規定に基づき交付すべき書面の記載内容を確認させた上で、当該**宅地建物取引士をして記名押印させなければならない**。

（2010-33-1改　×）

講師からのアドバイス
記名押印及び交付をするのは、宅地建物取引士ではなく宅建業者です。

Point 274 重要度A

媒介契約違反の場合の措置は、媒介契約で定めたうえで、34条の2書面に記載しなければならない。

合格ステップ ②36

出題例

□宅建業者Aは、売主Bとの間で、宅地の売買の専任媒介契約を締結し、宅建業法第34条の2の規定に基づく媒介契約の内容を記載した書面を交付した。Bが宅建業者である場合でも、Aは、当該書面に、Bが**他の宅建業者の媒介又は代理によって売買又は交換の契約を成立させたときの措置**を記載しなければならない。　　　　　　　(1997-36-2　○　正解肢)

□宅建業者Aが、Bから宅地の売却の依頼を受け、Bと専属専任媒介契約を締結した。Bが宅建業者である場合でも、Aが媒介契約を締結したときにBに交付すべき書面には、**BがAの探索した相手方以外の者と宅地の売買又は交換の契約を締結したときの措置**を記載しなければならない。

(1999-37-3　○　正解肢)

□宅建業者Aは、Bから B所有の宅地の売却について媒介の依頼を受けた。AがBとの間で一般媒介契約（専任媒介契約でない媒介契約）を締結し、当該媒介契約において、重ねて依頼する他の宅建業者を明示する義務がある場合、Aは、Bが**明示していない他の宅建業者の媒介又は代理によって売買の契約を成立させたときの措置**を宅建業法第34条の2第1項の規定に基づく書面に記載しなければならない。

(2014-32-エ　○)

□宅建業者Aが宅建業者でないBから建物の売却の依頼を受け、AとBとの間で専属専任媒介契約を締結した場合、**Aが探索した相手方以外の者とBとの間で売買契約を締結したときの措置**について、AとBとの間で取り決めがなければ、Aは宅建業法第34条の2第1項の規定に基づき交付すべき書面に**記載する必要はない**。　　　　　(2010-34-4　×)

講師からのアドバイス

依頼者が宅建業者であっても記載が必要です。

Point 275
重要度 **A**

34条の２書面には、媒介契約が、国土交通大臣が定める標準媒介契約約款に基づくものであるか否かの別を記載しなければならない。

合格ステップ ②36

出題例

□ 宅建業者Ａが、Ｂ所有の宅地の売却の媒介依頼を受け、Ｂと専任媒介契約を締結した。ＡがＢに交付した媒介契約書が国土交通大臣が定めた**標準媒介契約約款に基づかない書面である場合、その旨の表示をしなければ、Ａは業務停止処分を受けることがある**。　　　　　　（2004-39-1 ○ 正解肢）

□ 宅建業者Ａは、Ｂとの間に媒介契約を締結したときは、当該契約が国土交通大臣が定める**標準媒介契約約款に基づくものであるか否かの別**を、宅建業法第34条の２第１項の規定に基づき交付すべき書面に**記載しなければならない**。

（2007-39-1 ○）

講師からの アドバイス

34条の２書面の交付義務に違反すると、業務停止処分の対象となります。

Point 276
重要度 **A**

売買又は交換の媒介契約を締結した宅建業者が、売買すべき価格又は評価額に意見を述べるときは、必ずその根拠を示さなければならないが、必ずしも書面で行う必要はない。

合格ステップ ②36

出題例

□ 宅建業者Ａは、Ｂとの間で媒介契約を締結し、Ｂに対して当該宅地を売却すべき**価額又はその評価額について意見を述べるときは、その根拠を明らかにしなければならない**。

（2007-39-2 ○）

□ 宅建業者Ａは、売主Ｂとの間で、宅地の売買の専任媒介契約を締結し、宅建業法第34条の２の規定に基づく媒介契約の内容を記載した書面を交付した。Ａが、当該書面に記載した宅地を売買すべき**価額について意見を述べる場合は、その根拠を書面により明らかにしなければならない**。

（1997-36-1 ×）

講師からの アドバイス

書面により明らかにする必要はありません。

142 　LEC東京リーガルマインド　2023年版 出る順宅建士 逆解き式！最重要ポイント555

広告等に関する規制

Point 277 重要度 A

広告には、**取引態様の別**を明示しなければならない。

合格ステップ ②37

出題例

☐ 宅建業者Aは、未完成の土地付建物の販売依頼を受け、その広告を行うにあたり、当該広告印刷時には取引態様の別が未定であるが、配布時には決定している場合、**取引態様の別を明示しない広告を行うことができる**。

(2004-36-2 ✕　正解肢)

☐ 複数の区画がある宅地の売買について、数回に分けて広告するときは、**最初に行う広告に取引態様の別を明示すれば足り、それ以降は明示する必要はない**。

(2021[10月]-30-ウ ✕)

言葉の意味

取引態様の別の明示とは、その取引が、自ら売買・交換するものか、売買・交換・貸借の代理・媒介をするものかを明らかにすることです。

Point 278 重要度 A

広告時に明示していても、**注文を受けた**ときは遅滞なく、取引態様の別を明示しなければならない。

合格ステップ ②37

出題例

☐ 宅建業者Dは、取引態様の明示がある広告を見た宅建業者Eから建物の売買の**注文を受けた場合**、Eから取引態様の問い合わせがなければ、Eに対して、**取引態様を明示する必要はない**。　(2007-43-3 ✕)

☐ 宅建業者Aは、宅地又は建物の売買に関する広告をする際に取引態様の別を明示した場合、当該広告を見た者から売買に関する**注文を受けたときは、改めて取引態様の別を明示する必要はない**。　(2014-30-3 ✕)

講師からのアドバイス

取引態様の別の明示は「広告をするとき」と「注文を受けたとき」の両方で必要です。

Point 279 重要度 A
業務停止処分期間中は、広告をすることはできない。

合格ステップ ―

出題例

□ 宅建業者Aが、宅建業法第65条第2項の規定により業務の全部の停止を命じられた場合でも、Aは、停止期間経過後に契約を締結する宅地については、**停止期間中**に、その販売の広告をすることができる。　　　　　（2000-38-2 ✕）

□ 宅建業者Aが県知事からその**業務の全部の停止を命ぜられた期間中**であっても、当該停止処分が行われる前に印刷した**広告の配布活動のみは認められている**。　　（2002-32-2 ✕）

講師からのアドバイス
広告も業務ですので、業務停止処分期間中にすることはできません。

Point 280 重要度 A
一定の事項についての著しく事実に相違する表示、実際のものより著しく優良・有利と人を誤認させるような表示は誇大広告となり、禁止される。

合格ステップ ②38

出題例

□ 宅建業者Aは、実在しない宅地について広告又は虚偽の表示を行ってはならないが、実在する宅地については、実際に**販売する意思がなくても**、当該宅地の広告の表示に誤りがなければ、その**広告を行うことができる**。（2007-38-1 ✕）

講師からのアドバイス
販売する意思がない物件の広告（おとり広告）は、物件の所在などについての著しく事実に相違する表示として禁止されます。

□ 宅建業者Aが行う広告については、**実際のものよりも著しく優良又は有利であると人を誤認させるような表示をしてはならない**が、誤認させる方法には限定がなく、**宅地又は建物に係る現在又は将来の利用の制限の一部を表示しないことにより誤認させる**ことも禁止されている。

（2010-32-ア ○）

講師からのアドバイス
将来の利用の制限などに関する著しく事実に相違する表示として禁止されます。

144 **LEC**東京リーガルマインド　2023年版 出る順宅建士 逆解き式！ 最重要ポイント555

Point 281 重要度A

誇大広告を行えば、取引が成立せず被害が生じなくても監督処分及び罰則の対象となる。

合格ステップ ②38

出題例

□宅建業者Ａがその業務に関して広告を行った。Ａが販売する意思のない物件について行った「販売する」旨の広告は、**著しく事実に相違する広告**に該当し、このためＡは監督処分の対象になるが、**罰則の適用を受けることはない**。
（1997-43-4　✕　正解肢）

□宅建業者がその業務に関して広告を行った。将来の環境や利用の制限に関する表示が、**実際のものよりも著しく優良若しくは有利であると人を誤認させるようなもの**であれば、実際にその表示の誤認により**損害を受けた人がいなくても**誇大広告として宅建業法違反となる。（1987-43-4　◯　正解肢）

□宅建業者Ａは、宅地の売買に関する広告をするに当たり、当該宅地の形質について、**実際のものよりも著しく優良であると人を誤認させる表示**をした場合、当該宅地に関する注文がなく、**売買が成立しなかったときであっても、監督処分及び罰則の対象となる**。（2014-30-2　◯　正解肢）

□宅建業者は、販売する宅地又は建物の広告に**著しく事実に相違する表示**をした場合、**監督処分の対象となる**ほか、**６月以下の懲役又は100万円以下の罰金に処せられることがある**。
（2008-32-4　◯　正解肢）

□広告の表示が実際のものよりも著しく優良又は有利であると人を誤認させるようなものであっても、**誤認による損害が実際に発生していなければ、監督処分の対象とならない**。
（2020[12月]-27-1　✕）

講師からのアドバイス

罰則（６月以下の懲役又は100万円以下の罰金）の適用を受けることがあります。

宅建業法

Point 282 重要度A

未完成物件の広告又は契約のうち、許可・確認が下りる前にできるのは、貸借の契約のみである。

合格ステップ ②39・40

出題例

□ 都市計画法第29条第1項の許可を必要とする宅地について、Bが開発行為を行い貸主として貸借をしようとする場合、Aは、Bがその**許可を受ける前**であっても、Bの依頼により当該宅地の**貸借の広告をすることができる**が、当該宅地の**貸借の媒介をすることはできない**。　(2007-38-3　×)

講師からのアドバイス
開発許可を受ける前は、貸借の媒介・代理はすることができますが、広告はすることができません。

□ 宅建業者C社は、**建築確認の済んでいない建築工事完了前**の賃貸住宅の貸主Dから当該住宅の貸借の代理を依頼され、代理人として借主Eとの間で当該住宅の**賃貸借契約を締結しても、宅建業法の規定に違反しない**。　(2013-32-イ　○)

□ 宅建業者Aは、新築分譲マンションを建築工事の完了前に販売しようとする場合、**建築基準法第6条第1項の確認を受ける前**において、当該マンションの売買契約の締結をすることはできないが、当該販売に関する**広告をすることはできる**。
(2014-30-1　×)

□ 宅建業者Aは、宅地の売買に係る広告において、当該宅地に関する都市計画法第29条の**許可を受けていれば**、当該造成工事に係る検査済証の交付を受けていなくても、当該**広告を行うことができる**。　(2004-36-1　○)

講師からのアドバイス
検査済証の交付を受けているかどうかは無関係です。開発許可を受けていれば広告を行うことができます。

□ 宅建業者が、建築に関する工事の完了前において、建築基準法第6条第1項の確認を受ける必要のある建物について、その**確認の申請後、確認を受ける前**に、当該確認を受けることができるのは確実である旨表示して、当該建物の分譲の**広告をすることは**、宅建業法の規定に**違反する**。

(2001-34-ウ　○)

□ 新築分譲住宅としての**販売**を予定している建築確認申請中の物件については、**建築確認申請中**である旨を表示をすれば、**広告をすることができる**。　(2012-28-エ　×)

講師からのアドバイス
申請中である旨を表示しても、広告をすることはできません。

重要事項の説明

Point 283 重要度A

宅建業者が買主・借主となる場合は、重要事項説明書面の交付は、必要であるものの、説明は不要とされている。

合格ステップ ②41

出題例

□宅建業者は、宅地又は建物の売買について売主となる場合、買主が宅建業者であっても、**重要事項説明は行わなければならないが、35条書面の交付は省略してよい。**

(2013-30-1 ×)

※ Point284～306及びその出題例は、説明を受ける相手方は宅建業者でないものとする。

Point 284 重要度A

複数の宅建業者が契約に関与する場合、すべての宅建業者が重要事項の説明義務を負う。

合格ステップ ―

出題例

□宅地の売買について、売主A、Aの媒介業者B及び買主の媒介業者Cの三者がいずれも宅建業者である場合は、**B及びCのみならず、Aも、買主に対して宅建業法第35条に規定する重要事項の説明をすべき義務を負う。**

(2003-37-3 ○ 正解肢)

□宅建業者Aが売主Bと買主Cの間の建物の売買について媒介を行った。Aが、宅建業者Dと共同で媒介を行う場合、35条書面にAが調査して記入した内容に誤りがあったときは、**Aだけでなく、Dも業務停止処分を受けることがある。**

(2007-40-4 ○ 正解肢)

Point 285 重要度A

重要事項説明及び重要事項説明書面への記名は、専任でない宅地建物取引士が行うことができる。

合格ステップ ―

出題例

□ 宅建業者が、宅建業法第35条の規定に基づき重要事項の説明をさせる場合の宅地建物取引士は、**必ずしも成年者である専任の宅地建物取引士である必要はない。**

(2000-31-1改 ○ 正解肢)

□ 重要事項説明書に記名する宅地建物取引士は**専任の宅地建物取引士でなければならないが**、実際に重要事項の説明を行う者は専任の宅地建物取引士でなくてもよい。

(2020[10月]-41-2改 ×)

講師からのアドバイス
アルバイトであっても宅地建物取引士でありさえすれば、重要事項説明及び重要事項説明書面への記名をすることができます。

Point 286 重要度A

登記されている権利は、重要事項説明の説明事項である。

合格ステップ ②41

出題例

□ 宅建業者が、マンションの1戸の賃貸借の媒介を行うに際し、宅建業法第35条の規定による重要事項の説明を行った。マンションの所有者についての登記名義人は説明したが、当該マンションに係る**登記されている抵当権**については説明しなかった。この行為は宅建業法の規定に違反する。

(2001-36-1 ○)

□ 宅建業者は、中古マンションの売買を行う場合、抵当権が設定されているときは、契約日までにその登記が抹消される予定であっても、当該**抵当権の内容について説明**しなければならない。

(2014-35-2 ○)

講師からのアドバイス
登記された権利については、種類・内容・登記名義人又は表題部所有者の氏名を説明しなければなりません。

Point 287 重要度 **A**

飲用水・電気・ガスの供給、排水施設の整備の状況は重要事項説明の説明事項であり、未整備の場合は整備の見通し及び特別の負担についても説明が必要である。

合格ステップ ②41

出題例

□ 宅建業者Aは、自ら売主となり、土地付建物の売買契約を締結したが、買主Bが当該建物の隣に住んでいるので、都市ガスが供給されることを知っているとして、Bに対し、**ガスの供給**に関して宅建業法第35条の重要事項の説明を行わなかった。この行為は宅建業法の規定に違反しない。
(2003-45-2 ✕)

□ 宅建業者が行う建物の貸借の媒介において、水道、電気及び下水道は完備、都市ガスは未整備である旨説明したが、その**整備の見通し**までは説明しなかった。この行為は宅建業法に違反しない。
(2006-35-2 ✕)

Point 288 重要度 **A**

敷金については、額及び精算に関する事項が重要事項の説明事項となっている。

合格ステップ ②41

出題例

□ 宅建業者は、建物の貸借の媒介において、借賃以外の金銭の授受に関する定めがあるときは、その額及びその目的のほか、**当該金銭の授受の時期**についても借主に説明しなければならない。
(2000-39-3 ✕)

□ 宅建業者が、マンションの1戸の賃貸借の媒介を行うに際し、宅建業法第35条の規定による重要事項の説明を行った。敷金の額については説明したが、**その敷金をどのように精算するか**については説明しなかった。この行為は宅建業法の規定に違反する。
(2001-36-2 ◯)

講師からのアドバイス

借賃以外の金銭とは敷金などのことをさします。授受の時期については説明する必要はありません。

宅建業法

Point 289
重要度 A

建物の貸借においては、用途規制・建蔽率・容積率等の建築基準法に基づく制限については、重要事項として説明しなくてもよい。

合格ステップ ②41

Check 出題例

□宅建業者は、マンションの１戸の**貸借の媒介**を行う場合、**建築基準法に規定する容積率及び建蔽率に関する制限**があるときは、その制限内容を説明しなければならない。

(2013-33-3 ✕)

□**マンション（区分所有建物）の貸借**の媒介をする場合に、用途地域内における建築物の**用途制限**に関する事項の概要を宅建業法第35条の規定に基づき重要事項として必ず説明しなければならない。 (1996-35-1 ✕)

□建物の売買の媒介の場合は、建築基準法に規定する**建ぺい率及び容積率**に関する制限があるときはその概要を宅建業法第35条に規定する重要事項として説明しなければならないが、**建物の貸借の媒介の場合は説明する必要はない**。

(2010-35-1 ◯)

講師からの アドバイス

建物の売買の場合は、説明が必要です。

Point 290
重要度 A

物件が土砂災害警戒区域内にあるときは**その旨**を、重要事項として説明しなければならない。

合格ステップ ②41

Check 出題例

□宅建業者が行う重要事項の説明においては、売買契約の対象となる宅地が土砂災害警戒区域等における土砂災害防止対策の推進に関する法律によって指定された土砂災害警戒区域内である場合は、当該区域内における制限を説明すれば足り、対象物件が**土砂災害警戒区域内にある旨**の説明をする必要はない。 (2004-37-2 ✕)

150 LEC東京リーガルマインド　2023年版 出る順宅建士 逆解き式！ 最重要ポイント555

□宅地の売買の媒介の場合は、土砂災害警戒区域等における土砂災害防止対策の推進に関する法律第6条第1項により指定された**土砂災害警戒区域内にあるときはその旨**を宅建業法第35条に規定する重要事項として説明しなければならないが、建物の貸借の媒介の場合は説明する必要はない。

(2010-35-2 × 正解肢)

講師からの アドバイス

建物の貸借の場合も、説明が必要です。

宅建業法

Point 291 重要度 A

物件が造成宅地防災区域内にあるときはその旨を、重要事項として説明しなければならない。

合格ステップ ②41

Check 出題例

□建物の貸借の媒介において、当該建物が宅地造成等規制法の規定により指定された**造成宅地防災区域内にあるときは、その旨**を宅建業法第35条に規定する重要事項として借主に説明しなければならない。 (2007-35-2 ○ 正解肢)

Point 292 重要度 A

建物について、石綿の使用の有無の調査の結果の内容を重要事項として説明しなければならないのは、調査の結果が記録されているときのみである。

合格ステップ ②41

Check 出題例

□建物の貸借の媒介において、当該建物について石綿が使用されていない旨の**調査結果が記録されている**ときは、その旨を宅建業法第35条に規定する重要事項として借主に説明しなくてもよい。 (2007-35-1 ×)

□宅建業者Aが建物の売買の媒介を行う場合、当該建物について石綿の使用の有無の**調査の結果が記録されていない**ときは、Aは、自ら石綿の使用の有無の調査を行った上で、その結果の内容を、宅建業法第35条に規定する重要事項として説明しなければならない。 (2009-33-2 × 正解肢)

講師からの アドバイス

宅建業者が自ら調査を行う義務までは負いません。

Point 293 重要度 **A**

水防法施行規則第11条第1号の規定により宅地又は建物が所在する**市町村の長が提供する図面（ハザードマップ）**に当該宅地又は建物の位置が表示されているときは、当該**図面における**宅地又は建物の**所在地**を重要事項として説明しなければならない。

合格ステップ ―

出題例

□ 宅建業者は、市町村が取引の対象となる宅地又は建物の位置を含む水害ハザードマップを作成している場合、**重要事項説明書に水害ハザードマップを添付すれば足りる。**

(2021[10月]-33-4 ✕)

□ **賃貸借の媒介**において、取引対象となる宅地又は建物が、水防法施行規則第11条第1号の規定により市町村（特別区を含む。）の長が提供する図面に当該宅地又は建物の位置が表示されている場合には、当該図面における当該宅地又は建物の所在地を説明しなければならない。

(2021[12月]-44-ア改 ○)

□ 建物の貸借の媒介を行う場合、当該建物が、水防法施行規則第11条第1号の規定により市町村（特別区を含む。）の長が提供する図面にその位置が表示されている場合には、当該**図面が存在していることを説明**すれば足りる。

(2022-36-3 ✕)

講師からのアドバイス
貸借においても、説明が必要となります。

Point 294 重要度 **A**

建物が住宅性能評価を受けた新築住宅であるときにその旨を重要事項として説明しなければならないのは、建物の**売買・交換**の場合のみである。

合格ステップ ㉑41

出題例

□ 宅建業者が行う重要事項の説明においては、**売買契約の対象となる建物が新築住宅であって、住宅の品質確保の促進等に関する法律第5条第1項に規定する住宅性能評価を受けた住宅である場合は、その旨を説明しなければならない。**

152 LEC東京リーガルマインド　2023年版 出る順宅建士 逆解き式！ 最重要ポイント555

(2004-37-3 ○ 正解肢)

□宅建業者が建物の**貸借**の媒介を行う場合、当該建物が住宅の品質確保の促進等に関する法律第5条第1項に規定する住宅性能評価を受けた新築住宅であるときでも、その旨を宅建業法第35条に規定する重要事項として**説明することは義務付けられていない**。 (2006-33-2 ○ 正解肢)

講師からの アドバイス
貸借の場合は義務付けられていません。

□建物の売買の媒介の場合は、住宅の品質確保の促進等に関する法律第5条第1項に規定する住宅性能評価を受けた新築住宅であるときはその旨を宅建業法第35条に規定する重要事項として説明しなければならないが、**建物の貸借の媒介の場合は説明する必要はない**。 (2010-35-3 ○)

宅建業法

Point 295
重要度 **A**
私道に関する負担に関する事項を重要事項として説明しなければならないのは、建物の貸借以外の場合である。

合格ステップ ②41

Check 出題例

□**マンション（区分所有建物）の貸借**の媒介をする場合に、**私道に関する負担に関する事項**は宅建業法第35条の規定に基づき重要事項として必ず説明しなければならない。

(1996-35-2 ✕)

講師からの アドバイス
建物の貸借なので説明不要です。

□宅地の売買の媒介の場合は、**私道に関する負担**について宅建業法第35条に規定する重要事項として説明しなければならないが、**建物の貸借の媒介の場合は説明する必要はない**。

(2010-35-4 ○)

LEC東京リーガルマインド 2023年版 出る順宅建士 逆解き式！ 最重要ポイント555 **153**

Point 296
重要度 A

建物の貸借においては、台所・浴室・便所その他の設備の整備の状況を、重要事項として説明しなければならない。

合格ステップ ②41

出題例

□ 宅建業者は、**事業用建物の賃貸借**の媒介を行うに当たっても、居住用建物と同様に、**台所、浴室等**の設備の整備状況について、宅建業法第35条に規定する重要事項として説明しなければならない。　　　　　　(2004-38-2 ○　正解肢)

□ 宅建業者が**建物の貸借**の媒介を行う場合、**台所、浴室、便所**その他の当該建物の設備の整備の状況を宅建業法第35条に規定する重要事項として説明することは義務付けられていない。　　　　　　　　　　　　　　　　(2006-33-3 ✕)

Point 297
重要度 A

工事完了前の建物については、工事の完了時の形状・構造とともに、建物の完成時における主要構造部、内装及び外装の構造又は仕上げ、設備の設置及び構造についても、図面を交付して重要事項として説明しなければならない。

合格ステップ ②41

出題例

□ 宅建業者Aは、建物（建築工事完了前）の売買の契約を行うに際し、建物の完成時における主要構造部、内装及び外装の構造又は仕上げ並びに設備の設置及び構造についての**図面を渡したのみで、当該図面の説明はしなかった**。この行為は宅建業法に違反しない。　　　　(2002-37-1 ✕)

□ 宅建業者は、自ら売主として、マンション（建築工事完了前）の分譲を行うに当たり、建物の完成時における当該マンションの**外壁の塗装**については宅建業法第35条に規定する重要事項として**説明しなくてもよい**が、建物の形状や構造については平面図を交付して説明しなければならない。

(2004-38-1 ✕)

講師からの アドバイス

外壁の塗装は外装の仕上げに該当しますので、説明が必要です。

Point 298 重要度 A

区分所有建物の売買・交換に際して、共用部分に関する規約の定めについては、それが案の段階であっても、その内容を重要事項として説明しなければならない。

合格ステップ ②41

出題例

□ 宅建業者Aが、マンションの分譲に際して宅建業法第35条の規定に基づく重要事項の説明を行うにあたり、建物の区分所有等に関する法律第2条第4項に規定する共用部分に関する規約が**まだ案の段階である場合、Aは、規約の設定を待ってから、その内容を説明しなければならない**。

(2008-37-2 ×)

講師からのアドバイス
案の段階である場合でも、その内容を説明しなければなりません。

Point 299 重要度 A

区分所有建物の売買・交換・貸借に際して、専有部分の用途その他の利用の制限に関する規約の定め（その案を含む。）があるときは、その内容を重要事項として説明しなければならない。

合格ステップ ②41

出題例

□ 宅建業者が行う建物の貸借の媒介において、建物の区分所有等に関する法律に規定する専有部分の用途その他の利用の制限に関する規約の定め（その案を含む。）が**なかったので、そのことについては説明しなかった**。この行為は宅建業法に違反しない。

(2006-35-4 ○ 正解肢)

□ 宅建業者が**建物の貸借の媒介**を行う場合、当該建物が建物の区分所有等に関する法律第2条第1項に規定する**区分所有権の目的**であるものであって、同条第3項に規定する**専有部分の用途その他の利用の制限に関する規約**の定めがあるときは、その内容を説明しなければならない。

(2019-28-4 ○ 正解肢)

講師からのアドバイス
貸借であっても説明が必要です。

Point 300 重要度 **A**

区分所有建物の売買・交換に際して、一棟の建物の計画的な維持修繕のための費用の積立てを行う旨の規約の定め（その案を含む。）があるときは、その内容及びすでに積み立てられている額ならびに滞納がある場合は滞納額を、重要事項として説明しなければならない。

合格ステップ ②41

出題例

☐ 宅建業者が行う重要事項の説明においては、売買契約の対象となる区分所有建物に、計画的な維持修繕費用の積立てを行う旨の規約の定めがある場合は、その旨を説明すれば足り、**既に積み立てられている額を説明する必要はない**。

(2004-37-1 ✕)

☐ 区分所有建物の売買において、売主は買主に対し、当該一棟の建物に係る計画的な維持修繕のための修繕積立金積立総額及び売買の対象となる専有部分に係る**修繕積立金額の説明をすれば、滞納があることについては説明をしなくてもよい**。

(2013-29-3 ✕)

Point 301 重要度 **A**

区分所有建物の売買・交換・貸借に際して、一棟の建物及び敷地の管理が個人に委託されているときは、委託を受けている者の氏名及び住所、法人に委託されているときは、委託を受けている法人の商号又は名称及び主たる事務所の所在地を、重要事項として説明しなければならない。

合格ステップ ②41

出題例

☐ 宅建業者が、マンションの1戸の賃貸借の媒介を行うに際し、宅建業法第35条の規定による重要事項の説明を行った。マンションの管理の委託を受けている法人については、その商号又は名称は説明したが、その**主たる事務所の所在地については説明しなかった**。この行為は宅建業法の規定に違反する。

(2001-36-4 ◯)

156 LEC東京リーガルマインド 2023年版 出る順宅建士 逆解き式！ 最重要ポイント555

Point 302 重要度 Ⓐ

区分所有建物の売買・交換に際して、一棟の建物の計画的な維持修繕のための費用、通常の管理費用その他の建物の所有者が負担しなければならない費用を特定の者にのみ減免する旨の規約の定め（その案を含む。）があるときは、その内容を重要事項として説明しなければならない。

合格ステップ ②41

Check 出題例

☐ 宅建業者Aは、マンションの分譲を行うに際し、当該マンションの管理規約案に「分譲業者であるAは当該マンションの未販売住戸の**修繕積立金を負担しなくてもよい**」とする**規定があったが、これについては説明しなかった。**この行為は宅建業法に違反しない。 　　　　　　　(2002-37-2 ✕)

☐ 宅建業者Aが、マンションの分譲に際して宅建業法第35条の規定に基づく重要事項の説明を行うにあたり、当該マンションの建物の計画的な維持修繕のための費用を**特定の者にのみ減免する旨の規約の定め**がある場合、Aは、買主が当該減免対象者であるか否かにかかわらず、その内容を**説明しなければならない。** 　　　(2008-37-4 〇 　正解肢)

講師からの **アドバイス**

減免する旨の規約の定めがある以上、説明が必要です。買主が減免対象者であるかどうかは問いません。

宅建業法

Point 303
重要度 A

区分所有建物の売買・交換に際して、一棟の建物の維持修繕の実施状況が記録されているときは、その内容を重要事項として説明しなければならない。

合格ステップ ②41

Check 出題例

□ 宅建業者Aは、中古マンションの売買の媒介を行うに際し、当該マンション修繕の実施状況について、当該マンションの管理組合及び管理業者に確認したところ、修繕の実施状況の記録が保存されていなかったため、購入者にこの旨説明し、実施状況については**説明しなかった**。この行為は宅建業法に違反しない。 (2002-37-3 ○ 正解肢)

□ 中古マンションの売買の媒介において、当該マンションに係る維持修繕積立金については宅建業法第35条に規定する重要事項として説明したが、管理組合が保管している**維持修繕の実施状況についての記録の内容**については**説明しなかった**。この行為は宅建業法に違反しない。

(2010-36-1 ✕)

講師からのアドバイス

記録が保存されていなかった以上、修繕の実施状況の説明は不要です。

Point 304
重要度 A

売買・交換契約において、代金の額・支払時期・支払方法、物件の引渡時期、移転登記の申請時期については、37条書面の記載事項であるが、重要事項説明書面の記載事項ではない。

合格ステップ ②42

Check 出題例

□ 建物の売買の媒介において、登記された権利の種類及び内容については宅建業法第35条に規定する重要事項として説明したが、**移転登記の申請の時期**については**説明しなかった**。この行為は宅建業法に違反しない。

(2010-36-4 ○ 正解肢)

158 LEC東京リーガルマインド 2023年版 出る順宅建士 逆解き式！ 最重要ポイント555

Point 305 重要度 A

売買・交換・貸借の契約において、天災その他不可抗力による損害の負担に関する定めがあるときのその内容は、37条書面の記載事項**である**が、重要事項説明書面の記載事項**ではない**。

合格ステップ ②42

出題例

□ 宅建業者は、建物の売買の媒介を行う場合（売買契約の当事者は宅建業者ではないものとする）、**天災その他不可抗力による損害の負担に関する定めがあるとき**は、その内容について、宅建業法第35条に規定する**重要事項の説明をしなければならない**。 (2017-33-4 ×)

□ 宅建業者が行う宅地の売買の媒介において、**天災その他不可抗力による損害の負担**を定めようとする場合は、その内容を、宅建業法第35条に規定する**重要事項として説明しなければならない**。 (2005-37-3 × 正解肢)

講師からのアドバイス
契約時に定める内容ですので、重要事項説明事項ではありません。

Point 306 重要度 A

売買・交換の契約において、売主が契約不適合担保責任を**負わない**旨の定めをする場合、その内容は、37条書面の記載事項であるが、重要事項説明書面の記載事項ではない。

合格ステップ ②42

出題例

□ 宅建業者は、建物の売買の媒介において、**売主が契約不適合担保責任を負わない旨の定め**をする場合は、その内容について買主に**説明しなければならない**。 (2000-39-2改 ×)

□ 宅建業者は、宅建業者ではない売主から依頼されて建物の売買の媒介を行うに当たり、**損害賠償額の予定は、宅建業法第35条に規定する重要事項として説明しなくてもよいが、売主が契約不適合担保責任を負わないことについては説明しなければならない**。 (2004-38-3改 ×)

講師からのアドバイス
売主が契約不適合担保責任を負わないことについては説明の必要はありませんが、損害賠償額の予定は説明が必要です。

37条書面

Point 307 重要度 **A**

宅建業者が、契約締結後遅滞なく37条書面を交付又は電磁的方法により提供しなければならない者は、**契約の両当事者**である。

合格ステップ ②42

出題例

□ 建物の賃貸借契約において、宅建業者（管理業務受託）が貸主代理として借主と契約締結した場合、宅建業法第37条に規定する契約が成立したときに交付すべき書面は、**借主にのみ**交付又は電磁的方法により提供すれば足りる。

(2003-37-2改 ✕)

□ 居住用建物の賃貸借契約において、貸主には代理の宅建業者Aが、借主には媒介の依頼を受けた宅建業者Bがおり、Bが契約書面を作成したときは、**借主及びA**に契約書面を交付又は電磁的方法により提供すればよい。

(2005-40-3改 ✕ 正解肢)

□ 宅建業者が、買主として、**宅建業者**との間で宅地の売買契約を締結した場合、**宅建業法第37条の規定により交付すべき書面を交付（電磁的方法による提供を含む。）しなくてよい。**

(2018-28-イ ✕)

講師からのアドバイス

Aは代理業者です。Bは「借主及びA」ではなく、「借主及び貸主」に契約書面を交付又は電磁的方法により提供する必要があります。

Point 308 重要度 **A**

宅建業者が37条書面を作成したときは、**宅地建物取引士**をして、当該書面に記名させなければならない。

合格ステップ ②42

出題例

□ 宅建業者Aがその媒介により、事業用宅地の定期賃貸借契約を公正証書によって成立させた場合、当該公正証書とは別に37条書面を作成して交付するに当たって、**宅地建物取引士**をして記名させる必要はない。 (2014-42-イ改 ✕)

□宅建業者は、自ら売主として締結した建物の売買契約の相手方が宅建業者であっても、宅建業法第37条の規定に基づき交付すべき書面に**宅地建物取引士**をして記名させなければならない。 (2006-36-3改 ○)

□宅建業者Aが、売主Bと買主Cとの間の宅地の売買について媒介を行う。Aが、**宅地建物取引士**をして、37条書面に記名させた場合には、37条書面の交付を、宅地建物取引士でないAの代表者や従業員が行ってもよい。

(2010-37-1改 ○ 正解肢)

講師からの アドバイス
37条書面の交付は、代表者や従業員が行うことができます。

宅建業法

Point 309 重要度 A

37条書面については、説明をする必要はない。

合格ステップ②42

Check 出題例

□売主A、買主Bの間の宅地の売買について宅建業者Cが媒介をした。Cは、AとBとの契約が成立したので、宅地建物取引士に記名させ、AとBに対して契約書面を交付したが、両者に対して書面に記載された事項を**説明しなかった**。この行為は宅建業法に違反する。

(2005-39-3 × 正解肢)

□宅建業者は、37条書面を交付するに当たり、宅地建物取引士をして、その書面に記名の上、その内容を**説明させなければならない**。 (2014-40-イ改 ×)

Point 310 重要度A

売買・交換契約に際して、**既存建物**であるときは、建物の構造耐力上主要な部分等の状況について**当事者の双方が確認**した事項、代金の額・支払時期・支払方法、物件の**引渡**時期、**移転登記の申請**時期は、37条書面に必ず記載しなければならない。

合格ステップ ②42

出題例

□宅建業者Aは、自ら売主として工事完了前の土地付建物の売買契約を締結するとき、契約書の記載事項のうち、当該物件の**引渡時期**が確定しないので、その**記載を省略した**。この行為は宅建業法に違反しない。　　　　　（2006-41-4　×）

□宅建業者Aが、甲建物の売買の媒介を行う。Aは、37条書面に甲建物の所在、代金の額及び引渡しの時期は記載したが、**移転登記の申請の時期は記載しなかった**。この行為は宅建業法に違反しない。　　　　　　　　　　　　　　　（2009-36-3　×）

Point 311 重要度A

契約の解除に関する**定めがある**ときは、その内容を37条書面に必ず記載しなければならない。

合格ステップ ②42

出題例

□宅建業者が、その媒介により契約を成立させた場合において、**契約の解除に関する定めがあるときは**、当該契約が売買、貸借のいずれに係るものであるかを問わず、37条書面にその内容を記載しなければならない。

（2009-35-4　○　正解肢）

□宅建業者Aがその媒介により契約を成立させた場合において、**契約の解除に関する定めがあるときは**、当該契約が**売買、貸借のいずれに係るものであるかを問わず**、37条書面にその内容を記載しなければならない。　　　　　（2019-36-エ　○）

講師からのアドバイス

契約の解除に関する定めがないときは、37条書面に記載する必要はありません。ただし、重要事項説明書面には記載する必要があります。

Point 312 重要度 A

損害賠償額の予定又は違約金に関する定めがあるときは、その内容を37条書面に必ず記載しなければならない。

合格ステップ ②42

出題例

□ 宅建業者が区分所有**建物の貸借**の媒介を行う場合、**損害賠償額の予定又は違約金に関する特約の内容**について、37条書面に**記載する必要はない**が、売買の媒介を行う場合は、当該内容について37条書面に記載する必要がある。

(2010-34-2 ×)

講師からのアドバイス
貸借の場合でも必要です。

□ 損害賠償額の予定又は違約金に関する定めがない場合、**定めがない旨を37条書面に記載しなければならない**。

(2020[12月]-37-3 ×)

Point 313 重要度 A

登記された権利は、37条書面の記載事項ではない。

合格ステップ ②42

出題例

□ 宅建業者は、宅地上に存する**登記された権利**の種類及び内容並びに登記名義人又は登記簿の表題部に記載された所有者の氏名（法人にあっては、その名称）を37条書面に記載しなくてもよい。 (2001-35-2 ○ 正解肢)

講師からのアドバイス
登記された権利は、重要事項説明書面の記載事項です。

その他の業務上の規制

Point 314 重要度 B

宅建業者が、契約が成立するまでに取引の当事者（宅建業者を除く）に説明しなければならない供託所等に関する事項は、保証協会の社員でない場合は営業保証金の供託所及びその所在地、保証協会の社員である場合は社員である旨・保証協会の名称・住所・事務所の所在地、弁済業務保証金の供託所及びその所在地である。

合格ステップ ②43

出題例

□ 営業保証金を供託している宅建業者が、売主として、**宅建業者との間で**宅地の売買契約を締結しようとする場合、営業保証金を供託した**供託所及びその所在地について、買主に対し説明をしなければならない。** (2018-28-ウ ✗)

> 講師からのアドバイス
> 取引の相手方が宅建業者の場合は、供託所等の説明は不要です。

□ 宅建業者A（甲県知事免許）は、宅建業者でない買主Dに対し、土地付建物の売買契約を締結する前に、営業保証金を供託した主たる事務所のもよりの**供託所及びその所在地**について説明するようにしなければならない。
(2005-33-4 ○ 正解肢)

□ 宅建業者A（甲県知事免許）は、宅地又は建物の売買契約を締結しようとするときは、当該契約が成立するまでの間に、相手方（宅建業者を除く）に対して、営業保証金を供託した供託所及びその所在地並びに**供託金の額**について説明しなければならない。 (2000-44-3 ✗)

> 講師からのアドバイス
> 供託金の額については説明不要です。

Point 315 重要度 A

宅建業者とその従業者が業務上知り得た秘密を他に漏らしてはならないのは、正当な理由がない場合である。

合格ステップ ②44

出題例

□ 宅建業者A社は、業務上知り得た秘密について、**正当な理由**

がある場合でなければ他にこれを漏らしてはならないが、A社の**従業者a**についても、aが専任の宅地建物取引士であるか否かにかかわらず同様に秘密を守る義務を負う。

(2004-45-2改 ○)

> **講師からの アドバイス**
> 「正当な理由」の例としては、裁判の証人として証言を求められたときや、依頼者本人の承諾があったときなどがあります。

☐ 宅建業者の従業者である宅地建物取引士は、本人の同意がある場合を除き、**正当な理由がある**場合でも、宅建業の業務を補助したことについて知り得た秘密を他に漏らしてはならない。

(2005-32-3改 ✕)

宅建業法

Point 316
重要度 **A**

宅建業者は、相手方等の判断に**重要な影響**を及ぼす事項について、**故意**に事実を告げず、又は不実のことを告げてはならない。

合格ステップ ②45

Check 出題例

☐ 宅建業者Aが、建物の貸借の媒介をするに当たり、当該建物の近隣にゴミの集積場所を設置する計画がある場合で、それを**借主が知らないと重大な不利益を被る**おそれがあるときに、Aは、その計画について**故意**に借主に対し告げなかった場合、宅建業法の規定に違反しない。 (2000-35-1 ✕)

☐ 宅建業者Aは、Bから住宅用地の購入について依頼を受け媒介契約を締結していたところ、古い空き家が建った土地（甲地）を見つけ、甲地の所有者とBとの売買契約を締結させようとしている。**Aは、Bが住宅の建設を急いでおり更地の取得を希望していることを知っていた場合でも、空き家について登記がされていないときは、Bに対して空き家が存する事実を告げる必要はない。** (2001-37-1 ✕)

> **講師からの アドバイス**
> Bは住宅の建設を急いでおり更地の取得を希望しているのですから、登記がされていないとしても甲地に古い空き家が建っていることは重要な影響を及ぼす事項といえ、それを故意に告げない行為は宅建業法に違反します。

LEC東京リーガルマインド 2023年版 出る順宅建士 逆解き式！ 最重要ポイント555 **165**

Point 317 重要度 A

宅建業者は、**手付**について、後払い、立替え、貸付け、分割払い等の信用の供与をすることにより、契約締結を**誘引**してはならない。

合格ステップ ②45

Check 出題例

□ 建物の販売に際して、**手付について貸付け**をすることにより売買契約の締結の**誘引**を行ったが、契約の成立には至らなかった。この行為は宅建業法の規定に違反しない。

(2006-40-3 ✕)

□ 宅建業者Aは、買主Bとの間で建物の売買契約を締結する当日、Bが手付金を一部しか用意できなかったため、やむを得ず、**残りの手付金を複数回に分けて**Bから受領することとし、**契約の締結を誘引**した場合、宅建業法の規定に違反しない。

(2014-43-1 ✕)

□ 宅建業者Aは、建物の売買の媒介をするに当たり、買主が手付金を支払えなかったので、手付金に関し**銀行との間の金銭の貸借のあっせん**をして、当該建物の売買契約を締結させた場合、宅建業法の規定に違反しない。

(2000-35-4 ◯ 正解肢)

□ 宅建業者Aが、宅地の所有者Bの依頼を受けてBC間の宅地売買の媒介を行った。Aは、B及びCに対し、手付金について当初Bが提示した金額より**減額する**という条件で、BC間の売買契約の締結を誘引し、その契約を締結させた。この行為は、宅建業法第47条（業務に関する禁止事項）の規定に違反しない。

(1999-42-4 ◯ 正解肢)

□ 宅建業者が、宅地及び建物の売買の媒介を行うに際し、媒介**報酬**について、買主の要望を受けて**分割受領**に応じることにより、契約の締結を誘引する行為は、**法に違反する**。

(2017-34-3 ✕ 正解肢)

講師からのアドバイス

契約の成立に至らなくても、誘引を行っただけで宅建業法違反となります。

講師からのアドバイス

手付金の支払いについて分割払いとすることはできません。

講師からのアドバイス

銀行との間の金銭の貸借のあっせんは、手付についての信用の供与に該当しません。

講師からのアドバイス

手付の減額は、手付についての信用の供与に該当しません。

Point 318
重要度 B

宅建業者は、契約の締結の勧誘をする際、利益を生ずることが確実であると誤解させる断定的判断を提供する行為をしてはならない。

合格ステップ ②45

Check 出題例

☐ 宅建業者Aは、自ら売主として、宅建業者でないBとの間で3,000万円の宅地の売買契約を締結したが、契約前に当該宅地の周辺の価格が値上がりしているので、2年後には、当該宅地の価格が上昇し、Bが転売によって**利益を得ることが確実である旨の説明を行った**。この行為は宅建業法の規定に違反しない。 (2003-38-1 ✕)

☐ 建物の販売に際して、**利益を生ずることが確実であると誤解させる断定的判断を提供**する行為をしたが、実際に売買契約の成立には至らなかった。この行為は宅建業法の規定に違反しない。 (2006-40-1 ✕)

> **講師からのアドバイス**
> 契約の成立に至ったかどうかは関係ありません。

Point 319
重要度 B

宅建業者は、契約の締結の勧誘をする際、宅地建物の将来の環境又は交通その他の利便について、誤解させるべき**断定的判断**を提供してはならない。

合格ステップ ②45

Check 出題例

☐ 宅建業者A社は、その相手方等に対して契約の目的物である宅地又は建物の将来の環境等について誤解させるべき**断定的判断を提供することは禁止されているが、過失によって当該断定的判断を提供してしまった場合でも免責されない。 (2004-44-2 ◯)

> **講師からのアドバイス**
> 故意でなく過失で提供してしまった場合であっても、免責されません。

☐ 宅建業者Aの従業者は、宅地の販売の勧誘に際し、買主に対して「**この付近に鉄道の新駅ができる**」と説明したが、実際には新駅設置計画は存在せず、当該従業者の思い込みであったことが判明し、契約の締結には至らなかった。この行為は宅建業法に違反しない。 (2008-38-3 ✕)

> **講師からのアドバイス**
> 断定的判断を提供した以上、契約の締結に至らなくても、宅建業法に違反します。

宅建業法

LEC東京リーガルマインド　2023年版 出る順宅建士 逆解き式！最重要ポイント555　**167**

Point 320 重要度 **B**

宅建業者は、相手方等が申込みの撤回を行う際に、預り金の返還を拒んではならない。

合格ステップ ②45

出題例

□ 宅建業者Aは、建物の貸借の媒介において、契約の申込時に預り金を受領していたが、契約の成立前に申込みの撤回がなされたときに、**既に貸主に預り金を手渡していることから、返金を断った**。この行為は宅建業法に違反しない。

(2006-41-2 ✕)

□ 建物の貸借の媒介において、申込者が自己都合で申込みを撤回し賃貸借契約が成立しなかったため、宅建業者Aは、既に受領していた**預り金から媒介報酬に相当する金額を差し引いて、申込者に返還した**。この行為は宅建業法に違反しない。

(2008-38-2 ✕)

講師からのアドバイス
預り金は全額返還しなければなりません。

Point 321 重要度 **B**

宅建業者は、相手方等が手付を放棄して契約の解除を行う際に、正当な理由なく当該契約の解除を拒み、あるいは妨げてはならない。

合格ステップ ―

出題例

□ 宅建業者Aは、自ら売主として売買契約を締結したが、履行の着手前に買主から手付放棄による契約解除の申出を受けた際、**違約金の支払を要求した**。この行為は宅建業法に違反しない。

(2006-41-1 ✕)

□ 宅建業者Aは、自ら売主として、宅建業者でないBとの間で建物の売買契約を締結する際、Bから手付金を受領した。後日、両者が契約の履行に着手していない段階で、Bから手付放棄による契約解除の申出を受けたが、Aは**理由なくこれを拒んだ**。この行為は宅建業法に違反しない。

(2009-39-1 ✕)

講師からのアドバイス
違約金の支払いを要求することは、買主からの手付放棄による契約解除を妨げる行為です。

---

168 LEC東京リーガルマインド　2023年版 出る順宅建士 逆解き式！ 最重要ポイント555

自ら売主制限

Point 322 重要度 A

重要事項の説明、供託所等に関する説明及び自ら売主制限は、宅建業者間取引の場合には適用されない。

合格ステップ ー

Check! 出題例

□ 宅建業者Ａが売主Ｂと買主Ｃの間の建物の売買について媒介を行った。Ｃが宅建業者でその承諾がある場合、Ａは、Ｃに対し、**35条書面の交付を省略することができる**が、37条書面の交付を省略することはできない。（2007-40-3 ×）

> **講師からのアドバイス**
> 重要事項（35条）の説明は、相手方が宅建業者の場合省略できますが、書面交付は省略できません。

□ 宅建業者Ａは、新築分譲マンションについて、建築基準法第６条第１項の**建築確認を受ける前に**、自ら売主となり、宅建業者である買主Ｂと**売買契約を締結した**。この行為は宅建業法に違反する。（2006-38-2 ○ 正解肢）

> **講師からのアドバイス**
> 宅建業者間取引であっても、建築確認を受ける前に売買契約を締結することはできません。

□ 宅建業者Ａは、都市計画法第29条第１項の許可を必要とする宅地について開発行為を行いＣに売却する場合、Ｃが宅建業者であれば、その**許可を受ける前であっても当該宅地の売買の予約を締結することができる**。（2007-38-4 ×）

□ **宅建業法第34条の2**に規定する依頼者とは、宅建業者でない者をいい、同条の規定は、宅建業者相互間の媒介契約については適用されない。（2002-34-1 ×）

> **講師からのアドバイス**
> 宅建業者間取引であっても、媒介契約の規制は適用されます。

□ 宅建業者は、自ら売主として宅地の売買契約を締結した場合は、買主が宅建業者であっても、37条書面に当該宅地の**引渡しの時期を記載しなければならない**。（2014-40-ウ ○）

> **講師からのアドバイス**
> 宅建業者間取引であっても、引渡しの時期の記載を省略することはできません。

□ 買主Ｂも宅建業者であるので、宅建業者ＡがＢに対し**手付金を貸し付けて契約の締結を誘引してもさしつかえない**。（2001-42-2 ×）

宅建業法

LEC東京リーガルマインド　2023年版 出る順宅建士 逆解き式！ 最重要ポイント555　**169**

Point 323
重要度 A

宅建業者の事務所、代理又は媒介の依頼を受けた宅建業者の**事務所**はクーリング・オフができない場所である。

合格ステップ ②47

check 出題例

□ 売主を宅建業者であるＡ、買主を宅建業者でないＢとの宅地の売買契約において、Ａが他の宅建業者Ｃに当該宅地の売却の媒介を依頼している場合、Ｃの**事務所**において当該売買契約の申込みを行った場合であっても、Ｂは宅建業法第37条の２の規定に基づく売買契約の**解除を行うことができる**。 (2004-42-4 ✕)

□ 宅建業者Ａが、自ら売主となり、宅建業者でない買主Ｂとの間で宅地の売買契約を締結した。Ｂは、自ら指定した知人の**宅建業者Ｃ**（ＣはＡから当該宅地の売却について**代理又は媒介の依頼を受けていない**。）の事務所で買受けの申込みをし、その際にＡからクーリング・オフについて何も告げられず、翌日、Ｃの事務所で契約を締結した場合、Ｂは売買契約を**解除することができない**。 (2010-38-4 ✕)

> **講師からのアドバイス**
> 事務所で申込み・契約をした場合、売主業者の事務所であるか、媒介・代理業者の事務所であるかを問わず、クーリング・オフはできません。

Point 324
重要度 A

案内所は、**土地に定着**し、宅地建物取引士設置義務のあるものに限り、クーリング・オフができない場所となる。

合格ステップ ②47

check 出題例

□ 宅建業者Ａが、自ら売主となり、宅建業者でない買主Ｂとの間で宅地の売買契約を締結した。買主Ｂは、20区画の宅地を販売する**テント張りの案内所**において、買受けを申し込み、契約を締結して、手付金を支払った。Ｂは、Ａからクーリング・オフについて書面で告げられていなくても、その翌日に契約の**解除をすることができる**。

(2003-39-1 ○ 正解肢)

> **講師からのアドバイス**
> テント張りの案内所は、土地に定着していませんのでクーリング・オフができる場所です。

Point 325 重要度A

買主が申し出た場合の買主の自宅・勤務先は、クーリング・オフができない場所である。

合格ステップ ②47

出題例

□ 宅建業者Aが、自ら売主となり、宅建業者でない買主Bとの間で宅地の売買契約を締結した。**買主Bは自らの希望により勤務先で売買契約に関する説明を受けて買受けの申込みをし**、その際にAからクーリング・オフについて何も告げられずに契約を締結した。この場合、Bは、当該契約の締結の日から8日を経過するまでは、宅建業法第37条の2の規定に基づく契約の**解除をすることができる**。(2008-39-1 ×)

講師からのアドバイス
買主Bの希望により勤務先で申し込んでいます。

Point 326 重要度A

申込みと契約の場所が異なる場合、クーリング・オフの可否は、申込みの場所で判断する。

合格ステップ ②47

出題例

□ 宅建業者Aが自ら売主として宅建業者でない買主Bと土地付建物の売買契約を締結した。BがAの**事務所において買受けの申込み**をし、Bの自宅付近の喫茶店で売買契約を締結した場合は、Bは売買契約を**解除することができない**。

(2005-41-1改 ○)

□ 宅建業者Aが、自ら売主として宅建業者でない買主Bとの間で締結した宅地の売買契約について、Bは、Aの**仮設テント張りの案内所で買受けの申込み**をし、その3日後にAの事務所でクーリング・オフについて書面で告げられた上で契約を締結した。この場合、Aの事務所で契約を締結しているので、Bは、**契約の解除をすることができない**。

(2014-38-3 ×)

Point 327

重要度 A

クーリング・オフができる旨及びその方法について宅建業者から**書面で告げられた**日から起算して**8日**を経過したときは、クーリング・オフができなくなる。

合格ステップ ②47

出題例

□ 宅建業者Aが、自ら売主となり、宅建業者でない買主Cとの間で宅地の売買契約を締結した。買主Cは、喫茶店で買受けの申込みをした際に、Aからクーリング・オフについて書面で告げられ、その4日後にAの事務所で契約を締結した場合、**契約締結日**から起算して8日が経過するまでは契約の解除をすることができる。　　　　　　(2003-39-2 ✕)

□ 宅建業者Aが、自ら売主となり、宅建業者でない買主Cとの間で宅地の売買契約を締結した。買主Cは喫茶店において買受けの申込みをし、その際にAからクーリング・オフについて何も告げられずに契約を締結した。この場合、Cは、当該**契約の締結をした日の10日後**においては、宅建業法第37条の2の規定に基づく契約の**解除をすることができない**。

(2008-39-2 ✕)

□ 宅建業者A社が、自ら売主として宅建業者でない買主Bとの間で締結した宅地の売買契約について、Bは、**月曜日に**ホテルのロビーにおいて買受けの申込みをし、その際に**クーリング・オフについて書面で告げられ**、契約を締結した。Bは、**翌週の火曜日までであれば**、契約の解除をすることができる。

(2013-34-2 ✕)

□ **Aが媒介を依頼した宅建業者Cの事務所**で、宅建業者でないBが買受けの申込みをし、売買契約を締結した場合、Aからクーリング・オフについて何も告げられていなければ、当該契約を締結した日から起算して8日経過していても**クーリング・オフにより契約を解除することができる**。

(2019-38-ウ ✕)

講師からのアドバイス

契約締結日からではなく、書面で告げられた日から起算します。

講師からのアドバイス

何も告げられていないため、8日は起算されません。

講師からのアドバイス

クーリング・オフにおける日にちは、初日（書面で告げられた日）を入れて計算します。

172　LEC東京リーガルマインド　2023年版 出る順宅建士 逆解き式！ 最重要ポイント555

Point 328 重要度A

引渡しを受け、かつ、代金の全部を支払ったときは、クーリング・オフができなくなる。

合格ステップ ②47

出題例

☐ 宅建業者Aが自ら売主として宅建業者でない買主Bと土地付建物の売買契約を締結した。Bがホテルのロビーにおいて買受けの申込みをし、当該場所において売買契約を締結した場合、既に当該土地付建物の**引渡しを受け、かつ、代金の全部を支払った**場合でも、Aが宅建業法第37条の2に規定する内容について書面で説明していないときは、Bは当該契約を**解除することができる**。(2005-41-3 × 正解肢)

☐ 宅建業者A社が、自ら売主として宅建業者でない買主Bとの間で締結した宅地の売買契約について、Bは、10区画の宅地を販売するテント張りの案内所において、買受けの申込みをし、2日後、A社の事務所で契約を締結した上で代金全額を支払った。その5日後、Bが、宅地の**引渡しを受ける前に契約の解除の書面を送付した場合**、A社は代金全額が支払われていることを理由に契約の解除を拒むことができる。 (2013-34-4 ×)

☐ 宅建業者Aが、自ら売主として宅建業者でない買主Bとの間で締結した宅地の売買契約について、Aは、喫茶店でBから買受けの申込みを受け、その際にクーリング・オフについて書面で告げた上で契約を締結した。その7日後にBから契約の解除の書面を受けた場合、Aは、**代金全部の支払を受け、当該宅地をBに引き渡していても契約の解除を拒むことができない**。 (2014-38-1 ×)

講師からのアドバイス

引渡しをしていない以上、クーリング・オフを拒むことはできません。

Point 329 重要度 **A**

クーリング・オフは**書面**で行わなければならないが、**書式**は限定されていない。

合格ステップ ②47

Check 出題例

□ 売主を宅建業者であるＡ、買主を宅建業者でないＢとする宅地の売買契約において、Ｂが宅建業法第37条の２の規定に基づく売買契約の解除を行う場合は、Ａに対して**国土交通大臣が定める書式の書面**をもってその意思表示を行わなければならない。 (2004-42-3 ✕)

Point 330 重要度 **A**

クーリング・オフの効果が生じるのは、書面を**発した**時である。

合格ステップ ②47

Check 出題例

□ 宅建業者が自ら売主となる場合において、宅建業者でない買主が、宅建業法第37条の２の規定に基づくいわゆるクーリング・オフによる契約の解除をするときは、その旨を記載した**書面が当該宅建業者に到達した時点**で、解除の効力が発生する。 (2009-34-1 ✕)

□ 宅建業者Ａが、自ら売主となり、宅建業者でない買主Ｂとの間で宅地の売買契約を締結した。Ｂは、喫茶店で買受けの申込みをし、その際にＡからクーリング・オフについて書面で告げられ、翌日、喫茶店で契約を締結した。その５日後、契約解除の**書面をＡに発送**し、その３日後に到達した。この場合、Ｂは売買契約を**解除することができない**。

(2010-38-3 ✕)

> **講師からのアドバイス**
> 到達した時点ではありません。

174 　LEC東京リーガルマインド　2023年版 出る順宅建士 逆解き式！ 最重要ポイント555

Point 331 重要度A

クーリング・オフがなされた場合、宅建業者は、速やかに、受け取った手付金その他の金銭を**全額**返還しなければならず、また損害賠償を請求することは**できない**。

合格ステップ②47

Check! 出題例

☐ 宅建業者Ａが自ら売主として締結した建物の売買契約について、宅建業者でない買主Ｅから宅建業法第37条の2の規定に基づく売買契約の解除があった場合で、この契約の解除が法的要件を満たし、かつ、Ａが手付金を受領しているとき、Ａは**契約に要した費用を手付金から控除して返還することができる**。

(2002-45-4 ✕)

講師からのアドバイス
手付金は全額返還しなければならず、契約に要した費用を控除することはできません。

Point 332 重要度A

宅建業者が、自ら売主となる売買契約の締結に際して受領できる手付金の額は代金の額の**10分の2**までで、超える場合は**超える部分**が無効となる。

合格ステップ②48

Check! 出題例

☐ 宅建業者Ａ社が自ら3,000万円の宅地の売主となる場合、手付金の保全措置を講じれば、宅地の引渡し前に手付金として900万円を受領することができる。

(2004-45-3 ✕ 正解肢)

講師からのアドバイス
保全措置を講じているかどうかは関係ありません。

☐ 宅建業者Ａが自ら売主として、宅建業者でない買主Ｂと宅地（価格5,000万円）の売買契約を締結した。売買契約の締結に際し、ＡがＢから1,500万円の金銭を手付として受領した場合で、その後、Ｂが手付を放棄して契約を解除したときには、Ａは、受領した金銭を一切返還する必要はない。

(1996-46-1 ✕)

講師からのアドバイス
1,500万円のうち、代金の10分の2を超える500万円は手付として認められないため、Ａは不当利得として返還しなければなりません。

宅建業法

Point **333**	宅建業者が自ら売主となる売買契約においては、**相手方**が履行に

333
重要度 **A**

宅建業者が自ら売主となる売買契約においては、**相手方**が履行に着手するまでは、買主は手付金を放棄して、売主は**手付金の倍額**を現実に提供して解除することができ、これより買主に不利となる特約は無効である。

合格
ステップ ②**48**

出題例

☐ 宅建業者Ａが、自ら売主となって宅建業者でない買主Ｂに建築工事完了前のマンションを１億円で販売する契約を締結した。Ａが当該マンションの売買契約締結時に、手付金として500万円をＢから受領している場合において、Ｂが契約の履行に着手していないときは、Ａは、Ｂに**500万円を現実に提供**すれば、当該売買契約を解除することができる。

(2007-34-1 ✕ 正解肢)

講師からの
アドバイス
Ａが売買契約を解除するためには、手付金の倍額である1,000万円を現実に提供しなければなりません。

☐ 宅建業者Ａが、自ら売主として宅建業者ではない買主Ｂとの間で宅地の売買契約を締結する場合において、**「手付放棄による契約の解除は、契約締結後30日以内に限る」旨の特約**を定めた場合、契約締結後30日を経過したときは、Ａが契約の履行に着手していなかったとしても、Ｂは、手付を放棄して契約の解除をすることができない。 (2014-31-ウ ✕)

講師からの
アドバイス
買主の手付解除可能時期を限定する本肢のような特約は、買主に不利なものとして無効となります。

☐ 宅建業者Ａが、自ら売主として宅建業者でない買主Ｂとの間で宅地の売買契約を締結した。Ａは、当該売買契約の締結日にＢから手付金を受領し、翌日、Ｂから**内金を受領した**。その２日後、ＡがＢに対して、手付の倍額を現実に提供することにより契約解除の申出を行った場合、Ｂは、**契約の履行に着手している**としてこれを拒むことができる。

(2010-39-4 ◯ 正解肢)

講師からの
アドバイス
Ｂは内金の支払いを行っており、すでに履行に着手しているので、Ａは手付に基づく解除はできません。

176 **LEC**東京リーガルマインド 2023年版 出る順宅建士 逆解き式！ 最重要ポイント555

Point 334
重要度 A

宅建業者が自ら売主となる売買契約において、宅建業者は、買主から手付金等を受領**する前**に保全措置を講じなければならない。

合格ステップ②49

出題例

□ 宅建業者Aが、自ら売主として、宅建業者でないBと建築工事完了後の分譲住宅についての売買契約（手付金500万円）を締結した。手付金の額が売買代金の額の10％を超える場合には、Aは、手付金の**受領後**すみやかに保全措置を講じなければならない。　　　　　　　　　　（1997-44-2　✕）

□ 宅建業者Aが、自ら売主となり、宅建業者でない買主Bとの間で、中古住宅及びその敷地である土地を、代金3,500万円、うち手付金500万円で売買契約を締結しようとしている。Aは、契約締結日に手付金を受領する場合、その全額について**受領後**直ちに、宅建業法第41条の2に規定する手付金等の保全措置を行わなければならない。

（2003-41-3　✕）

言葉の意味

手付金等とは、名目を問わず、売買契約の締結の日から物件の引渡しまでに支払われる金銭で、代金に充当されるものをいいます。契約前に支払われる申込証拠金も、代金に充当される場合には手付金等に該当します。

宅建業法

Point 335
重要度 A

宅建業者が自ら売主となる**未完成物件**の売買契約において、手付金等の額が代金の5％以下かつ1,000万円以下の場合には、手付金等の保全措置は不要である。

合格ステップ②49

出題例

□ 宅建業者A社は、自ら建築**工事完了前**のマンションの売主となるときは、代金の一部が当該物件の売買価格の**10分の1以下**で、かつ、1,000万円以下であれば、保全措置をしなくてもよい。　　　　　　　　（2004-44-1　✕　正解肢）

□ 宅建業者Aは、自ら売主として、宅建業者でないBとの間で建築**工事完了前**の建物を**5,000万円**で販売する契約を締結し、宅建業法第41条に規定する**手付金等の保全措置を講じずに、200万円**を手付金として受領した。この行為は宅建業法の規定に違反する。　　　　　　（2008-41-1　✕）

LEC東京リーガルマインド　2023年版 出る順宅建士 逆解き式！ 最重要ポイント555　**177**

Point 336 重要度 **A**

宅建業者が自ら売主となる完成物件の売買契約において、手付金等の額が代金の10%以下かつ1,000万円以下の場合には、手付金等の保全措置は不要である。

合格ステップ ②49

Check 出題例

□宅建業者Aが自ら売主として、宅建業者ではないBに宅地（造成工事完了済み）を分譲価格4,000万円で分譲する契約を締結した。Aは、手付金として400万円をBから受領したが、保全措置を講じなかった。この行為は宅建業法に違反しない。　　　　　　　　　　　　　　　（2005-42-1　○　正解肢）

講師からのアドバイス

手付金400万円は、代金4,000万円の10%以下かつ1,000万円以下ですので、保全措置は不要です。

□宅建業者Aは、自ら売主として、宅建業者でないBとの間で建築工事が完了した建物を5,000万円で販売する契約を締結し、法第41条の2に規定する手付金等の保全措置を講じずに、当該建物の引渡し前に700万円を手付金として受領した。この行為は宅建業法の規定に違反する。
　　　　　　　　　　　　　　　（2008-41-2　○　正解肢）

講師からのアドバイス

手付金700万円は、1,000万円以下ではありますが、代金5,000万円の10%を超えていますので、保全措置が必要です。

Point 337 重要度 **A**

手付金等を2回以上に分けて受領する場合、例外に該当したため保全措置を講じずに受領済みの手付金等があれば、その金額を加えた全額について保全措置を講じなければ、次の手付金等を受領することができない。

合格ステップ ②49

Check 出題例

□宅建業者Aが自ら売主として、宅建業者ではないBに宅地（造成工事完了済み）を分譲価格4,000万円で分譲する契約を締結した。Aは、手付金100万円をBから受預した後、中間金として600万円を受領したが、中間金600万円についてのみ保全措置を講じた。この行為は宅建業法の規定に違反しない。　　　　　　　　　　　　　　　（2005-42-2　×）

講師からのアドバイス

すでに受領済みの100万円を加えた700万円全額について、保全措置を講じなければなりません。

Point 338
重要度 A

宅建業者が自ら売主となる売買契約において、買主が所有権の登記をした場合には、手付金等の保全措置は不要である。

合格ステップ ②49

出題例

☐ 宅建業者Ａが自ら売主として、宅建業者でないＢとの間で土地付建物の売買契約を締結した。Ａは、当該建物が未完成であった場合でも、Ｂへの**所有権移転の登記をすれば**、Ｂから受け取った手付金等について、その金額を問わず宅建業法第41条に定める手付金等の保全措置を講じる必要はない。 (2006-39-4 ◯)

☐ 宅建業者Ａが、自ら売主となって宅建業者でない買主Ｂに建築工事完了前のマンションを１億円で販売する契約を締結した。ＡがＢから手付金として1,500万円を受領しようとする場合において、当該マンションについてＢへの**所有権移転の登記がされたとき**は、Ａは、手付金等の保全措置を講じなくてもよい。 (2007-34-3 ◯)

講師からのアドバイス
買主が登記をすれば保全措置を講じなくてもかまいません。

宅建業法

Point 339
重要度 A

銀行等との保証委託契約により手付金等の保全措置を講じている場合、買主は、手付金等の返還債務の**全部**の履行を、銀行等に請求することができる。

合格ステップ ②49

出題例

☐ 宅建業者Ａが、自ら売主となって宅建業者でない買主Ｂに建築工事完了前のマンションを１億円で販売する契約を締結した。Ａが1,000万円の手付金について銀行との間に手付金等の保全措置を講じている場合において、Ａが資金調達に困り工事請負代金を支払うことができず、当該マンションの引渡しが不可能となったときは、Ｂは、手付金の**全額**の返還を当該銀行に請求することができる。

(2007-34-4 ◯)

LEC東京リーガルマインド　2023年版 出る順宅建士 逆解き式！ 最重要ポイント555　**179**

Point 340 重要度 A

宅建業者が自ら売主となる売買契約において、債務不履行を理由とする契約の解除に伴う損害賠償額の予定又は違約金を定めるときは、合算して代金額の**10分の2**を超えることはできず、これに反する特約は、**10分の2を超える部分**について無効である。

合格ステップ ②50

check 出題例

□ 宅建業者A社は、自ら売主として建築**工事完了後**の新築分譲マンション（**代金3,000万円**）の売買契約を宅建業者でない買主Cと締結した。当該契約の締結に際して、当事者の債務不履行を理由とする契約解除に伴う**損害賠償の予定額300万円**に加え、**違約金を600万円**とする特約を定めた場合、違約金についてはすべて無効である。 (2012-38-イ ×)

講師からのアドバイス
全額無効になるのではなく、10分の2を超える部分が無効になります。

□ 宅建業者Aが自ら売主としてマンション（販売価額**3,000万円**）の売買契約を締結した。Aは、宅建業者でないCとの売買契約の締結に際して、当事者の債務不履行を理由とする契約の解除に伴う損害賠償の予定額を**1,200万円**とする特約を定めることができる。 (2005-43-2 ×)

講師からのアドバイス
3,000万円の10分の2である600万円を超える部分は無効となります。

□ 自らが売主である宅建業者Aは、宅建業者でないBとの間における建物の売買契約（代金**2,000万円**）の締結に当たり、手付金として100万円の受領を予定していた。この場合において、損害賠償の予定額を定めるときは、**300万円を超えてはならない**。 (2009-37-1 ×)

講師からのアドバイス
2,000万円の10分の2である400万円までは認められます。

□ 宅建業者Aが、自ら売主として宅建業者でない買主Bとの間で宅地の売買契約を締結した。当事者の債務不履行を理由とする契約の解除に伴う損害賠償の予定額を売買代金の2割とし、違約金の額を売買代金の1割とする定めは、これらを**合算**した額が売買代金の3割を超えていないことから有効である。 (2010-39-2 ×)

Point 341 重要度A

債務不履行を理由とする契約の解除に伴う損害賠償額の予定及び違約金の定めをしなかったときは、損害賠償の請求額は代金額の10分の2に制限されない。

合格ステップ ―

出題例

□ 宅建業者Aが、自ら売主となり、宅建業者でない買主Bとの間で、中古住宅及びその敷地である土地を、代金3,500万円、うち手付金500万円で売買契約を締結しようとしている。債務不履行を理由とする契約の解除に伴う**損害賠償額の定めがない場合**、損害賠償の請求額は、**売買代金の額の2割である700万円が上限である**。　　　　　(2003-41-2　✕)

□ 宅建業者Aが、自ら売主として宅建業者ではないBを買主とする土地付建物の売買契約に関し、当事者の債務の不履行を理由とする契約の解除に伴う**損害賠償の予定額を定めていない場合**、債務の不履行による損害賠償の請求額は売買代金の額の10分の2を超えてはならない。
(2021[10月]-42-4　✕)

講師からのアドバイス
実際に生じた損害額を立証により請求することができるのであり、上限はありません。

Point 342 重要度A

宅建業者は、原則として、自己の所有に属しない物件の売買契約・予約を自ら売主として締結してはならない。

合格ステップ ②51

出題例

□ 宅建業者Aが、自ら売主として宅建業者ではない買主Bとの間で宅地の売買契約を締結する場合において、Aは、Bに売却予定の宅地の一部に甲市所有の旧道路敷が含まれていることが判明したため、甲市に**払下げを申請中**である。この場合、Aは、重要事項説明書に払下申請書の写しを添付し、その旨をBに説明すれば、売買契約を締結することができる。　　　　　　　　　　　　　(2014-31-イ　✕)

講師からのアドバイス
払下げ申請中ですから、自己の所有に属しない物件に該当します。

Point 343 重要度A

宅建業者は、現在の所有者と売買契約又は予約契約を締結している場合には、例外的に、自ら売主として、宅建業者でない買主と他人物売買契約を締結することができる。

合格ステップ ②51

出題例

□ 宅建業者Aが、自ら売主として、B所有の宅地（造成工事完了後）をCに売却しようとしている。Cが宅建業者でない場合で、**AがBから当該宅地を取得する契約の予約を締結している**ときは、Aが予約完結権を行使するまでの間であっても、Aは、Cと売買契約を締結できる。(1997-45-2 ○)

講師からのアドバイス
現在の所有者と予約を締結していますので、Cと売買契約を締結することができます。予約完結権を行使しているかどうかは関係ありません。

□ 宅建業者Aが、自ら売主として宅建業者でないBとの間で宅地（代金2,000万円）の売買契約を締結する。当該宅地が、**Aの所有に属しない場合**、Aは、**当該宅地を取得する契約を締結**し、その効力が発生している場合においても、当該宅地の引渡しを受けるまでは、Bとの間で売買契約を締結することができない。 (2010-40-4 ×)

講師からのアドバイス
Aは、宅地を取得する契約を締結していますので、引渡しを受ける前でも、Bと売買契約を締結できます。

Point 344 重要度A

宅建業者が現在の所有者と停止条件付きの売買契約を締結しているにすぎない場合は、宅建業者は、自ら売主として、宅建業者でない買主と他人物売買契約を締結することはできない。

合格ステップ ②51

出題例

□ Ⅰの所有する宅地について、宅建業者AはⅠと**停止条件付**で取得する売買契約を締結し、その条件が成就する前に当該物件について自ら売主となって宅建業者でないJと売買契約を締結した。この行為は宅建業法の規定に違反する。
(2005-35-4 ○ 正解肢)

□ 宅建業者Aが、自ら売主として、宅建業者でないBと、自己の所有に属しない建物の売買契約を締結する。Aが当該建物を取得する契約を締結している場合であっても、その

契約が**停止条件付き**であるときは、当該建物の売買契約を締結してはならない。　　　　　　　　(2007-41-1　○　正解肢)

Point 345
重要度 Ⓐ

宅建業者が自ら売主となる売買契約において、民法の契約不適合担保責任に関する規定より買主に不利な特約は無効となるが、買主が宅建業者にその契約不適合を通知する期間を引渡しから2年以上とする特約は例外的に有効となる。

合格ステップ ②52

出題例

□宅建業者Ａが自ら売主として、宅建業者ではないＢに宅地を分譲価格4,000万円で分譲する。ＡとＢは、「契約不適合担保責任について買主が宅建業者にその契約不適合を通知する期間は、当該物件の売買**契約を締結してから2年間**とする」旨の特約を定めた。この行為は宅建業法の規定に違反しない。　　　　　　　　(2005-42-3　✕)

講師からのアドバイス
「売買契約を締結してから2年間」は、引渡しからは2年未満となりますので宅建業法違反です。

Point 346
重要度 Ⓐ

宅建業者が自ら売主となる売買契約において、民法の契約不適合担保責任に関する規定より買主に不利な特約を定めたことにより、その特約が無効となった場合には、買主は、民法の規定どおり、契約不適合を知った時から1年以内に通知すれば責任追及をすることができる。

合格ステップ ②52

出題例

□宅建業者Ａが宅建業者でないＢとの間で締結した建物の売買契約において、Ａは担保責任を一切負わないとする特約を定めた場合、この特約は無効となり、Ａが契約不適合担保責任に関し、買主が宅建業者にその契約不適合を通知する期間は当該建物の**引渡しの日から2年間**となる。　　　　　　　　(2009-38-ウ　✕)

講師からのアドバイス
「引渡しの日から2年」となるわけではなく、民法の規定に戻ります。

宅建業法

LEC東京リーガルマインド　2023年版 出る順宅建士 逆解き式！ 最重要ポイント555　**183**

Point 347 重要度 **A**

宅建業者が自ら売主となる売買契約において、売主の責めに帰すべき事由がなければ契約不適合担保責任を負わないとする特約は**無効**である。

合格ステップ @52

Check 出題例

☐ 宅建業者Aが、自ら売主として、宅建業者でないBと建物の売買契約を締結した。「建物に契約不適合があった場合、その不適合がAの責に帰すことのできるものでないときは、Aは契約不適合担保責任を負わない」とする特約は**有効**である。 (2007-41-3改 ✕)

Point 348 重要度 **C**

宅建業者が自ら売主となる割賦販売において、引渡しまでに所有権移転登記をする必要がないのは、受領済み額が代金額の**10分の3**以下であるとき、又は、買主が代金債務を担保する抵当権・先取特権の登記を申請したり、**保証人を立て**たりする見込みがないときである。

合格ステップ ―

Check 出題例

☐ 宅建業者Bは、自ら売主として宅建業者でないCと4,000万円の宅地の割賦販売の契約を締結し、引渡しを終えた。残代金1,000万円が未払であったため、Cは代金債務を保証する**保証人を立て**たが、Bは、宅地の所有権の登記をB名義のままにしておいた。この行為は宅建業法の規定に違反しない。 (2003-35-2 ✕)

☐ 自らが売主である宅建業者Aは、宅建業者でないBとの間で宅地の割賦販売の契約（代金3,000万円）を締結し、当該宅地を引き渡した。この場合において、Aは、Bから**1,500万円**の賦払金の支払を受けるまでに、当該宅地に係る所有権の移転登記をしなければならない。 (2009-37-4 ✕)

講師からのアドバイス

代金額の10分の3である900万円を超える支払いを受けるまでに、所有権の移転登記をしなければなりません。

184 LEC東京リーガルマインド 2023年版 出る順宅建士 逆解き式！ 最重要ポイント555

住宅瑕疵担保履行法

Point 349
重要度 **A**

住宅瑕疵担保履行法は、宅建業者が、**自ら売主**として、**宅建業者でない買主**に対して、新築住宅を販売する場合に、当該住宅の構造耐力上主要な部分又は雨水の浸入を防止する部分に瑕疵が存在したときに備え、売主である宅建業者に瑕疵担保責任の履行のための資力確保を義務付けている。

合格ステップ ❷53

宅建業法

Check 出題例

□宅建業者は、自ら売主として**宅建業者である買主**との間で新築住宅の売買契約を締結し、当該住宅を引き渡す場合、**特定住宅瑕疵担保責任の履行の確保等に関する法律に基づく住宅販売瑕疵担保保証金の供託又は住宅販売瑕疵担保責任保険契約の締結（以下「資力確保措置」という）を講ずる義務を負う。** (2010-45-1 ✕)

講師からの アドバイス
住宅瑕疵担保履行法は、業者間取引には適用がありません。

言葉の意味
住宅瑕疵担保履行法の新築住宅の新築とは、建築工事完了の日から起算して1年以内であり、かつ人の居住の用に供したことがないものをいいます。

□宅建業者は、自ら売主として**建設業者である買主**との間で新築住宅の売買契約を締結し、当該住宅を引き渡す場合、**資力確保措置を講じる必要はない。** (2011-45-1 ✕)

□宅建業者は、自ら売主として新築住宅を販売する場合だけでなく、新築住宅の**売買の媒介**をする場合においても、**資力確保措置を講ずる義務を負う。** (2010-45-3 ✕)

講師からの アドバイス
媒介業者には、資力確保措置を講ずる義務はありません。

□宅建業者は、自ら売主として新築住宅を販売する場合だけでなく、新築住宅の**売買の媒介をする場合**においても、住宅販売瑕疵担保保証金の供託又は住宅販売瑕疵担保責任保険契約の締結を行う義務を負う。 (2019-45-1 ✕ 正解肢)

LEC東京リーガルマインド　2023年版 出る順宅建士 逆解き式！ 最重要ポイント555　**185**

Point 350 重要度 A

宅建業者は、自ら売主となる新築住宅の買主に対して、**売買契約を締結するまで**に、保証金を供託している供託所の所在地等について、書面を交付又は買主の承諾を得て電磁的方法による提供をして説明しなければならない。

合格ステップ ②53

出題例

☐ 宅建業者でない買主Bに新築住宅を販売する宅建業者Aは、**住宅販売瑕疵担保保証金の供託をする場合**、Bに対する供託所の所在地等について記載した書面の交付（電磁的方法による提供を含む。）及び説明を、Bに**新築住宅を引き渡すま**でに行えばよい。　　　　　　　　　（2013-45-3　✗）

☐ 新築住宅を自ら売主として販売する宅建業者が、住宅販売瑕疵担保保証金の供託をした場合、買主に対する当該保証金の供託をしている供託所の所在地等について記載した書面の交付（電磁的方法による提供を含む。）及び説明は、当該住宅**の売買契約を締結した日から引渡しまでに行わなければならない**。　　　　　　　　　　　　　　　　（2012-45-4　✗）

Point 351 重要度 A

新築住宅を引き渡した宅建業者は、**基準日**ごとに、基準日に係る資力確保措置の状況について、その免許を受けた国土交通大臣又は都道府県知事に届け出なければならない。

合格ステップ ②53

出題例

☐ 自ら売主として新築住宅を宅建業者でない買主に引き渡した宅建業者は、**基準日ごとに、当該基準日に係る資力確保措置の状況について、その免許を受けた国土交通大臣又は都道府県知事に届け出なければならない**。

　　　　　　　　　　　　　（2010-45-4　○　正解肢）

☐ 自ら売主として新築住宅を宅建業者でない買主に引き渡した宅建業者は、当該住宅を**引き渡した日から3週間以内に**、その住宅に関する資力確保措置の状況について、その免許

を受けた国土交通大臣又は都道府県知事に届け出なければ
ならない。 (2012-45-1 ×)

報酬額の制限

Point 352 重要度 Ⓐ

課税事業者が、売買の媒介の依頼者の一方から受領できる報酬限度額は、代金額が400万円を超える場合、消費税を除いた代金の3％＋6万円に10％加算した額である。

合格ステップ ②54

出題例

☐ 宅建業者Ａ（消費税課税事業者）が売主Ｂ（消費税課税事業者）からＢ所有の土地付建物の媒介依頼を受け、買主Ｃとの間で代金5,200万円（**消費税額及び地方消費税額を合算した額200万円を含む。**）で売買契約を成立させた場合、ＡがＢから受領できる報酬の限度額（消費税額及び地方消費税額を含む。）は**178万2,000円**である。

(2004-41-1改 ×)

☐ 宅建業者Ａ（消費税課税事業者）が売主Ｂ（消費税課税事業者）からＢ所有の土地付建物の媒介の依頼を受け、買主Ｃとの間で**消費税額及び地方消費税額を含む代金6,600万円**（うち、**土地代金は4,400万円**）で売買契約を成立させた場合、ＡがＢから受領できる報酬の上限額は、**204万6,000円**である。

(2009-41-4改 ×)

宅建業法

講師からのアドバイス
消費税を除いた5,000万円の3％＋6万円に10％加算した1,716,000円が限度額となります。

講師からのアドバイス
土地代金に消費税は課税されませんので、建物代金に相当する2,200万円からのみ消費税200万円分を除きます。したがって、6,400万円の3％＋6万円に10％加算した2,178,000円が上限額となります。

LEC東京リーガルマインド　2023年版 出る順宅建士 逆解き式！ 最重要ポイント555　**187**

Point 353 重要度 **A**

課税事業者が貸借の媒介・代理の依頼者から受領できる報酬限度額は合算して借賃1.1ヵ月分であるが、居住用建物以外の貸借で権利金の授受がある場合は、権利金を売買代金とみなして計算した額と、借賃1.1ヵ月分のうち、高いほうの金額となる。

合格ステップ ㊗57

Check 出題例

☐ 宅建業者Ａ（消費税課税事業者）は貸主Ｂから建物の貸借の媒介の依頼を受け、宅建業者Ｃ（消費税課税事業者）は借主Ｄから建物の貸借の媒介の依頼を受け、ＢとＤの間で、１か月分の借賃を９万円（消費税等相当額を含まない。）として、賃貸借契約を成立させた。建物を**店舗として貸借**する場合、当該賃貸借契約において200万円の**権利金**（権利設定の対価として支払われる金銭であって返還されないものをいい、消費税等相当額を含まない。）**の授受があるとき**は、Ａ及びＣが受領できる報酬の限度額の合計は22万円である。　　　　　　　　　　　　　　　（2017-26-1改　○　正解肢）

☐ 宅建業者Ａ（消費税課税事業者）は、Ｂ所有の建物について、Ｂ及びＣから媒介の依頼を受け、Ｂを貸主、Ｃを借主とする定期借家契約を成立させた。１か月分の**借賃は13万円**、**保証金**（Ｃの退去時にＣに全額返還されるものとする。）は300万円とする。建物が店舗用である場合、ＡがＣから受け取ることができる報酬の限度額は、**15万4,000円**である。　　　　　　　　　　　　　　　　　　　（2007-42-1改　✕）

☐ 宅建業者（消費税課税事業者）が居住用建物以外の建物の貸借の媒介を行う場合において、**権利金**（権利設定の対価として支払われる金銭であって返還されないもの。消費税相当額を含まない。）の授受があるときは、当該宅建業者が受領できる報酬額は、借賃（消費税相当額を含まない。）の1.1月分又は権利金の額を売買代金の額とみなして算出した金額のいずれか**低い方の額**を上限としなければならない。　　　　　　　　　　　　　　　　　　　（2010-42-4改　✕）

講師からのアドバイス

権利金を売買代金とみなして、報酬限度額を計算するときは、速算額（本肢においては200万円×５％＝10万円（消費税相当額を除く））につき、貸主・借主双方からそれぞれ受領することができます。

講師からのアドバイス

保証金は権利金ではありませんので、原則どおり、借賃1.1ヵ月分である143,000円が限度額となります。

188　LEC東京リーガルマインド　2023年版 出る順宅建士 逆解き式！ 最重要ポイント555

Point 354 重要度 **A**

課税事業者が居住用建物の貸借の媒介の依頼者から受領できる報酬限度額は、依頼を受けるにあたって承諾がない限り、借賃半月分に10%加算した額である。

合格ステップ②57

✐ Check 出題例

□ 消費税課税事業者である宅建業者Aが単独で行う居住用建物の貸借の媒介に関して、Aが依頼者の一方から受けることができる報酬の上限額は、当該媒介の依頼者から**報酬請求時までに**承諾を得ている場合には、借賃の1.1か月分である。(2008-43-1改 ✕)

□ 宅建業者A及び宅建業者B（共に消費税課税事業者）が受け取る報酬に関して、Aは貸主から、Bは借主から、それぞれ媒介の依頼を受けて、共同して居住用建物の賃貸借契約を成立させた場合、**貸主及び借主の承諾を得ていれば**、Aは貸主から、Bは借主から**それぞれ借賃の1.1か月分の報酬を受けることができる。**(2014-37-ウ ✕)

> 📋 講師からの
> **アドバイス**
>
> 居住用建物の貸借の媒介の依頼者の一方から、借賃半月分を超える報酬を受領するためには、依頼を受けるにあたって承諾を得ていなければなりません。なお、承諾を得ている場合でも、双方から受領する報酬の合計額は、借賃の1.1ヵ月分以内でなければなりません。

宅建業法

Point 355 重要度 **A**

通常の広告料金は報酬とは別に受領できないが、依頼者の依頼によって行う広告料金は報酬とは別に受領できる。

合格ステップ②58

✐ Check 出題例

□ 宅建業者は、依頼者の**依頼によらない広告の料金**に相当する額を報酬額に合算する場合は、代理又は媒介に係る報酬の限度額を超える額の報酬を依頼者から**受けることができる。**(2020［12月］-34-4 ✕ 正解肢)

□ 宅建業者Aは、建物の貸借の媒介に当たり、**依頼者の依頼に基づいて広告**をした。Aは報酬とは別に、依頼者に対しその広告料金を請求することが**できない。**(2005-34-4 ✕)

LEC東京リーガルマインド　2023年版 出る順宅建士 逆解き式！ 最重要ポイント555　**189**

監督・罰則

Point 356 重要度A

宅地建物取引士が処分を受けた場合において、宅建業者の責めに帰すべき事由があるときは、宅建業者も指示処分又は業務停止処分の対象となる。

合格ステップ ―

Check 出題例

☐ 宅建業者A（甲県知事免許）の宅地建物取引士が、乙県の区域内におけるAの業務を行う場合に、宅地建物取引士としての事務に関し著しく不当な行為をして乙県知事から指示の処分を受けたとき、乙県知事は、**Aに対しても指示の処分**をすることがある。 （2000-43-3改 ○）

☐ 宅建業者A（甲県知事免許）の専任の宅地建物取引士が事務禁止処分を受けた場合において、Aの責めに帰すべき理由があるときは、甲県知事は、**Aに対して指示処分をすること**ができる。 （2008-45-1改 ○ 正解肢）

Point 357 重要度A

宅建業者に対する免許取消処分を行うことができるのは、免許権者のみである。

合格ステップ @59

Check 出題例

☐ 宅建業者A（**甲県知事免許**）が、乙県の区域内におけるAの業務に関し乙県知事から受けた業務停止の処分に違反した場合、**乙県知事は、Aの免許を取り消すことができる**。 （2000-43-1 × 正解肢）

☐ 宅建業者A（**甲県知事免許**）が、甲県の区域内の業務に関し甲県知事から指示を受け、その指示に従わなかった場合で、情状が特に重いときであっても、**国土交通大臣は、Aの免許を取り消すことはできない**。 （2006-45-3 ○）

190 LEC東京リーガルマインド 2023年版 出る順宅建士 逆解き式！ 最重要ポイント555

Point 358 重要度A

法人である宅建業者の役員又は政令で定める使用人が一定の免許欠格事由に該当することとなった場合、免許は取り消される。

出題例

□ 甲県知事の宅建業の免許を受けているE社の**取締役Fが**、刑法第208条（**暴行**）**の罪により罰金の刑に処せられた場合、E社の免許は取り消される。** (2005-31-4 ○ 正解肢)

□ 宅建業者B社に、**かつて破産手続開始の決定を受け、既に復権を得ている者が役員として就任する場合、その就任をもって、B社の免許が取り消されることはない。** (2008-31-2 ○ 正解肢)

講師からのアドバイス
すでに復権を得ていれば免許欠格事由に該当しません。

Point 359 重要度B

国土交通大臣又は都道府県知事は、宅建業者に対し業務停止処分又は免許取消処分をしたときは、その旨を公告しなければならないが、指示処分の場合は公告の必要はない。

出題例

□ 甲県知事は、宅建業者A（甲県知事免許）に対して**指示処分をした場合には、甲県の公報により、その旨を公告しなければならない。** (2008-45-4 ×)

□ 丙県知事は、丙県の区域内における宅建業者C（丁県知事免許）の業務に関し、Cに対して**指示処分をした場合、遅滞なく、その旨を丙県の公報により公告しなければならない。** (2009-45-4 × 正解肢)

□ 甲県知事は、宅建業者B（国土交通大臣免許）に対し、甲県の区域内における業務に関し取引の関係者に損害を与えたことを理由として**指示処分をしたときは、その旨を甲県の公報により公告しなければならない。** (2010-44-4 ×)

ステップ・アップ
宅建業者が指示処分又は業務停止処分を受けたときは、宅建業者名簿に処分の年月日及び内容が記載されます。

Point 360 重要度B

国土交通大臣はすべての宅建業を営む者に対し、都道府県知事はその都道府県の区域内で宅建業を営む者に対し、指導・助言・勧告、及び報告を求めることができ、事務所への立入検査をすることができる。

合格ステップ ―

check 出題例

☐ 宅建業者（甲県知事免許）が、乙県内で宅建業を営んでいる場合、乙県知事は、取引の業務について必要な報告を求めることができるが、当該宅建業者の事務所に立ち入り、帳簿の検査をすることはできない。　　　　（2002-44-4　✕）

☐ 国土交通大臣は、宅建業者B（乙県知事免許）に対し宅建業の適正な運営を確保し、又は健全な発達を図るため必要な指導、助言及び勧告をすることができる。　（2009-45-3　○）

Point 361 重要度B

法人である宅建業者の従業員等が、相手方の判断に重要な影響を及ぼす重要な事項について故意に事実を告げなかった場合、行為者が罰せられるのみならず、当該法人にも1億円以下の罰金刑が科せられることがある。

合格ステップ ―

check 出題例

☐ 宅建業者A社は、その相手方等に対して契約に係る重要な事項について故意に事実を告げない行為は禁止されているが、法人たるA社の代表者が当該禁止行為を行った場合、当該代表者については懲役刑が科されることがあり、またA社に対しても罰金刑が科されることがある。

（2004-44-4　○）

☐ 法人である宅建業者A（甲県知事免許）の従業者Bが、建物の売買の契約の締結について勧誘をするに際し、当該建物の利用の制限に関する事項で買主の判断に重要な影響を及ぼすものを故意に告げなかった場合、Aに対して1億円以下の罰金刑が科せられることがある。　（2007-36-4　○）

192　LEC東京リーガルマインド　2023年版 出る順宅建士 逆解き式！ 最重要ポイント555

第3編

法令上の制限

都市計画法

Point 362 重要度 **C**

都市計画区域とは、一体の都市として総合的に整備し、開発し、及び保全する必要があるとして指定された区域であり、**2以上の都府県**にまたがって指定されてもよい。

合格ステップ ③1

出題例

□ 都市計画区域は、一体の都市として総合的に整備し、開発し、及び保全される必要がある区域であり、**2以上の都府県にまたがって指定されてもよい。**　　　(2002-17-1　○)

□ 都市計画区域は、市又は人口、就業者数その他の要件に該当する町村の中心の市街地を含み、かつ、自然的及び社会的条件並びに人口、土地利用、交通量その他の現況及び推移を勘案して、一体の都市として総合的に整備し、開発し、及び保全する必要がある区域を当該**市町村の区域の区域内に限り指定するものとされている。**　　(2011-16-1　✕)

Point 363 重要度 **B**

準都市計画区域は、都市計画区域**外**に指定される。

合格ステップ ③2

出題例

□ 準都市計画区域は、**都市計画区域外**の区域のうち、相当数の建築物その他の工作物等の建築若しくは建設又はこれらの敷地の造成が現に行われ、又は行われると見込まれる区域を含み、かつ、そのまま土地利用を整序し、又は環境を保全するための措置を講ずることなく放置すれば、将来における一体の都市としての整備、開発及び保全に支障が生じるおそれがあると認められる一定の区域をいう。

(2005-19-2改　○)

講師からのアドバイス

準都市計画区域は都道府県が指定します。

Point 364
重要度 B

都市計画区域について無秩序な市街化を防止し、計画的な市街化を図るため**必要がある**ときは、都市計画に、市街化区域と市街化調整区域との区分を**定めることができる。**

合格ステップ ③3

Check! 出題例

□ 区域区分は、都市計画区域について無秩序な市街化を防止し、計画的な市街化を図るため**必要があるとき**に、都市計画に定める市街化区域と市街化調整区域との区分をいう。

(2005-19-1 ○)

□ 都市計画区域については、無秩序な市街化を防止し、計画的な市街化を図るため、市街化区域と市街化調整区域との区分を**必ず定めなければならない。** (2007-18-2 ✕)

□ 無秩序な市街化を防止し、計画的な市街化を進めるため、都市計画区域を市街化区域と市街化調整区域に区分することができるが、**すべての都市計画区域において区分する必要はない。** (2002-17-4 ○)

> **講師からの アドバイス**
> 必ず定めなければならないわけではありません。

Point 365
重要度 A

市街化区域は、**すでに市街地を形成**している区域及びおおむね10年以内に優先的かつ計画的に市街化を**図るべき**区域であり、市街化調整区域は、市街化を**抑制すべき**区域である。

合格ステップ ③3

Check! 出題例

□ 市街化区域は、**すでに市街地を形成している区域**及びおおむね10年以内に優先的かつ計画的に**市街化を図るべき区域**であり、市街化調整区域は、**市街化を抑制すべき区域**である。

(2004-17-4 ○)

□ 市街化区域は、**既に市街地を形成している区域**であり、市街化調整区域は、おおむね10年以内に**市街化を図る予定の区域**及び**市街化を抑制すべき区域**である。

(2002-17-3 ✕ 正解肢)

法令上の制限

Point 366 重要度 A

特別用途地区は、用途地域内の一定の地区における当該地区の特性にふさわしい土地利用の増進、環境の保護等の特別の目的の実現を図るため当該用途地域の指定を補完して定める地区である。

合格ステップ ③7

出題例

□ 特別用途地区は、**用途地域内**の一定の地区における当該地区の特性にふさわしい土地利用の増進、環境の保護等の特別の目的の実現を図るため当該用途地域の指定を補完して定める地区である。　　　　　　　　　(2006-18-4　○　正解肢)

□ 特別用途地区は、**用途地域が定められていない**土地の区域（市街化調整区域を除く。）内において、その良好な環境の形成又は保持のため当該地域の特性に応じて合理的な土地利用が行われるよう、制限すべき特定の建築物等の用途の概要を定める地区とされている。　(2019-15-4　×　正解肢)

ステップ・アップ

特別用途地区では、地方公共団体の条例で、もともとの用途地域による用途制限を強化できるほか、国土交通大臣の承認を得て用途制限を緩和することもできます。

Point 367 重要度 B

高層住居誘導地区は、住居と住居以外の用途とを適正に配分し、利便性の高い高層住宅の建設を誘導するため定める地区である。

合格ステップ ③7

出題例

□ 高層住居誘導地区は、**住居と住居以外の用途とを適正に配分し、利便性の高い高層住宅の建設を誘導**するため定める地区である。　　　　　　　　　　　　　　(2003-17-1　○　正解肢)

□ 高層住居誘導地区は、**住居と住居以外の用途とを適正に配分し、利便性の高い高層住宅の建設を誘導**するために定められる地区であり、近隣商業地域及び準工業地域においても定めることができる。　　　　　　　　　(2014-15-4　○)

講師からのアドバイス

高層住居誘導地区は、第一種・第二種低層住居専用地域、田園住居地域、第一種・第二種中高層住居専用地域、商業地域、工業地域、工業専用地域に定めることはできません。

Point 368 重要度 B

高度地区は、**用途地域内**において、市街地の環境を維持し、又は土地利用の増進を図るため、建築物の**高さ**の最高限度又は最低限度を定める地区である。

合格ステップ ③7

出題例

□ 高度地区は、用途地域内において市街地の環境を維持し、又は土地利用の増進を図るため、建築物の**高さ**の最高限度又は最低限度を定める地区である。

(2007-18-1 ○ 正解肢)

□ 高度地区は、用途地域内の市街地における土地の合理的かつ健全な高度利用と都市機能の更新を図るため、少なくとも建築物の**容積率**の最高限度及び最低限度、**建蔽率**の最高限度、**建築面積**の最低限度を定めなければならない。

(2002-18-2 ×)

講師からのアドバイス
これは「高度利用地区」に関する記述です。

Point 369 重要度 A

高度利用地区は、**用途地域内**の市街地における土地の合理的かつ健全な高度利用と都市機能の更新とを図るため、建築物の**容積率**の最高限度及び最低限度、建築物の建蔽率の最高限度、建築物の建築面積の最低限度ならびに壁面の位置の制限を定める地区である。

合格ステップ ③7

出題例

□ **高度利用地区**は、用途地域内において市街地の環境を維持し、又は土地利用の増進を図るため、建築物の**高さ**の最高限度又は最低限度を定める地区である。　(2003-17-3 ×)

□ **高度利用地区**は、市街地における土地の合理的かつ健全な高度利用と都市機能の更新とを図るため定められる地区であり、**用途地域内において**定めることができる。

(2014-15-2 ○)

講師からのアドバイス
これは「高度地区」に関する記述です。

Point 370
重要度 **A**

準都市計画区域については、区域区分、高度利用地区、高層住居誘導地区、特例容積率適用地区、防火地域、準防火地域、市街地開発事業等を定めることができない。

合格ステップ ─

Check 出題例

☐ 準都市計画区域については、都市計画に、高度地区を定めることはできるが、**高度利用地区を定めることはできない**ものとされている。 (2011-16-2 〇 正解肢)

☐ 準都市計画区域について無秩序な市街化を防止し、計画的な市街化を図るため必要があるときは、都市計画に、**区域区分**を定めることができる。 (2015-16-2 ✕)

講師からのアドバイス

準都市計画区域は、将来の街づくりのため、原則として、規制のみを行うので、開発や利用促進、市街化を前提とした都市計画は定めることはできません。

Point 371
重要度 **A**

都市施設は、特に必要があるときは、都市計画区域外においても定めることができる。

合格ステップ ③8

Check 出題例

☐ **都市施設**は、適切な規模で必要な位置に配置することにより、円滑な都市活動を確保し、良好な都市環境を保持するよう定めることとされており、**市街化調整区域には定めることができない**。 (1995-18-2 ✕)

☐ 都市計画は、都市計画区域内において定められるものであるが、道路や公園などの**都市施設**については、特に必要があるときは当該**都市計画区域外においても定めることができる**。 (2002-17-2 〇)

言葉の意味

都市施設とは、道路、公園、上下水道、学校、病院などの共同の施設のことです。

198 LEC東京リーガルマインド 2023年版 出る順宅建士 逆解き式! 最重要ポイント555

Point 372 重要度 A

地区計画は、**都市計画区域内**の用途地域が**定められている**土地の区域及び用途地域が**定められていない**土地の区域の一定の区域に定めることができる。

合格ステップ ③9

Check! 出題例

□ 地区計画は、建築物の建築形態、公共施設その他の施設の配置等からみて、一体としてそれぞれの区域の特性にふさわしい態様を備えた良好な環境の各街区を整備し、開発し、及び保全をするための計画であり、**用途地域が定められている土地の区域においてのみ定められる**。 (2006-18-1 ✕)

□ 地区計画は、良好な環境の街区の整備等を図るための都市計画であるが、**用途地域が定められていない土地の区域**についても一定の場合には、**定めることができる**。 (1998-17-1改 ○ 正解肢)

□ 地区計画に関する都市計画は、**都市計画区域外**においては**定めることができない**。 (1989-19-3 ○)

> **講師からのアドバイス**
> 前半は地区計画の定義として正しい記述です。

Point 373 重要度 A

地区計画の区域のうち、地区整備計画が定められている区域内で、土地の区画形質の変更、建築物の建築等を行おうとする者は、原則として、行為着手の**30日前まで**に、必要事項を**市町村長に届け出**なければならない。

合格ステップ ③9

Check! 出題例

□ 地区整備計画が定められている地区計画の区域内において、建築物の建築を行おうとする者は、**都道府県知事**（市の区域内にあっては、当該市の長）の**許可**を受けなければならない。 (2017-16-イ ✕)

□ 地区計画の区域のうち、地区整備計画が定められている区域内において、土地の区画形質の変更又は建築物の建築を行おうとする者は、当該**行為に着手した後、遅滞なく**、行為の種類、場所及び設計又は施行方法を市町村長に届け出なければならない。 (2007-18-3 ✕)

> **講師からのアドバイス**
> 行為に着手した後届け出るのではありません。

法令上の制限

Point 374 重要度 A

開発行為とは、建築物の建築又は特定工作物の建設の用に供する目的で行う土地の区画形質の変更をいう。

合格ステップ ③13

出題例

☐ 建築物の建築を行わない青空駐車場の用に供する目的で行う土地の区画形質の変更については、その規模が1ヘクタール以上のものであっても、**開発許可を受ける必要はない**。
(1996-20-1 ○ 正解肢)

☐ 開発行為とは、主として建築物の建築の用に供する目的で行う土地の区画形質の変更を指し、**特定工作物の建設の用に供する目的**で行う土地の区画形質の変更は**開発行為には該当しない**。
(2013-16-1 ✕)

講師からのアドバイス
建築物の建築を行わない単なる土地の区画形質の変更は開発行為ではないため、開発許可を受ける必要はありません。

Point 375 重要度 A

1ヘクタール未満の野球場・庭球場・墓園等の用に供する目的で行う土地の区画形質の変更は、開発行為にあたらない。

合格ステップ ③13

出題例

☐ 市街化調整区域内における**庭球場**の建設の用に供する目的で行う5,000m²の土地の区画形質の変更を行おうとする場合、都市計画法による**開発許可を受ける必要はない**。
(2007-20-ア ○)

講師からのアドバイス
特定工作物にあたらないため、開発行為にもあたらず、開発許可を要しません。

Point 376 重要度 A

市街化区域では、1,000m²未満の開発行為は例外的に許可が不要である。

合格ステップ ③14

出題例

☐ Bが都市計画法による**市街化区域内の宅地（面積250m²）**を盛土したうえで住宅を建築しようとするときには、**開発許可を受けなければならない**。
(2001-25-1 ✕)

Point 377 重要度 A

区域区分の定められていない都市計画区域では、3,000 ㎡未満の開発行為は、例外的に許可が不要である。

合格ステップ ③14

出題例

☐ 区域区分の定められていない都市計画区域内の土地において、10,000㎡のゴルフコースの建設を目的とする土地の区画形質の変更を行おうとする者は、あらかじめ、都道府県知事の許可を受けなければならない。　(2009-17-1　○)

☐ 区域区分が定められていない都市計画区域内において、20戸の分譲住宅の新築を目的として5,000㎡の土地の区画形質の変更を行おうとする場合は、都道府県知事の許可を受けなければならない。　(2010-17-1　○)

Point 378 重要度 A

準都市計画区域では、3,000 ㎡未満の開発行為は、例外的に許可が不要である。

合格ステップ ③14

出題例

☐ 準都市計画区域内において、専修学校の建築の用に供する目的で1,000㎡の開発行為を行おうとする者は、都市計画法による開発許可を受けなければならない。　(2006-19-3　✕)

☐ 準都市計画区域において、医療法に規定する病院の建築の用に供する目的で行われる4,000㎡の開発行為は、都市計画法による許可を受ける必要のある開発行為である。
(2012-17-イ　○)

☐ 準都市計画区域において、店舗の建築を目的とした4,000㎡の土地の区画形質の変更を行おうとする者は、あらかじめ、都道府県知事の許可を受けなければならない。
(2019-16-1　○　正解肢)

法令上の制限

Point 379

重要度 A

都市計画区域でも準都市計画区域でもない区域では、10,000 ㎡未満の開発行為は、例外的に許可が不要である。

合格ステップ ③14

Check 出題例

□ 都市計画区域及び準都市計画区域外の区域内において、店舗の建築の用に供する目的で 1,000㎡ の開発行為を行おうとする者は、都市計画法による**開発許可を受けなければならない。** (2006-19-4 ✗)

□ 都市計画区域でも準都市計画区域でもない区域内における住宅団地の建設を目的とした 6,000㎡ の土地の区画形質の変更には、**常に開発許可が不要である。** (2003-18-3 ◯)

□ 都市計画区域及び準都市計画区域外の区域内において、都市計画事業に当たらない民間事業者が行う 5,000㎡ の住宅団地建設のための開発行為であれば、**開発許可は必要である。**

(2002-19-4 ✗)

Point 380

重要度 A

農業を営む者の居住の用に供する建築物を建築する目的で行う開発行為は原則として開発許可が不要であるが、市街化区域内において 1,000 ㎡以上のものであれば開発許可が必要となる。

合格ステップ ③14

Check 出題例

□ 市街化区域内における**農業を営む者の居住の用に供する建築物**の建築の用に供する目的で行う 1,500㎡ の土地の区画形質の変更を行おうとする場合、都市計画法による**開発許可を受ける必要はない。** (2007-20-ウ ✗)

□ 市街化区域内において、農業を営む者の居住の用に供する建築物の建築の用に供する目的で 1,000㎡ の開発行為を行おうとする者は、都市計画法による**開発許可を受けなければならない。** (2006-19-1 ◯ 正解肢)

> **講師からの アドバイス**
> 農林漁業者の居住の用に供する建築物は農林漁業用建築物です。

> **講師からの アドバイス**
> 1,000㎡以上であれば開発許可が必要です。

Point 381 重要度 A

農産物の加工・貯蔵に必要な建築物は、農林漁業用建築物には含まれず、その建築の用に供する目的で行う開発行為は、原則として開発許可が必要である。

出題例

□ 市街化調整区域における**農産物の加工に必要な建築物**の建築を目的とした500㎡の土地の区画形質の変更には、**常に開発許可が不要**である。　　　　　　　　(2003-18-1　×　正解肢)

□ 市街化調整区域内において生産される**農産物の貯蔵に必要な建築物**の建築を目的とする当該市街化調整区域内における土地の区画形質の変更は、**都道府県知事の許可を受けなくてよい**。　　　　　　　　　　　　　　　　(2011-17-2　×)

講師からのアドバイス
市街化調整区域には小規模開発の例外はありません。

Point 382 重要度 A

図書館・公民館を建築する目的で行う開発行為は、常に開発許可が不要である。

出題例

□ 市街化調整区域内における**図書館**の建築の用に供する目的で行う3,000㎡の土地の区画形質の変更を行おうとする場合、都市計画法による**開発許可を受ける必要はない**。
　　　　　　　　　　　　　　　　　　　　(2007-20-イ　○)

□ 区域区分が定められていない都市計画区域において、社会教育法に規定する**公民館**の用に供する施設である建築物の建築の用に供する目的で行われる4,000㎡の開発行為については、**開発許可を受ける必要はない**。(2014-16-ウ改　○)

講師からのアドバイス
駅舎、公民館、図書館、変電所など公益上必要な建築物の用に供する目的で行う開発行為は、規模・場所問わず、常に開発許可が不要です。

講師からのアドバイス
開発許可を受ける必要も、協議をする必要もありません。

Point 383
重要度 A

都市計画事業の施行として行う開発行為は、常に開発許可が不要である。

合格ステップ ③14

出題例

□ 準都市計画区域内において、**都市計画事業に当たる**民間事業者が行う3,000㎡の住宅団地建設のための開発行為であれば、**常に開発許可は不要である。** （2002-19-3 ○ 正解肢）

□ 区域区分が定められていない都市計画区域において、**土地区画整理事業の施行として**行う8,000㎡の土地の区画形質の変更を行おうとする者は、あらかじめ、都道府県知事の許可を受けなければならない。 （2021［10月］-16-4 ✕）

□ 土地区画整理事業が行われている区域内において行う開発行為は、**常に開発許可が不要である。** （2001-18-3 ✕）

言葉の意味

都市計画事業とは、「都市計画施設」及び「市街地開発事業（土地区画整理事業、市街地再開発事業等）」について、その内容を実現するために行う事業です。

講師からのアドバイス

「～事業に当たる開発行為」、「～事業の施行として行う開発行為」は、常に開発許可が不要です。

講師からのアドバイス

土地区画整理事業が行われている区域内において行う開発行為は、土地区画整理事業の施行として行うものとは限りません。

Point 384
重要度 A

開発許可を申請しようとする者は、あらかじめ、開発行為に関係がある公共施設の管理者と協議し、その同意を得なければならない。

合格ステップ ③15

出題例

□ 開発行為をしようとする者は、当該開発行為に係る**開発許可の取得後**から当該開発行為の完了までに、当該開発行為に関係がある公共施設の管理者と協議し、その同意を得なければならない。 （2008-19-2 ✕ 正解肢）

講師からのアドバイス

開発許可申請前の事前手続きです。

204　LEC東京リーガルマインド　2023年版 出る順宅建士 逆解き式！ 最重要ポイント555

Point 385
重要度 A

開発許可を申請しようとする者は、あらかじめ、開発行為又は開発行為に関する工事により設置される公共施設を管理することとなる者等と**協議しなければ**ならない。

合格ステップ ③15

出題例

□ 開発許可を申請しようとする者は、あらかじめ、開発行為により設置される公共施設を管理することとなる者と**協議し、その同意を得なければ**ならない。　　（1991-20-1改　×）

講師からのアドバイス
「関係がある公共施設」は協議・同意、「設置される公共施設」は協議です。

Point 386
重要度 A

開発許可申請書には、**予定建築物等の用途**を記載しなければならない。

合格ステップ ―

出題例

□ 開発許可を受けようとする者が都道府県知事に提出する申請書には、開発区域内において**予定される建築物の用途**を記載しなければならない。　　（2006-20-2　○　正解肢）

□ 開発許可申請書には、**予定建築物の用途**のほか、その**構造、設備**及び**予定建築価額**を記載しなければならない。

（2001-19-1　×）

講師からのアドバイス
予定建築物の構造、設備、予定対価の額の記載は不要です。

Point 387
重要度 A

開発行為によって設置された公共施設は、原則として**市町村**の管理に属する。

合格ステップ ―

出題例

□ 開発許可を受けた開発行為又は開発行為に関する工事により、公共施設が設置されたときは、その公共施設は、協議により他の法律に基づく管理者が管理することとした場合を除き、**開発許可を受けた者**が管理することとされている。

（2009-17-3　×　正解肢）

法令上の制限

Point 388 重要度 **B**

都道府県知事は、用途地域の定められていない土地の区域における開発行為について開発許可をする場合において必要があると認めるときは、当該開発区域内の土地について、建築物の建蔽率、建築物の高さ、壁面の位置その他建築物の敷地、構造及び設備に関する制限を定めることができる。

合格ステップ ―

Check 出題例

□ 都道府県知事は、**市街化区域**内における開発行為について開発許可をする場合、当該開発区域内の土地について、建築物の建蔽率に関する制限を定めることができる。 (2007-19-3 ✕)

□ 都道府県知事は、**用途地域の定められていない土地**の区域における開発行為について開発許可をする場合において必要があると認めるときは、当該開発区域内の土地について、建築物の敷地、構造及び設備に関する制限を定めることができる。 (2016-17-4 ○ 正解肢)

□ 都道府県知事は、**用途地域の定められていない土地**の区域における開発行為について開発許可をするときは、建築物の敷地面積に対する建築面積の割合に関する制限を定めることができるが、建築物の**高さ**に関する制限を**定めることはできない。** (2000-20-3 ✕)

> **講師からのアドバイス**
> 市街化区域内では必ず用途地域が定められるので、「用途地域の定められていない土地の区域」にはあたりません。

Point 389 重要度 **A**

開発行為に関する工事を廃止したときは、遅滞なく都道府県知事に届出をしなければならない。

合格ステップ ③17

Check 出題例

□ 開発許可を受けた者は、開発行為に関する**工事を廃止した**ときは、その旨を都道府県知事に**報告し、その同意を得なけれ**ばならない。 (2006-20-3 ✕)

□ 開発許可を受けた者は、開発行為に関する**工事を廃止した**ときは、遅滞なく、その旨を都道府県知事に**届け出**なければならない。 (2004-18-3 ○ 正解肢)

> **講師からのアドバイス**
> 届出をするのであって、同意を得る必要はありません。

206 LEC東京リーガルマインド 2023年版 出る順宅士 逆解き式！ 最重要ポイント555

Point 390
重要度 **A**

開発許可を受けた開発区域内の土地においては、工事完了の公告があるまでの間は、原則として、建築物の建築、特定工作物の建設をすることはできない。

合格ステップ ③18

Check 出題例

□ 開発許可を受けた開発区域内の土地については、工事完了の公告があるまでの間は、都道府県知事の許可を受けなければ**分譲することができない。**　(1996-21-4　✕　正解肢)

講師からの**アドバイス**
分譲は禁止されていません。

□ 開発許可を受けた開発区域内の土地において、当該開発許可に係る予定建築物を建築しようとする者は、当該建築行為に着手する日の30日前までに、一定の事項を**都道府県知事に届け出なければならない。**　(2015-15-2　✕)

Point 391
重要度 **A**

開発許可を受けた開発区域内において、工事完了の公告前に例外的に建築物の建築や特定工作物の建設をすることができるのは、①工事用の仮設建築物を建築するとき、②都道府県知事が支障がないと認めたとき、③土地等の権利者で開発行為に同意していない者が建築・建設するとき、の３つである。

合格ステップ ③18

Check 出題例

□ 開発許可を受けた開発区域内の土地においては、開発行為に関する工事完了の公告があるまでの間であっても、都道府県知事の**承認を受けて、工事用の仮設建築物を建築することができる。**　(2006-20-4　✕)

講師からの**アドバイス**
「承認」は不要です。

□ 開発許可を受けた開発区域内において、開発行為に関する工事が完了した旨の公告があるまでの間は、**開発許可を受けた者は、工事用の仮設建築物を建築するとき、その他都道府県知事が支障がないと認めたとき以外は、建築物を建築してはならない。**　(2003-19-1　◯)

講師からの**アドバイス**
「開発許可を受けた者」が公告前に建築等をすることができるのは、ポイント391の①②の場合だけです。

法令上の制限

LEC東京リーガルマインド　2023年版 出る順宅建士 逆解き式！ 最重要ポイント555　**207**

Point 392
重要度 **A**

開発許可を受けた開発区域内において、工事完了の公告があった後、例外的に予定建築物以外の建築物を建築することができるのは、①**都道府県知事が許可した**とき、又は、②**用途地域等**が定められているとき、の２つである。

合格ステップ ③18

✏ 出題例

□ 開発許可を受けた開発区域内において、当該開発区域内の土地について用途地域等が定められていないとき、**都道府県知事に届け出れば**、開発行為に関する工事完了の公告があった後、当該開発許可に係る**予定建築物以外の建築物を建築することができる。**　　　　　　　　　　　　(2007-19-1　✕)

□ 開発許可を受けた開発区域内で**用途地域が定められている**土地において、工事完了の公告後に、当該開発許可に係る**予定建築物以外の建築物を新築**しようとするときは、**都道府県知事の許可**を受けなければならない。

(1995-19-2　✕　正解肢)

□ 開発許可を受けた開発区域内の土地に**用途地域が定められている**場合には、開発行為が完了した旨の公告があった後、当該開発許可に係る**予定建築物以外の建築物を都道府県知事の許可を受けずに建築することができる。**　(2004-19-2　○)

> **講師からの アドバイス**
> 「届出」ではなく、都道府県知事の許可が必要です。

> **講師からの アドバイス**
> 用途地域が定められていれば、都道府県知事の許可は不要です。

208　**LEC**東京リーガルマインド　2023年版 出る順宅士 逆解き式！ 最重要ポイント555

Point 393
重要度 **A**

市街化調整区域のうち開発許可を受けた開発区域以外の区域内においては、原則として、都道府県知事の許可を受けなければ、建築物の新築等をすることはできないが、例外的に、①農林漁業用建築物を建築する場合、②公益上必要な建築物を建築する場合、③都市計画事業の施行として行う場合、④非常災害のため必要な応急措置、仮設建築物の新築、通常の管理行為、軽易な行為等については、都道府県知事の許可を受けなくてよい。

合格ステップ ③19

Check 出題例

□ **市街化調整区域**のうち開発許可を受けた開発区域以外の区域内において、**公民館**を建築する場合は、**都道府県知事の許可を受けなくてよい**。　　　　　　(2007-19-4　○　正解肢)

□ **市街化調整区域**のうち開発許可を受けた開発区域以外の区域内において、土地の区画形質の変更を伴わずに、**床面積が150m²の住宅の全部を改築し、飲食店**としようとする場合には、都道府県知事の許可を受けなければならない。

(2010-17-2　○)

□ 何人も、市街化調整区域のうち開発許可を受けた開発区域以外の区域内において、都道府県知事の許可を受けることなく、**仮設建築物**を新築することができる。

(2015-15-4　○　正解肢)

□ **都市計画事業の施行**として行う建築物の新築であっても、市街化調整区域のうち開発許可を受けた開発区域以外の区域内においては、都道府県知事の許可を受けなければ、建築物の新築をすることができない。

(2020[10月]-16-2　✕　正解肢)

講師からのアドバイス
公民館は「公益上必要な建築物」です。

法令上の制限

LEC東京リーガルマインド　2023年版 出る順宅建士 逆解き式！ 最重要ポイント555　**209**

Point 394 重要度 A

都市計画施設の区域内、市街地開発事業の施行区域内又は市街地開発事業等予定区域の区域内で、建築物の建築をしようとする者は、一定の場合を除き、都道府県知事等の許可が必要である。

合格ステップ ③20

Check 出題例

□ 都市計画施設の区域又は市街地開発事業の施行区域内において建築物の建築をしようとする者は、行為の種類、場所及び設計又は施行方法を都道府県知事等に届け出なければならない。　　　　　　　　　　　　　　　(2008-18-1改　×)

講師からの **アドバイス**
この項目でいう都道府県知事等とは、都道府県知事(市の区域内にあっては、当該市の長)となります。

□ 都市計画施設の区域又は市街地開発事業の施行区域内において建築物の建築をしようとする者は、一定の場合を除き、都道府県知事等の許可を受けなければならない。

(2017-16-ア改　○)

講師からの **アドバイス**
「一定の場合」とは、都市計画事業の施行として行う行為や非常災害のために必要な応急措置として行う行為等をいいます。

Point 395 重要度 A

都市計画施設の区域内、市街地開発事業の施行区域内又は市街地開発事業等予定区域の区域内で、非常災害のために必要な応急措置として行う建築物の建築については、都道府県知事等の許可は、不要である。

合格ステップ ③20

Check 出題例

□ 市街地開発事業の施行区域内においては、非常災害のために必要な応急措置として行う建築物の建築であっても、都道府県知事等の許可を受けなければならない。　(2009-16-1改　×)

□ 市街地開発事業等予定区域に関する都市計画において定められた区域内において、非常災害のため必要な応急措置として行う建築物の建築であれば、都道府県知事等の許可を受ける必要はない。　　　　　　　　　(2012-16-1改　○　正解肢)

講師からの **アドバイス**
都道府県知事等の許可は不要です。

Point	都市計画事業の事業地内で、都市計画事業の施行の障害となるお
396	それがある土地の形質の変更等を行おうとする者は、例外なく都道
重要度 **A**	府県知事等の許可を受けなければならない。

合格ステップ ③20

出題例

□ 都市計画事業の認可の告示があった後においては、当該都市計画**事業を施行する土地**内において、当該事業の施行の障害となるおそれがある土地の形質の変更を行おうとする者は、都道府県知事等及び当該**事業の施行者の許可**を受けなければならない。　　　　　　　　　　（2006-18-2改　×）

> **講師からのアドバイス**
> 「事業の施行者の許可」は不要です。

□ 都市計画事業の認可の告示があった後においては、当該**事業地**内において、当該都市計画事業の施行の障害となるおそれがある土地の形質の変更又は建築物の建築その他工作物の建設を行おうとする者は、**都道府県知事等**の許可を受けなければならない。　　　　　　　　　　（2013-15-3改　○）

> **講師からのアドバイス**
> この項目でいう都道府県知事等とは、都道府県知事（市の区域内にあっては、当該市の長）となります。

□ 都市計画事業の認可の告示後、**事業地**内において行われる建築物の建築については、都市計画事業の施行の障害となるおそれがあるものであっても、非常災害の応急措置として行うものであれば、**都道府県知事等の許可を受ける必要はない。**　　　　　　　　　　（1998-17-4改　×）

> **講師からのアドバイス**
> 事業地内においては、非常災害の応急措置として行うものであっても例外なく許可が必要です。

法令上の制限

LEC東京リーガルマインド　2023年版　出る順宅建士 逆解き式！ 最重要ポイント555　**211**

建築基準法

※ Point397～406及びその出題例は、特定行政庁の許可については考慮しないものとする。

Point 397 重要度A

住宅・共同住宅は、工業専用地域以外のすべての用途地域内に建築することができる。

合格ステップ ③21

出題例

□ 工業地域内においては、共同住宅を建築することはできない。 (1998-21-4 ×)

Point 398 重要度A

図書館は、工業専用地域以外のすべての用途地域内に建築することができる。

合格ステップ ③21

出題例

□ 図書館は、すべての用途地域内において建築することができる。 (2000-23-3 ×)

講師からのアドバイス
工業専用地域には建築できません。

Point 399 重要度A

小・中・高等学校は、工業地域及び工業専用地域以外のすべての用途地域内に建築することができる。

合格ステップ ③21

出題例

□ 第一種低層住居専用地域内では、小学校は建築できるが、中学校は建築できない。 (2002-20-1 × 正解肢)

講師からのアドバイス
小学校も中学校も建築できます。

Point 400 重要度 A

大学は、第一種・第二種低層住居専用地域、田園住居地域、工業地域、工業専用地域には建築することができない。

合格ステップ ③21

出題例

☐ 大学は、工業地域、工業専用地域以外のすべての用途地域内において建築することができる。　　　　(2000-23-4　×)

講師からのアドバイス
第一種・第二種低層住居専用地域、田園住居地域においても建築できません。

Point 401 重要度 A

病院は、第一種・第二種低層住居専用地域、田園住居地域、工業地域、工業専用地域には建築することができない。

合格ステップ ③21

出題例

☐ 工業地域内では、住宅は建築できるが、病院は建築できない。
　　　　(2002-20-4　○)

講師からのアドバイス
住宅は、工業専用地域以外のすべての用途地域内に建築することができます。

Point 402 重要度 A

ホテルは、第一種・第二種低層住居専用地域、田園住居地域、第一種・第二種中高層住居専用地域、工業地域、工業専用地域には建築することができない。

合格ステップ ③22

出題例

☐ 第一種住居地域内では、ホテル（床面積計3,000m²以下）は建築できるが、映画館は建築できない。　　　(2002-20-2　○)

講師からのアドバイス
映画館は近隣商業地域、商業地域、準工業地域に建築でき、200m²未満のものについてはさらに準住居地域にも建築することができます。

Point 403 重要度 **A**
カラオケボックスは、第一種・第二種低層住居専用地域、田園住居地域、第一種・第二種中高層住居専用地域、第一種住居地域には建築することができない。
合格ステップ ③22

Check 出題例

□ 第一種住居地域において、カラオケボックスで当該用途に供する部分の床面積の合計が500m²であるものは建築することができる。 (2008-21-2 ✕)

Point 404 重要度 **A**
映画館は、近隣商業地域、商業地域、準工業地域に建築でき、客席部分の床面積の合計が200 m² 未満のものについては準住居地域にも建築することができる。
合格ステップ ③22

Check 出題例

□ 客席部分の床面積の合計が200m²の映画館は、準住居地域、近隣商業地域、商業地域、及び準工業地域内において、建築することができる。 (1992-24-3改 ✕)

講師からのアドバイス
200m²の映画館は、準住居地域には建築できません。

□ 近隣商業地域内において映画館を建築する場合は、客席の部分の床面積の合計が200m²未満となるようにしなければならない。 (2010-19-3 ✕ 正解肢)

講師からのアドバイス
近隣商業地域内では、200m²以上の映画館も建築することができるので、200m²未満にする必要はありません。

Point 405 重要度 **A**
床面積の合計が10,000 m² を超える店舗は、近隣商業地域、商業地域、準工業地域にのみ建築できる。
合格ステップ ③22

Check 出題例

□ 店舗の用途に供する建築物で当該用途に供する部分の床面積の合計が10,000m²を超えるものは、原則として工業地域内では建築することができない。 (2014-18-1 ◯)

Point 406 重要度 A

建物の敷地が用途規制の異なる複数の地域にわたる場合は、建物の敷地の過半の属する地域の用途規制に関する規定が適用される。

合格ステップ ③23

出題例

□ 建築物の敷地が工業地域と工業専用地域にわたる場合において、当該敷地の過半が工業地域内であるときは、共同住宅を建築することができる。　　　　　　　　(2010-19-1 ○)

□ 一の敷地で、その敷地面積の40％が第二種低層住居専用地域に、60％が第一種中高層住居専用地域にある場合は、原則として、当該敷地内には大学を建築することができない。
　　　　　　　　　　　　　　　　　(2018-19-2 × 正解肢)

Point 407 重要度 A

建蔽率の限度が10分の8と定められている防火地域内にある耐火建築物等については、建蔽率の制限は適用されない。

合格ステップ ③24

出題例

□ 建蔽率の限度が10分の8とされている地域内で、かつ、防火地域内にある耐火建築物等については、建蔽率の制限は適用されない。　　　　　　　　　　　　　　　(2013-18-2改 ○)

 講師からのアドバイス
耐火建築物等とは、耐火建築物又は耐火建築物と同等以上の延焼防止性能を有する建築物をいいます。

Point 408 重要度 A

商業地域内で、かつ防火地域内にある耐火建築物等については、建蔽率の制限は適用されない。

合格ステップ ③24

出題例

□ 商業地域内で、かつ、防火地域内にある耐火建築物等については、建築面積の敷地面積に対する割合の制限を受けない。
　　　　　　　　　　　　　　　(2001-21-4改 ○ 正解肢)

 講師からのアドバイス
建築面積の敷地面積に対する割合とは、建蔽率のことです。

Point 409 重要度 A

容積率を計算する場合、その延べ面積には、共同住宅又は老人ホーム等の共用の廊下又は階段部分の床面積及びエレベーターの昇降路の部分の床面積は、算入しない。

合格ステップ ③27

出題例

□ 建築物の容積率の算定の基礎となる延べ面積には、**エレベーターの昇降路の部分又は共同住宅の共用の廊下若しくは階段**の用に供する部分の床面積は、一定の場合を除き、**算入しない**。 (2015-18-1 ○)

□ 容積率を算定する上では、**共同住宅の共用の廊下及び階段部分**は、当該共同住宅の**延べ面積の3分の1を限度**として、当該共同住宅の**延べ面積に算入しない**。 (2008-20-3 × 正解肢)

講師からのアドバイス
3分の1を限度とするわけではありません。

Point 410 重要度 A

敷地が容積率制限の異なる地域にわたる場合の容積率の限度は、それぞれの地域に属する敷地の部分の割合に応じて按分計算した数値である。

合格ステップ ③27

出題例

□ 建築物の敷地が、建築基準法第53条第1項の規定に基づく建築物の建蔽率に関する制限を受ける地域又は区域の二以上にわたる場合においては、当該建築物の敷地の過半の属する地域又は区域における建蔽率に関する制限が、当該建築物に対して適用される。 (2021[12月]-18-4 ×)

Point 411 重要度 B

道路斜線制限は都市計画区域及び準都市計画区域内のすべての地域に適用される。

合格ステップ ③29

出題例

□ 道路斜線制限(建築基準法第56条第1項第1号の制限をいう。)は**用途地域の指定のない区域**内については、**適用されない**。 (1993-23-1 ×)

講師からのアドバイス
用途地域の指定のない区域内においても適用があります。

Point 412　重要度 A

隣地斜線制限は、**第一種・第二種低層住居専用**地域、**田園住居**地域においては適用されない。

合格ステップ ③29

✏ 出題例

□ **第一種低層住居専用地域及び第二種低層住居専用地域**内における建築物については、建築基準法第56条第1項第2号の規定による**隣地斜線制限が適用される**。　（2006-22-2　✕）

👨‍🏫 講師からのアドバイス

第一種・第二種低層住居専用地域、田園住居地域以外の用途地域には適用されます。

Point 413　重要度 A

北側斜線制限は、**第一種・第二種低層住居専用**地域、**田園住居**地域及び**第一種・第二種中高層住居専用**地域において適用される。

合格ステップ ③29

✏ 出題例

□ **第二種中高層住居専用地域**内における建築物については、建築基準法第56条第1項第3号の規定による**北側斜線制限は適用されない**。　　　　　　　　　　　　（2006-22-1　✕）

□ **田園住居地域**内の建築物に対しては、法第56条第1項第3号の規定（**北側斜線制限**）は適用されない。

（2020［12月］-18-4　✕　正解肢）

👨‍🏫 講師からのアドバイス

住居専用地域は良好な住居の環境を保護するための地域ですから、日当たりについては特に北側の隣地に対して配慮する必要があります。

Point 414　重要度 B

建築物が複数の用途地域にわたる場合、斜線制限は**建築物の部分**の属する用途地域ごとに適用される。

合格ステップ ③29

✏ 出題例

□ 建築物が第二種中高層住居専用地域及び近隣商業地域にわたって存する場合で、当該建築物の**過半が近隣商業地域に存する場合**には、当該建築物に対して法第56条第1項第3号の規定（**北側斜線制限**）は適用されない。

（2013-18-3　✕　正解肢）

法令上の制限

LEC東京リーガルマインド　2023年版 出る順宅建士 逆解き式！ 最重要ポイント555　217

Point 415 重要度 A

日影規制が適用されない地域は、**商業**地域、**工業**地域、**工業専用**地域である。

合格ステップ ③30

Check 出題例

□ 建築基準法第56条の2第1項の規定による日影規制の対象区域は地方公共団体が条例で指定することとされているが、**商業地域、工業地域及び工業専用地域においては、日影規制の対象区域として指定することができない。**

（2006-22-4　○　正解肢）

Point 416 重要度 B

第一種低層住居専用地域又は**第二種低層住居**専用地域、**田園住居**地域内の建築物の高さは、**10**m又は**12**mのうち都市計画で定められた建築物の高さの限度を超えてはならない。

合格ステップ ③31

Check 出題例

□ 田園住居地域内においては、建築物の高さは、一定の場合を除き、**10m又は12m**のうち 当該地域に関する都市計画において定められた**建築物の高さの限度を超えてはならない。**

（2018-19-1　○）

□ 第二種低層住居専用地域に指定されている区域内の土地においては、高さが9mを超える建築物を建築することはできない。

（2007-22-3　✕）

講師からのアドバイス
12mと定められれば12mまで建築できます。

Point 417 重要度 A

建築基準法上の道路とは、原則として幅員**4**m以上の道路をいう。

合格ステップ ③32

Check 出題例

□ 道路法による道路は、**すべて建築基準法上の道路に該当する。**

（2000-24-1　✕）

講師からのアドバイス
原則として幅員4m以上のものが該当します。

218　LEC東京リーガルマインド　2023年版 出る順宅建士 逆解き式! 最重要ポイント555

Point 418
重要度 **A**

幅員4m未満の道であっても、接道義務の規定が適用されるに至った際、①現に道として存在し、②すでに建築物が建ち並んでいるもののうち、③特定行政庁が指定したものは、建築基準法上の道路とみなされる。

合格ステップ ③33

出題例

☐ 建築基準法第3章の規定が適用されるに至った際、現に建築物が立ち並んでいる幅員4m未満の道路法による道路は、**特定行政庁の指定がなくとも**建築基準法上の道路とみなされる。 (2006-21-1 ✕)

☐ 幅員4m未満の道路は、建築物の敷地と道路との関係において、**道路とみなされることはない**。 (2001-21-1 ✕)

講師からのアドバイス
建築基準法42条2項が規定する道路なので、「2項道路」といいます。

Point 419
重要度 **A**

建築物の敷地は原則として道路に2m以上接しなければならないが、敷地の周囲に広い空地を有する建築物など、特定行政庁が建築審査会の同意を得て許可したものは、道路に2m以上接しなくてよい。

合格ステップ ③32

出題例

☐ 敷地が建築基準法第42条に規定する道路に2m以上接道していなくても、特定行政庁が交通上、安全上、防火上及び衛生上支障がないと認めて**利害関係者の同意を得て許可した場合**には、建築物を建築してもよい。 (2006-21-4 ✕)

☐ 建築物の敷地は、**必ず**幅員4m以上の道路に2m以上接しなければならない。 (2000-24-2 ✕)

講師からのアドバイス
利害関係者の同意を得て許可するのではありません。

法令上の制限

Point 420 重要度 **A**

地方公共団体は、特殊建築物などの一定の建築物について、これらの建築物の特殊性を考慮して、条例で接道義務について必要な制限を付加することができるが、緩和することはできない。

合格ステップ ③32

Check 出題例

□ 地方公共団体は、土地の状況等により必要な場合は、建築物の敷地と道路との関係について建築基準法に規定された制限を、条例で**緩和することができる**。　(2000-24-3 ✕)

講師からの アドバイス

制限を厳しく（付加）することはできますが、「緩和」することはできません。

Point 421 重要度 **A**

地盤面下に設ける建築物は、道路内に建築することができる。

合格ステップ ③34

Check 出題例

□ 地盤面下に設ける建築物については、**道路内に建築することができる**。　(2000-24-4 ○ 正解肢)

Point 422 重要度 **A**

防火地域内で耐火建築物又は延焼防止建築物としなければならないのは、3階以上、又は延べ面積が100 m²を超える建築物である。

合格ステップ ③35

Check 出題例

□ **防火地域内において、階数が2で延べ面積が200m²の住宅は、耐火建築物又は延焼防止建築物としなければならない。**
　(1994-24-1改 ○ 正解肢)

□ **防火地域内においては、3階建て、延べ面積が200m²の住宅は耐火建築物又は準耐火建築物としなければならない。**
　(2011-18-2 ✕)

---

220 LEC東京リーガルマインド　2023年版 出る順宅建士 逆解き式！最重要ポイント555

Point 423 重要度 A

防火地域内にある看板、広告塔、装飾塔その他これらに類する工作物で、建築物の屋上に設けるもの、又は、高さが３mを超えるものは、その主要な部分を不燃材料で造り、又は覆わなければならない。

合格ステップ ③35

Check 出題例

□ **準防火地域**内にある看板、広告塔で、建築物の屋上に設けるものは、必ずその主要な部分を不燃材料で造り、又は覆わなければならない。 (1994-24-4 ✕)

□ **準防火地域内**において建築物の屋上に看板を設ける場合は、その主要な部分を不燃材料で造り、又は覆わなければならない。 (2014-17-4 ✕)

講師からの アドバイス
この規定は準防火地域には適用されません。

Point 424 重要度 A

準防火地域内で耐火建築物又は延焼防止建築物としなければならないのは、地階を除く階数が **4** 以上、又は延べ面積が **1,500** m²を超える建築物である。

合格ステップ ③35

Check 出題例

□ 防火地域又は**準防火地域**において、延べ面積が **1,000m²** を超える建築物は、**すべて耐火建築物としなければならない。** (2007-21-3 ✕)

□ **準防火地域**内においては、延べ面積が **1,200m²** の建築物は**耐火建築物としなければならない。** (2004-21-1 ✕)

講師からの アドバイス
1,500m²を超えていないので、準防火地域においては、耐火建築物にする必要はありません。

Point 425 重要度 B

準防火地域内にある木造建築物等は、その外壁及び軒裏で延焼のおそれのある部分を**防火構造**としなければならない。

合格ステップ ③35

Check 出題例

□ **準防火地域**にある**木造建築物**の外壁及びその軒裏で延焼のおそれのある部分は、**防火構造**としなければならない。 (2001-20-2 ○ 正解肢)

法令上の制限

LEC東京リーガルマインド　2023年版 出る順宅建士 逆解き式！ 最重要ポイント555　**221**

Point 426 重要度 A

防火地域又は準防火地域内にある建築物で、外壁が耐火構造のものについては、その外壁を隣地境界線に接して設けることができる。

合格ステップ ③35

出題例

□防火地域にある建築物で、**外壁が耐火構造**のものについては、その外壁を隣地境界線に接して設けることができる。

(2016-18-1 ○ 正解肢)

Point 427 重要度 A

建築物が防火地域及び準防火地域にわたる場合は、原則として、その全部について防火地域内の建築物に関する規定が適用される。

合格ステップ ③35

出題例

□建築物が防火地域及び準防火地域にわたる場合においては、その全部について**準防火地域**内の建築物に関する規定が適用される。 (2001-20-3 ×)

講師からのアドバイス
厳しいほうである防火地域内の規定が適用されます。

Point 428 重要度 B

延べ面積が1,000 m²を超える建築物は、原則として、防火上有効な構造の防火壁又は防火床によって有効に区画し、かつ、各区画の床面積の合計をそれぞれ1,000 m²以内としなければならないが、耐火建築物又は準耐火建築物についてはその必要はない。

合格ステップ ③38

出題例

□防火地域又は準防火地域において、延べ面積が1,000m²を超える**耐火建築物**は、防火上有効な構造の**防火壁又は防火床で有効に区画**し、かつ、**各区画の床面積の合計をそれぞれ1,000m²以内**としなければならない。 (2007-21-4改 ×)

講師からのアドバイス
耐火建築物なので区画は不要です。

---

222 LEC東京リーガルマインド 2023年版 出る順宅建士 逆解き式！ 最重要ポイント555

Point 429
重要度 A

高さ 20 m を超える建築物には、周囲の状況によって安全上支障がない場合を除き、有効に避雷設備を設けなければならない。

合格ステップ ③39

Check! 出題例

□ 高さ25 m の建築物には、周囲の状況によって安全上支障がない場合を除き、有効に**避雷設備**を設けなければならない。
(2000-22-2　○　正解肢)

□ 高さ15 m の建築物には、周囲の状況によって安全上支障がない場合を除き、有効に**避雷設備**を設けなければならない。
(2014-17-3　✕)

Point 430
重要度 A

高さ 31 m を超える建築物には、原則として、非常用の昇降機を設けなければならない。

合格ステップ ③39

Check! 出題例

□ 高さが20 m を超える建築物には原則として**非常用の昇降機**を設けなければならない。
(2013-17-エ　✕)

□ 高さ30 m の建築物には、原則として非常用の昇降機を設けなければならない。
(2016-18-2　✕)

講師からの アドバイス
高さが31mを超えていないので、非常用の昇降機を設ける必要はありません。

Point 431
重要度 C

建築協定は、建築物の敷地、位置、構造、用途、形態、意匠又は建築設備に関して定めることができる。

合格ステップ ③40

Check! 出題例

□ 建築協定においては、建築協定区域内における建築物の用途に関する基準を**定めることができない**。
(2003-21-2　✕　正解肢)

講師からの アドバイス
建築協定とは、地域住民（土地所有者、借地権者）全員で決めた独自のルールのことです。

法令上の制限

LEC東京リーガルマインド　2023年版 出る順宅建士 逆解き式！ 最重要ポイント555　**223**

Point 432 重要度 C

認可の公告のあった建築協定は、公告の日以後に新たに当該建築協定区域内の土地の所有者及び借地権者となった者に対して、その効力が及ぶ。

合格ステップ ③40

出題例

□ 建築協定は、特定行政庁の認可を受ければ、その**認可の公告の日以後新たに当該建築協定区域内の土地の所有者となった者**に対しても、その**効力が及ぶ**。 　　　　(1993-24-4　○)

Point 433 重要度 A

都市計画区域・準都市計画区域内で建築物を新築する場合には、建築物の種類・規模にかかわらず建築確認が必要である。

合格ステップ ③41

出題例

□ **準都市計画区域**（都道府県知事が都道府県都市計画審議会の意見を聴いて指定する区域を除く。）内に**建築する木造の建築物で、2の階数を有するもの**は、**建築確認を必要としない**。 　　　　(2009-18-ア　✕)

講師からのアドバイス
建築基準法上、「建築」とは、建築物の新築、増改築、移転のことをいいます。

Point 434 重要度 A

防火地域又は準防火地域内において、増改築・移転を行う場合には、その部分の床面積の規模にかかわらず、建築確認が必要である。

合格ステップ ③41

出題例

□ 建築物の**改築**で、その改築に係る部分の床面積の合計が**10m²以内**のものであれば、**建築主事の確認の申請が必要となることはない**。 　　　(1998-20-2　✕　正解肢)

□ **準防火地域**内の階数が3である木造の建築物について、**増築**をする場合には、**増築に係る床面積が8m²**であれば、**確認を受ける必要はない**。 　　　(1988-22-2　✕)

講師からのアドバイス
防火地域・準防火地域では、10m²以内の増改築・移転であっても建築確認が必要です。

Point 435 重要度A

200 ㎡を超える特殊建築物について、新築・増改築・移転・大規模修繕・大規模模様替えをする場合、原則として建築確認が必要である。また、用途を変更して大規模な特殊建築物にする場合も、原則として、建築確認が必要である。

合格ステップ ③41

Check 出題例

□ 建築主は、**共同住宅**の用途に供する建築物で、その用途に供する部分の床面積の合計が**280 ㎡**であるものの大規模の修繕をしようとする場合、当該工事に着手する前に、当該計画について建築主事の**確認を受けなければならない**。
(2007-21-1改 ○ 正解肢)

□ 事務所の用途に供する建築物を、**飲食店**（その床面積の合計250㎡）に**用途変更**する場合、建築主事又は指定確認検査機関の**確認を受けなければならない**。
(2012-18-2改 ○ 正解肢)

□ **共同住宅**の用途に供する部分の床面積が**300 ㎡**の建築物を増築しようとする場合において、その増築に係る部分の床面積の合計が20㎡であるときは、**建築確認を受ける必要がある**。 (1995-23-2改 ○)

□ 延べ面積が**250㎡**の**自動車車庫**について大規模の修繕をする場合、鉄筋コンクリート造1階建てであれば、**建築確認を受ける必要はない**。 (1990-21-4改 × 正解肢)

□ **ホテル**の用途に供する建築物を共同住宅（その用途に供する部分の床面積の合計が**300㎡**）に用途変更する場合、**建築確認は不要である**。 (2017-18-4 × 正解肢)

□ **映画館**の用途に供する建築物で、その用途に供する部分の床面積の合計が**300㎡**であるものの改築をしようとする場合、**建築確認が必要である**。 (2015-17-4 ○)

言葉の意味

特殊建築物とは、劇場、映画館、病院、診療所、ホテル、旅館、下宿、共同住宅、学校、百貨店、マーケット、展示場、倉庫、自動車車庫などをいいます。

法令上の制限

Point 436
重要度 A

階数 3 以上、延べ面積 500 m² 超、高さ 13 m 超、軒高 9 m 超のいずれかを満たす**木造建築物**について、新築・増改築・移転・大規模修繕・大規模模様替えをする場合、原則として建築確認が必要である。

合格ステップ ③41

check 出題例

□ 木造3階建て、延べ面積500m²、高さ15mの一戸建て住宅について大規模の修繕をする場合は、**建築確認を受ける必要はない**。 (2004-21-2 ×)

□ 3階建て、延べ面積600m²、高さ10mの建築物が**木造**であり、都市計画区域外に建築する場合は、**確認済証の交付を受けなくとも、その建築工事に着手することができる。**
(2010-18-1 ×)

講師からのアドバイス
建築確認が必要な場合は、確認済証の交付を受けなければなりません。

Point 437
重要度 A

階数 2 以上又は延べ面積 200 m² 超の**木造以外の建築物**について、新築・増改築・移転・大規模修繕・大規模模様替えをする場合、原則として建築確認が必要である。

合格ステップ ③41

check 出題例

□ 階数が2で延べ面積が200㎡の**鉄骨造**の共同住宅の**大規模の修繕**をしようとする場合、建築主は、当該工事に着手する前に、確認済証の交付を受けなければならない。
(2020[10月]-17-1 ○ 正解肢)

講師からのアドバイス
「鉄骨」は「木造以外」です。なお、「事務所」は「特殊建築物」にはあたりません。

Point 438
重要度 B

建築主事は建築確認をする場合、原則として、消防長又は消防署長の**同意**を得なければならない。

合格ステップ ―

check 出題例

□ 建築確認を申請しようとする**建築主**は、あらかじめ、当該確認に係る建築物の所在地を管轄する消防長又は消防署長の同意を得ておかなければならない。 (2002-21-1 ×)

講師からのアドバイス
同意を得る必要があるのは「建築主」ではなく、建築主事です。

国土利用計画法

Point 439 重要度A

市街化区域で事後届出が必要となる面積は、2,000 m²以上である。

合格ステップ ③44

出題例

□ 宅建業者Aが所有する**市街化区域**内の**1,500m²**の土地について、宅建業者Bが購入する契約を締結した場合、Bは、その契約を締結した日から起算して2週間以内に国土利用計画法第23条に基づく都道府県知事への**事後届出を行わなければならない**。　　　　　　　　(2008-17-1　×)

□ Fが所有する**市街化区域**に所在する面積5,000m²の一団の土地を分割して、**1,500m²をGに、3,500m²をH**に売却する契約をFがそれぞれG及びHと締結した場合、**Gは国土利用計画法第23条の事後届出を行う必要はないが、Hは事後届出を行う必要がある**。　　　　(2003-16-3　○　正解肢)

講師からのアドバイス
1,500m²しか取得していないGは届出不要ですが、3,500m²取得しているHは届出が必要です。

Point 440 重要度A

市街化調整区域・区域区分の定めのない都市計画区域で事後届出が必要となる面積は、5,000 m²以上である。

合格ステップ ③44

出題例

□ 個人Dが所有する**市街化調整区域**内の**6,000m²**の土地について、宅建業者Eが購入する契約を締結した場合、Eは、その契約を締結した日から起算して2週間以内に国土利用計画法第23条に基づく都道府県知事への**事後届出を行わなければならない**。　　　　　　　　(2008-17-3　○　正解肢)

Point 441 重要度 A

都市計画区域外で事後届出が必要となる面積は、10,000 m² 以上である。

合格ステップ ③44

出題例

□ 宅建業者Eが所有する**都市計画区域外**の13,000m²の土地について、**4,000m²を宅建業者Fに、9,000m²を宅建業者G**に売却する契約を締結した場合、**F及びGはそれぞれ**、その契約を締結した日から起算して2週間以内に国土利用計画法第23条の都道府県知事への**事後届出を行わなければならない**。 (2009-15-4 ×)

講師からの**アドバイス**

事後届出の面積要件は、買主（権利取得者）を基準に判断します。F・Gともに10,000m²未満しか取得していないため、届出は不要です。

□ 宅建業者であるCとDが、**都市計画区域外**の**2ha**の土地について、Dを権利取得者とする売買契約を締結した場合には、Dは国土利用計画法第23条の事後届出を行わなければ**ならない**。 (2007-17-2 ○ 正解肢)

□ Dが所有する都市計画法第5条の2に規定する**準都市計画区域内**に所在する面積**7,000m²**の土地について、Eに売却する契約を締結した場合、Eは国土利用計画法第23条の**事後届出をする必要がある**。 (2004-16-3 ×)

講師からの**アドバイス**

都市計画区域外には、準都市計画区域も含まれます。

Point 442 重要度 A

予約契約は、事後届出が必要な土地売買等の契約に該当する。

合格ステップ ③43

出題例

□ 宅建業者Cが所有する**市街化調整区域**内の6,000m²の土地について、宅建業者Dが購入する旨の**予約**をした場合、Dは当該予約をした日から起算して2週間以内に国土利用計画法第23条の都道府県知事への**事後届出を行わなければならない**。 (2009-15-3 ○ 正解肢)

講師からの**アドバイス**

市街化調整区域において事後届出が必要となる土地の規模は5,000m²以上です。

Point 443 重要度 A
交換契約は、事後届出が必要な土地売買等の契約に該当する。

合格ステップ ③43

出題例

□ Fが所有する市街化区域内に所在する面積4,500㎡の甲地とGが所有する市街化調整区域内に所在する面積5,500㎡の乙地を金銭の授受を伴わずに**交換**する契約を締結した場合、F、Gともに国土利用計画法第23条の**事後届出をする必要がある**。　　　　　　　　　　(2004-16-4　○　正解肢)

□ 土地を**交換**する契約を締結した場合、**金銭の授受がなければ**、国土利用計画法第23条の**届出が必要となることはない**。
　　　　　　　　　　　　　　　　　　　(2000-16-1　×)

講師からのアドバイス
Gは市街化区域内の4,500㎡の土地を、Fは市街化調整区域内の5,500㎡の土地を、それぞれ交換契約により取得しているので、どちらも事後届出が必要です。

Point 444 重要度 A
権利金の授受のある賃貸借契約は、事後届出に必要な土地売買等の契約に該当する。

合格ステップ ③43

出題例

□ Eが所有する都市計画区域外の面積5,000㎡の土地をFが**賃借し、その対価として権利金を支払う**契約がEF間で締結された場合、Fは契約締結日から起算して2週間以内に国土利用計画法第23条の**事後届出を行う必要がある**。
　　　　　　　　　　(2002-16-3　×　正解肢)

□ 市街化区域に所在する一団の土地である甲土地(面積1,500㎡)と乙土地(面積1,500㎡)について、甲土地については売買によって所有権を取得し、乙土地については**対価の授受を伴わず賃借権の設定を受けた**Aは、**事後届出を行わなければならない**。　　　　　　　　(2015-21-4　×)

講師からのアドバイス
都市計画区域外において事後届出が必要となる土地の規模は10,000㎡以上です。

Point 445 重要度 A

事後届出の場合、一団の土地であるか否かは、権利取得者を基準に判断する。

合格ステップ ③45

出題例

□ Aが、**市街化区域**において、Bの所有する面積**3,000㎡の土地を一定の計画に基づき1,500㎡ずつ順次購入**した場合、Aは国土利用計画法第23条の**事後届出を行う必要はない**。

(2005-17-1 ×)

講師からのアドバイス

権利取得者Aは市街化区域内で3,000㎡取得していますので届出が必要です。

□ 一団の造成宅地を数期に分けて不特定多数の者に分譲する場合において、**それぞれの分譲面積は事後届出の対象面積に達しないが**、その合計面積が事後届出の対象面積に達するときは、国土利用計画法第23条の**事後届出が必要**である。

(1999-16-2 ×)

講師からのアドバイス

権利取得者の取得面積が届出対象面積に達しない以上、届出は不要です。

Point 446 重要度 A

契約の当事者の一方又は双方が国・地方公共団体の場合は、事後届出は不要である。

合格ステップ ③46

出題例

□ 国土利用計画法によれば、**甲県が所有する**都市計画区域内の7,000㎡の土地を甲県から買い受けた者は、**事後届出を行う必要はない**。 (2013-22-2 ○ 正解肢)

□ **甲市が所有する**市街化区域に所在する面積3,000㎡の土地をIに売却する契約を、甲市とIが締結した場合、Iは国土利用計画法第23条の**事後届出を行う必要がある**。

(2003-16-4 ×)

□ **乙市が所有する**市街化調整区域内の10,000㎡の土地と**丙市が所有する**市街化区域内の2,500㎡の土地について、宅建業者Dが購入する契約を締結した場合、Dは国土利用計画法第23条の都道府県知事への**事後届出を行う必要はない**。

(2010-15-3 ○ 正解肢)

Point 447 重要度A

事後届出は、権利取得者が契約を締結した日から2週間以内に、市町村長を経由して都道府県知事に対して行わなければならない。

合格ステップ ③47

出題例

☐ 個人Dが所有する市街化調整区域内の6,000 m²の土地について、宅建業者Eが購入する契約を締結した場合、Eは、その**契約を締結した日から起算して2週間以内**に国土利用計画法第23条に基づく**都道府県知事への**事後届出を行わなければならない。　　　　　　　　　　　(2008-17-3　○　正解肢)

☐ 土地売買等の契約を締結した場合には、当事者のうち当該契約による権利取得者は、その契約に係る土地の**登記を完了した日から起算して2週間以内**に、国土利用計画法第23条の**事後届出を行わなければならない**。　　　　(2006-17-1　×)

講師からのアドバイス
「登記を完了した日から」2週間ではありません。

Point 448 重要度A

事後届出をし、土地の利用目的について勧告を受けた者がその勧告に従わないときは、その旨及びその勧告の内容を公表されることはあるが、罰則を受けることはなく、契約は有効である。

合格ステップ ③47

出題例

☐ 国土利用計画法第23条の事後届出に係る土地の利用目的について勧告を受けた場合において、その勧告を受けた者がその**勧告に従わなかったとき**は、その旨及びその勧告の内容を公表されるとともに、**罰金に処せられることがある**。
　　　　　　　　　　　　　　　　　　　　(1999-16-4　×)

講師からのアドバイス
罰金に処せられることはありません。

☐ 国土利用計画法第23条の都道府県知事への事後届出に係る土地の利用目的について、丁県知事から勧告を受けた宅建業者Eが**勧告に従わなかった場合**、丁県知事は、その旨及びその勧告の内容を**公表しなければならない**。
　　　　　　　　　　　　　　　　　　　　(2010-15-4　×)

講師からのアドバイス
公表は義務ではありません。

Point 449 重要度 B

事後届出に係る土地の利用目的について、都道府県知事が必要な助言をした場合、届出をした者がその助言に従わなくても、その内容等が公表されることはない。

合格ステップ ③47

出題例

☐ 宅建業者Bが行った国土利用計画法第23条の都道府県知事への届出（事後届出）に係る土地の利用目的について、都道府県知事が適正かつ合理的な土地利用を図るために必要な助言をした場合、Bがその**助言に従わないとき**は、当該知事は、その旨及び助言の内容を**公表しなければならない**。

(2009-15-2 ✗)

☐ 国土利用計画法第23条の事後届出に係る土地の利用目的について、都道府県知事が当該土地を含む周辺の地域の適正かつ合理的な土地利用を図るために必要な助言をした場合において、届出をした者がその**助言に従わなかったとき**は、その旨を**公表される**。

(2000-16-2 ✗)

講師からのアドバイス
「勧告」と異なり、「助言」に従わなくても公表されることはありません。

Point 450 重要度 A

事後届出制において、対価の額について審査・勧告されることはない。

合格ステップ ③47

出題例

☐ 都道府県知事は、国土利用計画法第23条の事後届出があった場合において、その届出書に記載された土地に関する権利の移転等の対価の額が土地に関する権利の相当な価額に照らし著しく適正を欠くときは、当該**対価の額**について必要な変更をすべきことを**勧告することができる**。 (2006-17-3 ✗)

☐ 都道府県知事は、**事後届出**に係る土地の利用目的及び**対価の額**について、届出をした宅建業者に対し**勧告することができ**、都道府県知事から勧告を受けた当該業者が勧告に従わなかった場合、その旨及びその勧告の内容を公表することができる。 (2020[12月]-22-1 ✗)

講師からのアドバイス
事後届出制において、対価の額については、「届出書」に記載しなければなりませんが、審査・勧告の対象とはなっていません。

Point 451 重要度A

所定の期間内に事後届出をしなかった場合、6ヵ月以下の懲役又は100万円以下の罰金に処せられる。

合格ステップ ③47

出題例

□ 事後届出が必要な土地売買等の契約により権利取得者となった者が国土利用計画法第23条の事後届出を行わなかった場合には、都道府県知事から当該届出を行うよう勧告されるが、罰則の適用はない。　(2007-17-3 ×)

□ 宅建業者Aが、自ら所有する市街化区域内の5,000㎡の土地について、宅建業者Bに売却する契約を締結した場合、Bが契約締結日から起算して2週間以内に国土利用計画法第23条の都道府県知事への事後届出を行わなかったときは、A及びBは6月以下の懲役又は100万円以下の罰金に処せられる場合がある。　(2010-15-1 ×)

講師からのアドバイス
罰則が適用されるのは届出義務があるBです。

Point 452 重要度A

事前届出の場合、一団の土地であるか否かは、当事者双方を基準に判断される。

合格ステップ ③48

出題例

□ 市街化区域内（注視区域内）の丙地（C所有2,000㎡）について、Cが丙地を分割して、1,000㎡をDと、残りの1,000㎡をEと、それぞれ売買契約を締結しようとする場合、届出をする必要はない。　(1994-18-2改 ×)

講師からのアドバイス
売主・買主のいずれかが対象面積に達していれば事前届出が必要です。売主Cが2,000㎡売却しているため、届出が必要です。

□ 注視区域内にある一団の造成宅地を第一期、第二期に分けて分譲する場合において、それぞれの分譲面積が届出対象面積に達しないときは、その合計面積が届出対象面積に達する場合でも事前届出をする必要はない。　(1996-18-1改 ×)

講師からのアドバイス
売主が対象面積に達しているため、事前届出が必要です。

農地法

Point 453
重要度 **A**

現況が農地であれば、農地法上の農地にあたる。

合格ステップ ③50

出題例

□ 山林を開墾し現に農地として耕作している土地であっても、土地登記簿上の地目が山林であれば、農地法の適用を受ける農地とはならない。　　　　　　　　　　　(2014-21-4 ✕)

□ 現況は農地であるが、土地登記簿上の地目が原野である市街化調整区域内の土地を駐車場にするために取得する場合は、農地法第5条第1項の許可を受ける必要はない。

(2008-24-1 ✕)

□ 現況は農地であるが、土地登記簿上の地目が「山林」である土地を住宅建設の目的で取得する場合には、農地法第5条の許可を要しない。　　　　　　　　　　　　(2001-23-1 ✕)

> **講師からのアドバイス**
> 「土地登記簿上の地目」は関係ありません。現況で判断します。

Point 454
重要度 **A**

農地に抵当権を設定する場合、農地法3条の許可は不要である。

合格ステップ ③51

出題例

□ 銀行から500万円を借り入れるために農地に抵当権を設定する場合、農地法第3条第1項又は第5条第1項の許可を受ける必要がある。　　　　　　　　　　　　　(2017-15-3 ✕)

□ 農業者が住宅の改築に必要な資金を銀行から借りるために、自己所有の農地に抵当権を設定する場合には、農地法第3条第1項の許可を受ける必要はない。

(2014-21-3 ◯　正解肢)

> **講師からのアドバイス**
> 農地法3条は「権利移動」を規制しています。抵当権は使用収益を目的とする権利ではないため、「権利移動」にはあたりません。

Point 455 重要度A

都道府県が農地を取得する場合は、農地法3条の許可は不要である。

合格ステップ ③52

出題例

☐ 都道府県が農地を耕作の目的に供するために取得する場合には、農地法第3条の許可を受ける必要はない。

(2000-25-3改 ○)

Point 456 重要度A

遺産分割・相続による農地の取得には、農地法3条の許可は不要であるが、遅滞なく、農業委員会にその旨を届け出なければならない。

合格ステップ ③52

出題例

☐ 農地を相続した場合、その相続人は、農地法第3条第1項の許可を受ける必要はないが、遅滞なく、農業委員会にその旨を届け出なければならない。 (2010-22-1 ○)

講師からのアドバイス
遺産分割・相続による取得の場合には、農業委員会への届出が必要です。

Point 457 重要度A

市街化区域内の農地を取得する場合、原則として、農地法3条の許可は必要である。

合格ステップ ③52

出題例

☐ 市街化区域内の農地を耕作の目的に供するために取得する場合は、あらかじめ農業委員会に届け出れば、農地法第3条第1項の許可を受ける必要はない。 (2005-25-2 ×)

☐ 市街化区域内の農地について、耕作の目的に供するために競売により所有権を取得しようとする場合には、その買受人は農地法第3条第1項の許可を受ける必要はない。

(2014-21-2 ×)

講師からのアドバイス
市街化区域内の農地を耕作目的で取得する場合(農地法3条の適用場面)は、市街化区域内の特則はなく、原則どおり、農業委員会の許可が必要です。

法令上の制限

Point 458
重要度 A

農地を農地以外のものに転用する場合、原則として農地法４条の許可は必要である。

合格ステップ ③51

出題例

☐ 農業者が相続により取得した市街化調整区域内の農地を自己の住宅用地として転用する場合でも、農地法第４条第１項の許可を受ける必要がある。　（2013-21-4　○　正解肢）

☐ 農家が自己所有する市街化調整区域内の**農地を転用**して、そこに**自ら居住する住宅を建設する場合**には、農地法第４条の**許可を受ける必要がある**。　（2000-25-2　○）

☐ 農業者が自己所有の市街化区域外の農地に**自己の居住用の住宅を建設するため転用する場合**は、農地法第４条第１項の許可を受ける必要はない。　（2015-22-3　✕）

> **講師からのアドバイス**
> これに対し、採草放牧地を採草放牧地以外のものに転用する場合は４条許可は不要です。

Point 459
重要度 A

２アール未満の農地を農業用施設に供する場合、農地法４条の許可は不要である。

合格ステップ ③52

出題例

☐ 農業者が、自ら**農業用倉庫**として利用する目的で自己の所有する**農地を転用する場合**には、**転用する農地の面積の規模にかかわらず**、農地法第４条第１項の**許可を受ける必要がある**。　（2006-25-4　✕）

☐ 農地の所有者がその農地のうち２アールを自らの養畜の事業のための**畜舎の敷地に転用しようとする場合**、農地法第４条の**許可を得る必要はない**。　（2003-23-3　✕）

> **講師からのアドバイス**
> ２アール未満であれば許可が不要です。

> **講師からのアドバイス**
> ２アールは「２アール未満」ではありませんので、許可が必要です。

Point 460 重要度 A

農地法4条の許可を受けた農地でも、転用目的で所有権を移転する場合、改めて農地法5条の許可が必要である。

合格ステップ ③51

出題例

□ 農業者が、住宅を建設するために農地法第4条第1項の許可を受けた農地をその後住宅建設の工事着工前に宅地として売却する場合、**改めて農地法第5条第1項の許可を受ける必要はない。**　　　　　　　　　　　　　　　(2006-25-2　✕)

□ 農地法第4条の許可を受けた農地について、転用工事に着手する前に同一の転用目的で第三者にその所有権を移転する場合には、**改めて農地法第5条の許可を要しない。**
　　　　　　　　　　　　　　　　　　　　(2001-23-4　✕)

講師からのアドバイス
改めて5条の許可が必要です。

Point 461 重要度 A

農地を資材置場等に転用するために取得する場合は、一時的なものであっても、農地に復元して返還する予定であっても、原則として農地法5条の許可が必要である。

合格ステップ ―

出題例

□ 建設業者が、農地に復元して返還する条件で、市街化調整区域内の**農地を一時的に資材置場として借りる場合は、農地法第5条第1項の許可を受ける必要がある。**
　　　　　　　　　　　　　　(2008-24-2　〇　正解肢)

□ 建設業者が、工事終了後農地に復元して返還する条件で、市街化調整区域内の**農地を6カ月間資材置場として借り受けた場合、農地法第5条の許可を受ける必要はない。**
　　　　　　　　　　　　　　　　　　　(2002-23-3　✕)

□ 建設業者が**農地を工事期間中資材置場として借り受け、工事終了後速やかに農地に復元して返還する場合、農地法第5条の許可を要しない。**　　　　　　(1994-27-3　✕)

講師からのアドバイス
「農地に復元して返還する条件」が付いていようと、「6ヵ月間」という一時的なものであろうと、5条の許可が必要です。

法令上の制限

Point 462
重要度 A

市街化区域内での転用又は転用目的権利移動は、あらかじめ農業委員会に届出をすれば、農地法4条又は5条の許可は不要である。

合格ステップ ③52

出題例

□ **市街化調整区域**内の農地を宅地に転用する場合は、あらかじめ農業委員会へ届出をすれば、**農地法第4条第1項の許可を受ける必要はない。** (2008-24-3 ✕)

> **講師からのアドバイス**
> 「市街化調整区域内」の農地を転用する場合、「許可」に代わる「届出」の制度はありません。

□ **市街化区域**内において2ha(ヘクタール)の農地を住宅建設のために取得する者は、**農地法第5条第1項の都道府県知事の許可を受けなければならない。** (2009-22-3 ✕)

> **講師からのアドバイス**
> 農業委員会に届出をすれば5条の許可は不要です。

□ 住宅を建設する目的で**市街化区域**内の農地の所有権を取得するに当たって、あらかじめ農業委員会に届け出た場合には、**農地法第5条第1項の許可を受ける必要はない。**

(2007-25-2 ○ 正解肢)

□ 農業者が、**市街化調整区域**内の耕作しておらず遊休化している自己の農地を、自己の住宅用地に転用する場合、あらかじめ農業委員会へ届出をすれば、**農地法第4条第1項の許可を受ける必要がない。** (2016-22-4 ✕)

> **講師からのアドバイス**
> 遊休化している農地(いわゆる休耕地)も農地にあたります。

□ **市街化区域**内の農地を宅地とする目的で権利を取得する場合は、あらかじめ農業委員会に届出をすれば**農地法第5条の許可は不要である。** (2018-22-1 ○ 正解肢)

□ **市街化区域**内の農地を自家用駐車場に転用する場合、**農地法第4条第1項の許可が必要である。** (2019-21-3 ✕)

□ **市街化区域**内の自己所有の農地を駐車場に転用するため、あらかじめ農業委員会に届け出た場合には、**農地法第4条第1項の許可を受ける必要がない。**

(2021[12月]-21-4 ○ 正解肢)

238 LEC東京リーガルマインド 2023年版 出る順宅士 逆解き式! 最重要ポイント555

Point 463 重要度 A 農地法3条又は5条の許可を受けないでした行為は、効力を生じない。

合格ステップ ③52

出題例

☐ 農地法第3条第1項の許可が必要な農地の売買については、この**許可を受けずに売買契約を締結しても所有権移転の効力は生じない**。 (2020[10月]-21-1 ○ 正解肢)

☐ 耕作目的で農地の売買契約を締結し、代金の支払をした場合でも、**農地法第3条第1項の許可を受けていなければその所有権の移転の効力は生じない**。 (2006-25-3 ○ 正解肢)

Point 464 重要度 A 都道府県知事は、農地法4条又は5条の許可を受けずに転用を行った者に対して、工事の停止、**原状回復**、その他違反を是正するために必要な措置を命ずることができる。

合格ステップ ③52

出題例

☐ 都道府県知事は、農地法第5条第1項の許可を要する農地取得について、その**許可を受けずに農地の転用を行った者**に対して、必要な限度において**原状回復を命ずることができる**。 (2009-22-4 ○ 正解肢)

☐ 都道府県知事は、農地法第5条の許可を要する転用について、その**許可を受けずに転用を行った者**に対して、**原状回復を命ずることができる**。 (2002-23-4 ○ 正解肢)

☐ 農地法の許可を受けずに農地を宅地として造成した者は、都道府県知事から工事の停止、**原状回復**、その他違反を是正するため必要な措置を行うよう**命ぜられることがある**。 (1985-26-3 ○)

法令上の制限

土地区画整理法

Point 465 重要度 B
土地区画整理事業は、**都市計画区域内**の土地について施行される。

合格ステップ ―

出題例

□ 土地区画整理組合が施行する土地区画整理事業は、**市街化調整区域内**において**施行されることはない**。

(2000-21-2　×　正解肢)

講師からのアドバイス
市街化調整区域は都市計画区域内にあります。

Point 466 重要度 B
宅地について所有権又は借地権を有する者が設立する**土地区画整理組合**は、一定の区域の土地について土地区画整理事業を施行することができる。

合格ステップ ③53

出題例

□ 宅地について所有権又は借地権を有する者が設立する**土地区画整理組合**は、当該権利の目的である宅地を含む一定の区域の土地について**土地区画整理事業を施行することができる**。

(2007-24-3　○　正解肢)

□ 宅地について所有権を有する者が設立する**土地区画整理組合**は、当該権利の目的である宅地を含む一定の区域の土地について**土地区画整理事業を施行することができる**。

(2010-21-3　○)

Point 467
重要度 **A**

組合施行の土地区画整理事業において、施行地区内の宅地について所有権又は借地権を有する者は、すべてその組合の組合員となる。

合格ステップ ③**53**

出題例

☐ 組合施行の土地区画整理事業において、施行地区内の宅地について所有権を有する組合員から当該**所有権の一部のみを承継した者**は、当該組合の**組合員とはならない**。

(2006-24-1 ✕)

☐ 組合施行の土地区画整理事業において、施行地区内の宅地について所有権又は借地権を有する者は、すべてその組合の組合員となるので、当該宅地について**事業施行中に組合員から所有権を取得した者**は、当該組合の**組合員となる**。

(2004-22-4 ◯ 正解肢)

> **講師からのアドバイス**
>
> 「所有権の一部のみを承継した者」も、「事業施行中に組合員から所有権を取得した者」も組合員となります。

Point 468
重要度 **B**

土地区画整理事業についての各認可等が公告された後、換地処分の公告がある日までは、施行地区内において、事業施行の障害となるおそれのある土地の形質の変更や建築物の建築等を行おうとする者は、国土交通大臣施行の場合は国土交通大臣、その他の場合は都道府県知事等の許可を受けなければならない。

合格ステップ ③**54**

出題例

☐ 土地区画整理組合の設立の認可の公告があった日以後、換地処分の公告がある日までは、施行地区内において、土地区画整理事業の施行の障害となるおそれがある建築物の新築を行おうとする者は、**土地区画整理組合の許可**を受けなければならない。 (2022-20-1 ✕ 正解肢)

> **講師からのアドバイス**
>
> 国土交通大臣以外の者が施行する土地区画整理事業にあっては都道府県知事（市の区域内において個人施行者、組合、区画整理会社が施行し、又は市が施行する土地区画整理事業にあっては当該市の長）の許可を受けなければなりません。

法令上の制限

LEC東京リーガルマインド 2023年版 出る順宅建士 逆解き式！ 最重要ポイント555 **241**

Point 469 重要度 C

施行者は、施行地区内の宅地について換地処分を行うため、換地計画を定めなければならない。この場合において、施行者が個人施行者、組合、区画整理会社、市町村又は機構等であるときは、その換地計画について都道府県知事の認可を受けなければならない。

合格ステップ ー

出題例

☐ 施行者は、施行地区内の宅地について換地処分を行うため、換地計画を定めなければならない。この場合において、当該施行者が土地区画整理組合であるときは、その換地計画について**市町村長の認可を受けなければならない。**

(2014-20-2 ✕)

講師からのアドバイス
都道府県知事の認可が必要であり、市町村長の認可は不要です。

Point 470 重要度 C

土地区画整理組合が仮換地を指定しようとする場合、あらかじめ、その指定について、総会もしくはその部会又は総代会の同意を得なければならない。

合格ステップ ー

出題例

☐ 土地区画整理事業の施行者である土地区画整理組合が、施行地区内の宅地について仮換地を指定する場合、あらかじめ、**土地区画整理審議会の意見**を聴かなければならない。

(2008-23-1 ✕ 正解肢)

☐ 土地区画整理組合は、仮換地を指定しようとする場合においては、あらかじめ、その指定について、**土地区画整理審議会の意見**を聴かなければならない。 (2002-22-4 ✕)

講師からのアドバイス
土地区画整理審議会の意見を聴かなければならないのは、公的施行の場合です。

242 LEC東京リーガルマインド 2023年版 出る順宅建士 逆解き式! 最重要ポイント555

Point 471
重要度 **A**

仮換地が指定された場合においては、従前の宅地について権原に基づき使用し、又は収益することができる者は、仮換地の指定の効力発生の日から換地処分の公告がある日まで、仮換地について、従前の宅地について有する権利の内容である使用・収益と同じ使用・収益をすることができる。

合格ステップ ③56

出題例

□ 仮換地が指定された場合においては、**従前の宅地について権原に基づき使用し、又は収益することができる者**は、仮換地の指定の効力発生の日から換地処分の公告がある日まで、**仮換地について**、従前の宅地について有する権利の内容である使用又は収益と同じ**使用又は収益をすることができる。**

(2008-23-3、2009-21-2 〇)

□ 仮換地が指定されても、**従前の宅地を権原に基づき使用することができる者**は、換地処分の公告のある日までの間、**従前の宅地を使用することができる。** (1993-25-4 ✕)

講師からのアドバイス

従前の宅地について権原に基づき使用し、又は収益することができる者（たとえば、従前の宅地の所有者）が使用収益できるのは、仮換地です。

Point 472
重要度 **A**

仮換地の指定を受けた場合、使用又は収益することができる者のなくなった従前の宅地は、換地処分の公告がある日までは、施行者が管理する。

合格ステップ ―

出題例

□ 仮換地の指定を受けた場合、その処分により使用し、又は収益することができる者のなくなった従前の宅地は、当該処分により当該宅地を使用し、又は収益することができる者のなくなった時から、換地処分の公告がある日までは、**施行者が管理する**ものとされている。 (2008-23-4 〇)

□ 土地区画整理組合が仮換地を指定した場合において、当該処分によって使用し又は収益することができる者のなくなった従前の宅地については、換地処分の公告がある日までは、当該宅地の存する**市町村がこれを管理する。**

(2002-22-3 ✕)

講師からのアドバイス

「市町村」が管理するのではなく、施行者が管理します。

法令上の制限

LEC東京リーガルマインド 2023年版 出る順宅建士 逆解き式！ 最重要ポイント555 **243**

Point 473 重要度 B
施行者は、仮換地を指定した場合、特別の事情があるときは、その仮換地について 使用又は収益を開始 することができる日を仮換地の指定の効力の発生の日と別に定めることができる。

合格ステップ ③56

出題例

□ 土地区画整理事業の施行者は、仮換地を指定した場合において、特別の事情があるときは、その**仮換地について使用又は収益を開始することができる日**を**仮換地の指定の効力発生日と別に定めることができる**。　　　　　　　　　　（2002-22-1　○　正解肢）

□ 仮換地の指定を受けた者は、その使用収益を開始できる日が仮換地指定の効力発生日と別に定められている場合、その使用収益を開始できる日まで**従前の宅地を使用収益することができる**。　　　　　　　　　　　　　　　　（1996-27-4　✕）

講師からのアドバイス
仮換地の指定を受けた者は、仮換地の指定の効力発生の日から仮換地の使用収益を開始できる日までは、従前の宅地も仮換地も使用収益することはできません。

Point 474 重要度 A
換地処分は、原則として換地計画に係る区域の全部について土地区画整理事業の工事が完了した後において行わなければならないが、規準、規約、定款又は施行規程に別段の定めがあれば、区域の全部について土地区画整理事業の 工事が完了する以前 においても、換地処分をすることができる。

合格ステップ ③57

出題例

□ 換地処分は、換地計画に係る区域の全部について土地区画整理事業の**工事がすべて完了した後でなければする**ことができない。　　　　　　　　　　　　　　　　　（2006-24-3　✕）

講師からのアドバイス
工事完了以前においても換地処分ができる場合があるため、誤りです。

□ 個人施行者は、**規準又は規約に別段の定めがある場合**においては、換地計画に係る区域の全部について土地区画整理事業の**工事が完了する以前においても換地処分をすることができる**。　　　　　　　　　（2013-20-1　○　正解肢）

講師からのアドバイス
本肢は、個人施行になっていますが、組合施行であっても結論は異なりません。

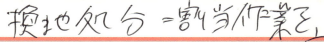

Point 475 重要度 A
換地を定めなかった従前の宅地について存する権利は、換地処分の公告があった日が終了した時において消滅する。

合格ステップ ③58

出題例

☐ 換地処分の公告があった場合においては、換地計画において定められた換地は、その公告があった日の翌日から従前の宅地とみなされ、換地計画において**換地を定めなかった従前の宅地について存する権利**は、その公告があった日が終了した時において**消滅する**。　　　　　　　　　(2009-21-4　○)

Point 476 重要度 A
換地計画において定められた換地は、換地処分の公告があった日の翌日から従前の宅地とみなされ、従前の宅地について存した権利は、原則として換地の上に存続する。

合格ステップ ③58

出題例

☐ 換地計画において定められた**換地**は、換地処分の公告があった日の翌日から、**従前の宅地とみなされる**。
　　　　　　　　　　(1993-25-1　○　正解肢)

☐ 換地処分の公告があった場合においては、換地計画において定められた**換地**は、その公告があった日の翌日から**従前の宅地とみなされるため、従前の宅地について存した抵当権は、換地の上に存続する**。　　　　(2005-23-3　○)

☐ 換地処分に係る公告後、**従前の宅地について存した抵当権**は消滅するので、**換地に移行することはない**。

　　　　　　　　　　　　　　　　(2003-22-3　×)

講師からのアドバイス
抵当権は消滅せず、換地に移行します。

法令上の制限

245

Point 477 重要度 A

地役権は、換地処分の公告があった日の翌日以後においても、なお、従前の宅地の上に存する。ただし、事業の施行により行使する利益のなくなった地役権は、換地処分の公告があった日の終了時に消滅する。

合格ステップ ③58

Check 出題例

□施行地区内の宅地について存する**地役権**は、換地処分により、**換地に移行する**。 (1994-26-3 ✕)

□施行地区内の宅地について存する地役権は、**行使する利益がなくなった場合を除き**、換地処分に係る公告があった日の翌日以後においても、なお**従前の宅地の上に存する**。

(2003-22-2 ○ 正解肢)

講師からのアドバイス
地役権は、行使する利益がなくなれば消滅し、そうでなければ従前の宅地に存します。換地には移行しません。

Point 478 重要度 A

換地計画において定められた保留地は、換地処分の公告があった日の翌日において、すべて施行者が取得する。

合格ステップ ③58

Check 出題例

□**土地区画整理組合が施行する**土地区画整理事業の換地計画において保留地が定められた場合、当該保留地は、換地処分の公告のあった日の翌日において**すべて土地区画整理組合が取得する**。 (1998-23-2 ○ 正解肢)

講師からのアドバイス
施行者である組合が取得します。

□**組合施行事業**における保留地は、換地処分の公告のあった日の翌日に、**各組合員が**、従前の宅地に係る権利の価額に応じて**取得する**。 (1992-27-4 ✕)

講師からのアドバイス
各組合員ではなく、施行者である組合が取得します。

□**組合施行**の土地区画整理事業において、定款に特別の定めがある場合には、換地計画において、**保留地の取得を希望する宅建業者に当該保留地に係る所有権が帰属**するよう定めることができる。 (2006-24-4 ✕)

講師からのアドバイス
組合施行なので、組合以外に所有権が帰属するよう定めることはできません。

---

246 LEC東京リーガルマインド 2023年版 出る順宅建士 逆解き式！ 最重要ポイント555

宅地造成等規制法

Point 479 重要度 B

都道府県知事は、関係市町村長の意見を聴いて、宅地造成に伴い災害が生ずるおそれが大きい市街地又は市街地となろうとする土地の区域であって、宅地造成に関する工事について規制を行う必要のあるものを宅地造成工事規制区域として指定することができる。

合格ステップ ③60

出題例

□ 宅地造成**工事規制区域**は、宅地造成に伴い災害が生ずるおそれが大きい市街地又は市街地になろうとする土地の区域であって、宅地造成に関する工事につき規制を行う必要があるものについて、**国土交通大臣が指定**することができる。

(2020[12月]-19-1　×　正解肢)

講師からのアドバイス
国土交通大臣が、指定するのではありません。

Point 480 重要度 A

宅地造成工事規制区域内において行われる宅地造成に関する工事について、造成主は、当該工事に着手する前に、都道府県知事の許可を受けなければならない。

合格ステップ ③60

出題例

□ 宅地造成等規制法によれば、宅地造成工事規制区域内において宅地造成に関する**工事を行おうとする造成主**は、原則として都道府県知事の許可を受けなければならない。

(1999-25-2　○)

□ 宅地造成等規制法によれば、宅地造成工事規制区域内において行われる宅地造成に関する**工事の請負人**は、工事に着手する前に、原則として都道府県知事の許可を受けなければならない。

(2001-24-1　×　正解肢)

講師からのアドバイス
許可を受けるのは「工事の請負人」ではありません。

Point 481
重要度 A

宅地以外の土地を宅地にするための切土であって、切土部分に **2m** を超える崖を生ずるものは、宅地造成に該当する。

合格ステップ ③60

Check 出題例

□ 宅地造成工事規制区域内において、**切土**であって、当該切土をする土地の面積が400m²で、かつ、**高さ1mの崖を生**ずることとなるものに関する工事を行う場合には、都市計画法第29条第1項又は第2項の許可を受けて行われる当該許可の内容に適合した工事を除き、**都道府県知事の許可を受けなければならない。** (2009-20-2 ✕ 正解肢)

講師からのアドバイス

高さ1mの切土は、宅地造成にあたりませんので、都道府県知事の許可は不要です。

Point 482
重要度 A

宅地以外の土地を宅地にするための盛土であって、盛土部分に **1m** を超える崖を生ずるものは、宅地造成に該当する。

合格ステップ ③60

Check 出題例

□ 宅地造成工事規制区域内の**農地**に**盛土**をして**高さ2mのがけ**を生じる場合、引き続き農地として利用するときは、都道府県知事の許可を受ける必要はないが、**宅地に転用するとき**は、その旨**届け出なければならない。** (1994-25-1 ✕)

講師からのアドバイス

農地として利用する場合は宅地造成にあたらず、許可は不要ですが、農地を宅地にするため1mを超える崖を生ずる盛土をする場合、届出ではなく許可が必要です。

Point 483
重要度 A

宅地以外の土地を宅地にするための切土又は盛土であって、切土又は盛土の面積が **500 m²** を超えるものは、宅地造成に該当する。

合格ステップ ③60

Check 出題例

□ 宅地以外の土地を宅地にするための盛土であって、当該盛土を行う土地の**面積が1,000m²**であり、かつ、高さが

248 LEC東京リーガルマインド 2023年版 出る順宅建士 逆解き式！ 最重要ポイント555

80 cm のがけを生ずることとなる土地の形質の変更は、**宅地造成に該当する。** (2004-23-4 ○)

Point 484 重要度 A

宅地造成工事規制区域内の宅地において、高さが２ｍを超える擁壁等の除却工事を行おうとする者は、原則として、その工事に着手する日の **14日** 前までに、その旨を都道府県知事に届け出なければならない。

合格ステップ ③60

Check 出題例

□ 宅地造成工事規制区域内の宅地において、高さが３ｍの擁壁の除却工事を行う場合には、宅地造成等規制法に基づく都道府県知事の許可が必要な場合を除き、あらかじめ都道府県知事に届け出なければならず、届出の期限は**工事に着手する日の前日まで**とされている。 (2008-22-2 ✕ 正解肢)

□ 宅地造成工事規制区域内の宅地において、地表水等を排除するための排水施設の除却の工事を行おうとする者は、宅地造成に関する工事の許可を受けた場合を除き、**工事に着手する日まで**に、その旨を都道府県知事に届け出なければならない。 (2010-20-3 ✕ 正解肢)

講師からの アドバイス

「工事に着手する日の前日まで」ではありません。工事に着手する日の14日前までに届出が必要です。

Point 485 重要度 A

宅地造成工事規制区域内において、宅地以外の土地を宅地に転用した者は、その転用した日から **14日** 以内に、その旨を都道府県知事に届け出なければならない。

合格ステップ ③60

Check 出題例

□ 宅地造成等規制法によれば、宅地造成工事規制区域内において、**宅地以外の土地を宅地に転用**する者は、宅地造成に関する工事を行わない場合でも、原則として**都道府県知事の許可を受けなければならない。** (2002-24-2 ✕ 正解肢)

法令上の制限

その他法令上の制限

Point 486
重要度 **B**

河川法によれば、河川保全区域内において工作物の新築・改築、土地の掘削、盛土、切土等をしようとする者は、原則として河川管理者の許可を受けなければならない。

合格ステップ ③**61**

出題例

☐ 河川法によれば、河川保全区域内において、土地の掘さく、盛土又は切土を行う者は、原則として河川管理者の許可を受けなければならない。　　　　　　　　　(2002-24-4　○)

☐ 河川法によれば、河川保全区域内において工作物の新築又は改築をしようとする者は、原則として河川管理者の許可を受けなければならない。　　　　　　　　(2001-24-3　○)

☐ 河川法によれば、河川区域内の土地において工作物を新築し、改築し、又は除却しようとする者は、河川管理者と協議をしなければならない。　　　　　　　　(2013-22-4　×)

Point 487
重要度 **B**

海岸法によれば、海岸保全区域内において土石の採取、土地の掘削、盛土、切土等の行為をしようとする者は、原則として海岸管理者の許可を受けなければならない。

合格ステップ ③**61**

出題例

☐ 海岸法によれば、海岸保全区域内において土地の掘削、盛土又は切土を行おうとする者は、一定の場合を除き、海岸管理者の許可を受けなければならない。　　(2014-22-3　○)

生産緑地以外 市町村長
の？99

Point 488 重要度B

道路法によれば、道路の区域が決定された後道路の供用が開始されるまでの間に、当該区域内において、工作物の新築等を行おうとする者は、道路管理者の許可を受けなければならない。

合格ステップ ③61

Check! 出題例

□ 道路法によれば、道路の区域が決定された後、道路の供用が開始されるまでの間であって、道路管理者が当該区域についての権原を取得する前であれば、当該区域内において工作物の新築を行おうとする者は、道路管理者の許可を受けなくてもよい。　　　　　　　　　(2004-25-1 ✕)

講師からのアドバイス
「道路管理者が当該区域についての権原を取得する前」であっても、原則として道路管理者の許可を受けなければなりません。

Point 489 重要度B

港湾法によれば、港湾区域内において、港湾の開発に著しく支障を与えるおそれのある一定の行為をしようとする者は、原則として港湾管理者の許可を受けなければならない。

合格ステップ ③61

Check! 出題例

□ 港湾法によれば、港湾区域内において、港湾の開発に著しく支障を与えるおそれのある一定の行為をしようとする者は、原則として国土交通大臣の許可を受けなければならない。　　　　　　　　　(2003-25-2 ✕)

講師からのアドバイス
「国土交通大臣の許可」ではありません。港湾管理者の許可が必要です。

法令上の制限

Point 490 重要度B

生産緑地法によれば、生産緑地地区内において建築物の新築、改築又は増築や土地の形質の変更を行おうとする者は、原則として市町村長の許可を受けなければならない。

合格ステップ ③61

Check! 出題例

□ 生産緑地法によれば、生産緑地地区内において建築物の新築、改築又は増築を行おうとする者は、原則として市町村長の許可を受けなければならない。　　　　　　　　　(2001-24-2 ◯)

LEC東京リーガルマインド　2023年版 出る順宅建士 逆解き式！最重要ポイント555　251

第4編
税・価格

不動産取得税

Point 491 重要度A
不動産取得税の課税主体は、不動産が所在する都道府県である。

合格ステップ ③62

出題例
□ 不動産取得税は、不動産の取得に対し、当該不動産の所在する**市町村**において、当該不動産の取得者に課される。
(2004-26-1 ✕)

□ 不動産取得税は、不動産の取得に対して、**取得者の住所地の都道府県**が課する税であるが、その徴収は普通徴収の方式がとられている。
(2001-28-1 ✕)

講師からのアドバイス
取得者の住所地の都道府県ではなく、不動産が所在する都道府県が課する税です。

Point 492 重要度A
家屋の改築により家屋の取得とみなされた場合の不動産取得税の課税標準は、当該改築により増加した価格である。

合格ステップ ③63

出題例
□ 不動産取得税は、不動産の取得に対して課される税であるので、**家屋を改築**したことにより、当該家屋の価格が増加したとしても、**不動産取得税は課されない**。
(2020[10月]-24-3 ✕)

Point 493 重要度A
相続、包括遺贈、法人の合併による不動産の取得には、不動産取得税は課されない。

合格ステップ ③63

出題例
□ 法人が**合併**により不動産を取得した場合、**不動産取得税は課**

されない。　　　　　　　　　　(2010-24-3　〇　正解肢)
□ 相続による不動産の取得については、**不動産取得税は課されない。**　　　　　　　　　　　　(2018-24-3　〇　正解肢)
□ **包括遺贈**による不動産の取得に対しても、**不動産取得税が課税される。**　　　　　　　　　　　　　(1990-31-2　✕)

Point 494 重要度 A

住宅以外の家屋の取得の不動産取得税の標準税率は、**100分の4**である。一方、土地や住宅の取得の不動産取得税の標準税率は、**100分の3**である。

合格ステップ ③64

出題例

□ 令和5年4月に商業ビルの**敷地**を取得した場合の不動産取得税の標準税率は、**100分の3**である。
　　　　　　　　　　　　　　(2007-28-3改　〇　正解肢)

講師からのアドバイス
「商業ビル」ではなく、「敷地」（土地）の取得です。

□ 令和5年4月に住宅以外の家屋を取得した場合、不動産取得税の標準税率は、**100分の3**である。(2006-28-1改　✕)

講師からのアドバイス
住宅以外の家屋の標準税率は、100分の4です。

□ 令和5年4月に個人が取得した住宅及び住宅用地に係る不動産取得税の税率は3％であるが、住宅用以外の家屋及びその**土地**に係る不動産取得税の税率は4％である。
　　　　　　　　　　　　　　　　　　(2016-24-4　✕)

Point 495 重要度 A

不動産取得税の納付方法は、**普通徴収**である。

合格ステップ ―

出題例

□ 不動産取得税は、不動産の取得に対して、当該不動産の所在する都道府県が課する税であるが、その徴収は**特別徴収**の方法がとられている。　　(2006-28-3　✕)

講師からのアドバイス
特別徴収ではありません。

Point 496 重要度 A

床面積が 50 m² 以上 240 m² 以下の新築住宅に係る不動産取得税の課税標準の算定については、当該新築住宅の価格から 1,200 万円が控除される。

合格ステップ ③65

出題例

□ 令和5年4月に取得した床面積 250 m² である新築住宅に係る不動産取得税の課税標準の算定については、当該新築住宅の価格から 1,200 万円が控除される。

(2006-28-4改、2012-24-2改 ×)

講師からのアドバイス
250 m² の新築住宅は、この特例を受けることができません。

□ 床面積が 240 m² で、床面積 1 m² 当たりの価格が 20 万円である住宅を令和5年5月1日に建築した場合、当該住宅の建築に係る不動産取得税の課税標準の算定については、当該住宅の価格から 1,200 万円が控除される。

(2004-26-4改 ○ 正解肢)

□ 床面積が 33 m² である新築された住宅で、まだ人の居住の用に供されたことのないものを、令和5年4月に取得した場合、当該取得に係る不動産取得税の課税標準の算定については、当該住宅の価格から 1,200 万円が控除される。

(2000-28-1改 ×)

講師からのアドバイス
33 m² の新築住宅は、この特例を受けることができません。

Point 497 重要度 A

宅地の取得に係る不動産取得税の課税標準は、当該宅地の価格の 2分の1 の額とされる。

合格ステップ ③66

出題例

□ 令和5年4月に宅地を取得した場合、当該取得に係る不動産取得税の課税標準は、当該宅地の価格の 2分の1 の額とされる。 (2006-28-2改 ○ 正解肢)

□ 宅地の取得に係る不動産取得税の課税標準は、当該取得が令和5年3月31日までの間に行われた場合に限り、当該宅地の価格の 3分の1 の額とされる。

(2004-26-2改 ×)

講師からのアドバイス
3分の1ではありません。

固定資産税

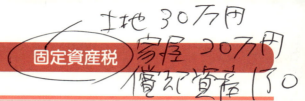

Point 498 (重要度 A)

固定資産税の納税義務者は、原則として、**1月1日**現在の固定資産の**所有者**である。

合格ステップ ③68

出題例

□ 固定資産税を既に全納した者が、年度の途中において土地の譲渡を行った場合には、**その所有の月数に応じて税額の還付を受けることができる。**　　　(2005-28-3　×)

講師からのアドバイス
1月1日現在の所有者が納税義務を負いますので、所有していた月数に応じて還付を受けることはできません。

□ 年度の途中において土地の売買があった場合の当該年度の固定資産税は、**売主と買主がそれぞれその所有していた日数に応じて納付しなければならない。**　　　(2003-28-1　×)

講師からのアドバイス
売主と買主がそれぞれ所有していた日数に応じて納付するのではありません。1月1日現在の所有者（本肢では売主）が納付します。

Point 499 (重要度 B)

質権の目的である土地について、固定資産税が課されるのは、**質権者**である。

合格ステップ ③68

出題例

□ **質権者**は、その土地についての使用収益の実質を有していることから、登記簿にその質権が登記されている場合には、**固定資産税が課される**。　　　(2005-28-1　○　正解肢)

Point 500 [重要度 A]

固定資産税の納付方法は、普通徴収である。

合格ステップ ③70

出題例

□ 固定資産税の徴収方法は、**申告納付**によるので、納税義務者は、固定資産を登記した際に、その事実を市町村長に申告又は報告しなければならない。　　　　　(2003-28-4 ✕)

講師からのアドバイス
「申告納付」ではありません。普通徴収です。

Point 501 [重要度 B]

200㎡以下の住宅用地に対して課する固定資産税の課税標準は、価格の6分の1の額とする特例措置が講じられている。

合格ステップ ③71

出題例

□ 住宅用地のうち、**小規模住宅用地**に対して課する固定資産税の課税標準は、当該小規模住宅用地に係る固定資産税の課税標準となるべき価格の**3分の1の額**とされている。
　　　　　(2019-24-2 ✕)

講師からのアドバイス
3分の1ではありません。6分の1です。

Point 502 [重要度 B]

一定の新築住宅に関しては3年度分、120㎡までの住宅部分に相当する固定資産税の税額が、2分の1減額される。

合格ステップ ③72

出題例

□ 新築された住宅に対して課される固定資産税については、新たに課されることとなった年度から**4年度分**に限り、2分の1相当額を固定資産税額から減額される。
　　　　　(2005-28-4 ✕)

講師からのアドバイス
4年度分ではありません。中高層耐火住宅は5年度分、その他の住宅は3年度分、固定資産税額が2分の1減額されます。

258

所得税

Point 503 重要度 A
居住用財産の配偶者等への譲渡には、居住用財産の譲渡所得の特別控除を適用できない。

合格ステップ ③74

出題例

□ 居住用財産を**配偶者に譲渡**した場合には、居住用財産の譲渡所得の特別控除を**適用することはできない**。
(2003-26-3 ○ 正解肢)

講師からのアドバイス
「居住用財産の譲渡所得の特別控除」とは、3,000万円特別控除のことです。

□ 令和5年1月1日において所有期間が10年を超える居住用財産について、その者と生計を一にしていない**孫に譲渡**した場合には、居住用財産の譲渡所得の3,000万円特別控除を適用することができる。
(2012-23-4改 ×)

Point 504 重要度 A
居住用財産の譲渡所得の特別控除、収用交換等の場合の特別控除は、所有期間を問わず適用がある。

合格ステップ ③73

出題例

□ 令和5年1月1日において所有期間が10年以下の**居住用財産**については、居住用財産の譲渡所得の3,000万円**特別控除**（租税特別措置法第35条第1項）を適用することができない。
(2012-23-1改 ×)

□ 譲渡した年の1月1日において所有期間が10年以下の**居住用財産**を譲渡した場合には、居住用財産の譲渡所得の**特別控除**を適用することはできない。
(2003-26-1 ×)

税・価格

Point 505 重要度A

譲渡資産の所有期間が**10年を超えている**ことが、特定の買換え特例の適用要件である。

合格ステップ ③75

出題例

□ 租税特別措置法第36条の2の特定の居住用財産の買換えの場合の長期譲渡所得の課税の特例の適用を受けるにあたり、譲渡資産とされる家屋については、その譲渡をした日の属する年の1月1日における**所有期間が5年を超えるものであることが、適用要件とされている。** (2007-26-3 ×)

講師からのアドバイス
「所有期間が5年を超える」の部分が誤りです。10年を超えていることが適用要件です。

Point 506 重要度A

買換資産の家屋の居住の用に供する床面積が**50㎡以上**のものであることが、特定の買換え特例の適用要件である。

合格ステップ ③75

出題例

□ 租税特別措置法第36条の2の特定の居住用財産の買換えの場合の長期譲渡所得の課税の特例の適用を受けるにあたり、買換資産とされる家屋については、その床面積のうち自己が居住の用に供する部分の床面積が**50㎡以上500㎡以下**のものであることが、適用要件とされている。

(2002-26-4改 ×)

講師からのアドバイス
「500㎡以下」の部分が誤り。50㎡以上であればよく、上限はありません。

Point 507 重要度A

買換え特例の適用を受けるのに必要な買換資産の取得時期は、譲渡資産を譲渡した日の属する年の**前年の1月1日**から当該譲渡の日の属する年の**翌年12月31日**までである。

合格ステップ ③75

出題例

□ 租税特別措置法第36条の2の特定の居住用財産の買換えの場合の長期譲渡所得の課税の特例の適用を受けるにあたり、買換資産とされる家屋については、**譲渡資産の譲渡をした日**

講師からのアドバイス
「譲渡をした日から」ではなく「譲渡をした日の属する年の前年1月1日から」で

260 LEC東京リーガルマインド 2023年版 出る順宅建士 逆解き式！ 最重要ポイント555

からその譲渡をした日の属する年の12月31日までに取得をしたものであることが、適用要件とされている。

(2007-26-2 ×)

す。また「譲渡をした日の属する年の12月31日まで」ではなく「譲渡をした日の属する年の翌年12月31日まで」です。

Point 508 重要度 A

3,000万円特別控除又は5,000万円特別控除と、居住用財産の軽減税率は併用適用できる。

合格ステップ ③78

出題例

□個人が、令和5年中に、令和5年1月1日において**所有期間が10年を超える**家屋を譲渡した。その家屋の譲渡について居住用財産を譲渡した場合の**3,000万円特別控除**の適用を受けるときは、3,000万円特別控除後の譲渡益について**居住用財産を譲渡した場合の長期譲渡所得の課税の特例の適用を受けることができない**。

(2000-26-2改 ×)

講師からのアドバイス

「居住用財産を譲渡した場合の長期譲渡所得の課税の特例」とは、居住用財産を譲渡した場合の軽減税率の特例のことです。

Point 509 重要度 A

買換え特例と居住用財産の軽減税率は併用適用できない。

合格ステップ ③78

出題例

□個人が、令和5年中に、令和5年1月1日において**所有期間が10年を超える**家屋を譲渡した。その家屋の譲渡について**特定の居住用財産の買換えの特例**の適用を受ける場合は、譲渡があったものとされる部分の譲渡益があるときであっても、その譲渡益について**居住用財産を譲渡した場合の長期譲渡所得の課税の特例の適用を受けることができない**。

(2000-26-3改 ○ 正解肢)

印紙税

Point 510
重要度 **A**

敷金の領収書は、印紙税の課税文書である。

合格ステップ ③79

出題例

□ 建物の賃貸借契約に際して敷金を受け取り、「敷金として20万円を領収し、当該敷金は賃借人が退去する際に全額返還する」旨を記載した**敷金の領収証**を作成した場合、**印紙税は課税されない**。　　　　　　　　　　　　　(2008-27-1 ✕)

□ 建物の賃貸借契約に際して敷金を受け取り、**敷金の領収書**（記載金額100万円）を作成した場合、その領収書に「賃借人が退去する際に返還する」旨が記載されているときでも、**印紙税は課税される**。　　　　　　(2000-27-1 ○ 正解肢)

> **講師からの アドバイス**
> 敷金の領収証は課税文書です。

Point 511
重要度 **A**

手付の領収書は、印紙税の課税文書である。

合格ステップ ③79

出題例

□ Ａ社の発行する「建物の譲渡契約に係る**手付金として、500万円を受領した。**」旨が記載された**領収書**は、記載金額500万円の売上代金に係る金銭の受取書として**印紙税が課される**。　　　　　　　　　　　　　　　(2005-27-4 ○ 正解肢)

262　LEC東京リーガルマインド　2023年版 出る順宅建士 逆解き式！ 最重要ポイント555

Point 512

重要度 **B**

仲介業者が保存する契約書は、印紙税の課税文書である。

合格ステップ ③79

出題例

☐ 土地の売買契約書（記載金額5,000万円）を3通作成し、売主D社、買主E社及び**媒介した宅建業者F社**がそれぞれ1通ずつ保存する場合、**F社が保存する契約書には、印紙税は課されない**。 　　　　　　　　　　　　　　　　（2006-27-3 ✕）

☐ A社を売主、B社を買主、C社を仲介人とする土地の譲渡契約書（記載金額5,000万円）を3通作成し、それぞれが1通ずつ保存することとした場合、**仲介人であるC社が保存する契約書には印紙税は課税されない**。　　　（2000-27-3 ✕）

講師からのアドバイス

仲介業者の保存する契約書は課税文書です。

Point 513

重要度 **A**

給与所得者が土地建物を譲渡し、代金を受け取った際に作成した領収書には、印紙税は課されない。

合格ステップ ③79

出題例

☐ **給与所得者G**が自宅の土地建物を譲渡し、代金8,000万円を受け取った際に**作成した領収書**には、金銭の受取書として**印紙税が課される**。 　　　　　　　　　　　　（2006-27-4 ✕）

☐ **給与所得者である個人C**が生活の用に供している土地建物を株式会社である**D社に譲渡し、代金1億円を受け取った際に作成する領収書**は、金銭の受取書として**印紙税が課される**。
　　　　　　　　　　　　　　　　（2001-27-4 ✕）

講師からのアドバイス

個人が生活の用に供している土地建物を譲渡し、代金を受け取った際に作成した領収書は、売上代金にかかる金銭の受取証に該当しないため、印紙税は課されません。

税・価格

LEC東京リーガルマインド　2023年版 出る順宅建士 逆解き式！ 最重要ポイント555　**263**

Point 514 重要度A

代理人が作成した領収書の印紙税の納税義務者は、代理人である。

合格ステップ ―

出題例

□ 土地の売却の**代理を行ったA社**が「A社は、売主Bの代理人として、土地代金5,000万円を受領した」旨を記載した**領収書を作成**した場合、当該領収書は、**売主Bを納税義務者**として印紙税が課される。　　　　　　　　(2009-24-3 ×)

□ 宅建業を営む**A社**が、「A社は、**売主Bの代理人として、土地代金5,000万円を受領した**」旨を記載した**領収書を作成**した場合、当該領収書の**納税義務者はA社**である。
(2004-28-2 ○　正解肢)

講師からのアドバイス
代理人名義の領収書の納税義務者は売主ではなく、代理人です。

Point 515 重要度A

贈与契約書は、記載金額のない契約書として印紙税が課される。

合格ステップ ③80

出題例

□「時価3,000万円の土地を無償で譲渡する」旨を記載した**贈与契約書**は、**記載金額3,000万円の不動産の譲渡に関する契約書**として印紙税が課される。　　　(2009-24-2 ×)

□「時価3,000万円の土地を**贈与**する。」旨を記載した**契約書**について、印紙税の課税標準となる当該契約書の**契約金額は、3,000万円**である。　　　　　　　　　　　(2005-27-1 ×)

□「Aの所有する甲土地(価額3,000万円)をBに贈与する」旨の**贈与契約書**を作成した場合、印紙税の課税標準となる当該契約書の**記載金額は、3,000万円**である。
(2016-23-3 ×)

講師からのアドバイス
贈与契約書は、時価の記載があろうと、記載金額のない契約書として扱われ、印紙税額は200円となります。

Point 516
重要度 A

双方の金額が記載されている場合の交換契約書の記載金額は、**高いほうの金額**である。

合格ステップ ③80

出題例

□「Aの所有する土地（価額1億7,000万円）とBの所有する土地（価額2億円）とを交換し、AはBに差額3,000万円支払う」旨を記載した土地交換契約書を作成した場合、印紙税の課税標準となる当該契約書の記載金額は、**2億円**である。 (2006-27-1 ○ 正解肢)

□「Aの所有する土地（価額7,000万円）とBの所有する土地（**価額1億円**）とを交換し、AはBに差額3,000万円支払う」旨を記載した土地交換契約書を作成した場合、印紙税の課税標準となる当該契約書の**記載金額は、3,000万円**である。 (2011-23-4 ✕)

> **講師からの アドバイス**
> 交換差金しか記載されていないときは、交換差金が記載金額となります。

Point 517
重要度 A

増額変更する場合の契約書の記載金額は、**増加金額**である。

合格ステップ ③82

出題例

□「令和5年10月1日付建設工事請負契約書の契約金額**3,000万円を5,000万円に増額する**」旨を記載した**変更契約書は、記載金額2,000万円**の建設工事の請負に関する契約書として印紙税が課される。 (2009-24-1改 ○ 正解肢)

□土地の譲渡金額の変更契約書で、「既作成の譲渡契約書に記載の譲渡金額1億円を**1億1,000万円に変更する**」旨が記載されている場合、その契約書の**記載金額は1億1,000万円**である。 (2000-27-4 ✕)

> **講師からの アドバイス**
> 記載金額は、増加金額である1,000万円です。

税・価格

Point 518 重要度 A

減額変更する場合の契約書は、記載金額のないものとして印紙税が課される。

合格ステップ ③82

出題例

□ 当初作成の「土地を1億円で譲渡する」旨を記載した土地譲渡契約書の契約金額を変更するために作成する契約書で、「当初の契約書の契約金額を2,000万円減額し、8,000万円とする」旨を記載した変更契約書は、契約金額を減額するものであることから、**印紙税は課税されない。** (2008-27-3 ×)

□「令和5年5月1日作成の土地譲渡契約書の契約金額を1億円から9,000万円に変更する」旨を記載した変更契約書は、契約金額を減額するものであるから、**印紙税は課されない。** (2001-27-2改 ×)

講師からのアドバイス
記載金額のない契約書として扱われるので、200円の印紙税が課税されます。

Point 519 重要度 A

国・地方公共団体等が作成する文書には印紙税は課されない。

合格ステップ ③85

出題例

□ 国を売主、株式会社A社を買主とする土地の譲渡契約において、双方が署名押印して共同で土地譲渡契約書を2通作成し、国とA社がそれぞれ1通ずつ保存することとした場合、**A社が保存する契約書には印紙税は課税されない。**
(2008-27-4 ○ 正解肢)

□ 地方公共団体であるA市を売主、株式会社であるB社を買主とする土地の譲渡契約書2通に双方が署名押印のうえ、1通ずつ保存することとした場合、**B社が保存する契約書には印紙税が課されない。** (2001-27-1 ○ 正解肢)

講師からのアドバイス
国・地方公共団体等と私人が共同で作成した文書で、私人が保存する文書は、国・地方公共団体が作成したものとみなされます。

登録免許税

Point 520 B

登録免許税の課税標準は、原則として、固定資産課税台帳に登録されている価格である。

合格ステップ ③86

出題例

☐ 土地の売買に係る登録免許税の課税標準は、**売買契約書に記載されたその土地の実際の取引価格**である。
(2002-27-2 ✕)

☐ 住宅用家屋の所有権の移転登記に係る登録免許税の税率の軽減措置において、この税率の軽減措置に係る**登録免許税の課税標準**となる不動産の価額は、売買契約書に記載されたその住宅用家屋の**実際の取引価格**である。
(2020[12月]-23-3 ✕)

講師からのアドバイス
売買契約書に記載された取引価格ではなく、固定資産課税台帳に登録されている価格です。

Point 521 B

売買による所有権移転登記の場合、登記権利者と登記義務者が連帯して登録免許税の納税義務を負う。

合格ステップ ③87

出題例

☐ 土地の売買に係る登録免許税の納税義務は、**土地を取得した者にはなく、土地を譲渡した者にある**。 (2002-27-4 ✕)

登記権利者（買主）と登記義務者（売主）が連帯して納税義務を負います。

税・価格

Point 522 重要度 A

贈与による住宅用家屋の取得には、所有権の移転の登記に係る登録免許税の税率の軽減措置は適用されない。

合格ステップ ③88

Check! 出題例

□ 住宅用家屋の所有権の移転登記に係る登録免許税の税率の軽減措置は、**贈与**により取得した住宅用家屋に係る所有権の移転登記には**適用されない**。　　（2009-23-2　○　正解肢）

□ 住宅用家屋の所有権の移転の登記に係る登録免許税の税率の軽減措置は、**贈与**により取得した住宅用家屋について受ける所有権の移転の登記にも**適用される**。（2003-27-3　✕）

講師からのアドバイス

税率の軽減措置の特例が適用されるのは、売買又は競落により住宅用家屋を取得した場合に限られます。贈与により取得した場合には適用されません。

Point 523 重要度 A

登録免許税の税率の軽減措置の適用を受けることができる住宅用家屋は、個人の住宅の用に供される家屋で、床面積の合計が50m²以上である場合に限られる。

合格ステップ ③88

Check! 出題例

□ 住宅用家屋の所有権の移転登記に係る登録免許税の税率の軽減措置は、個人が自己の経営する**会社の従業員の社宅**として取得した住宅用家屋に係る所有権の移転の登記にも**適用される**。　　　　　　　　　　　　　（2014-23-2　✕）

講師からのアドバイス

適用対象となる家屋は個人の住宅に限ります。

（手書き）50m²～240m² まちがい。　上限ないよ。

贈与税

Point 524 重要度 **C**

特定の贈与者から住宅取得等資金の贈与を受けた場合の相続時精算課税の特例を受けられる特定受贈者には、贈与を受けた年の所得金額の制限はない。

合格ステップ ③92

出題例

☐ 住宅取得等資金の贈与を受けた者について、その贈与を受けた年の所得税法に定める**合計所得金額**が2,000万円を超えている場合でも、特定の贈与者から住宅取得等資金の贈与を受けた場合の**相続時精算課税の特例の適用を受けることができる**。 (2010-23-3 ○ 正解肢)

講師からのアドバイス

受贈者の所得要件はありませんが、年齢要件は18歳以上となっています。

Point 525 重要度 **C**

特定の贈与者から住宅取得等資金の贈与を受けた場合の相続時精算課税の特例が適用されるのは、**資金の贈与**に限られる。

合格ステップ ③92

出題例

☐ 自己の**配偶者**から住宅用の**家屋を贈与**により取得した場合には、贈与を受けた者について、特定の贈与者から住宅取得等資金の贈与を受けた場合の相続時精算課税の特例の適用を受けることができない。 (2007-27-1 ○ 正解肢)

講師からのアドバイス

配偶者からの贈与は対象となりません。また、住宅取得等資金の贈与を受けた場合に適用され、住宅用家屋の贈与を受けた場合は対象となりません。

税・価格

地価公示法

Point 526 重要度A
標準地の正常な価格を判定し、これを公示するのは、土地鑑定委員会である。

合格ステップ ③94

出題例
□ 標準地の正常な価格は、**土地鑑定委員会**が毎年1回、2人以上の不動産鑑定士の鑑定評価を求め、その結果を審査し、必要な調整を行って**判定し公示**される。　(2006-29-1　○)

□ **土地鑑定委員会**は、公示区域内の標準地について、毎年1回、一定の基準日における当該標準地の単位面積当たりの正常な価格を**判定し、公示**する。　(2003-29-1改　○　正解肢)

Point 527 重要度A
正常な価格とは、土地について、自由な取引が行われるとした場合に通常成立すると認められる価格をいい、当該土地に建物その他の定着物がある場合、又は、地上権その他当該土地の使用収益を制限する権利が存する場合には、これらの定着物又は権利が存しないものとして通常成立すると認められる価格をいう。

合格ステップ ③93

出題例
□ 地価公示において判定を行う標準地の正常な価格とは、土地について、自由な取引が行われるとした場合において通常成立すると認められる価格をいい、当該土地に、当該土地の使用収益を制限する権利が存する場合には、これらの権利が**存する**ものとして通常成立すると認められる価格をいう。　(2009-25-3　✗)

□ 正常な価格とは、土地について、自由な取引が行われるとした場合におけるその取引（一定の場合を除く。）において通常成立すると認められる価格をいい、当該土地に建物が

講師からのアドバイス
「存しない」ものとして通常成立すると認められる価格をいいます。

ある場合には、当該建物が**存するもの**として通常成立すると認められる価格をいう。　　　　　(2022-25-2　✗　正解肢)

> 標準地の鑑定評価は、近傍類地の取引価格から算定される推定の価格、近傍類地の地代等から算定される推定の価格及び同等の効用を有する土地の造成に要する推定の費用の額を勘案して行う。

出題例

☐ 標準地の鑑定評価は、近傍類地の取引価格から算定される推定の価格、近傍類地の地代等から算定される推定の価格及び同等の効用を有する土地の造成に要する推定の費用の額を**勘案**して行われる。　　(2009-25-2　○　正解肢)

☐ 標準地の鑑定評価は、近傍類地の取引価格から算定される推定の価格、近傍類地の地代等から算定される推定の価格及び同等の効用を有する土地の造成に要する推定の費用の額を**勘案**して行わなければならない。　　(2006-29-3　○)

☐ 不動産鑑定士は、土地鑑定委員会の求めに応じて標準地の鑑定評価を行うに当たっては、近傍類地の取引価格から算定される推定の価格、近傍類地の地代等から算定される推定の価格又は同等の効用を有する土地の造成に要する推定の費用の額の**いずれかを勘案**してこれを行わなければならない。　　(2013-25-4　✗)

> **講師からのアドバイス**
> いずれかではありません。

☐ 標準地の鑑定評価は、近傍類地の取引価格から算定される推定の価格、近傍類地の地代等から算定される推定の価格及び同等の効用を有する土地の造成に要する推定の費用の額の**平均**を求めることにより行われる。　　(1996-33-3　✗)

> **講師からのアドバイス**
> 平均を求めるのではなく、勘案します。

Point 529 A 重要度

土地鑑定委員会は、標準地の正常な価格を公示したときは、すみやかに、**関係市町村の長**に対して、公示した事項のうち当該市町村が属する都道府県に存する標準地に係る部分を記載した書面及び当該標準地の所在を表示する図面を送付しなければならない。**関係市町村の長**は、土地鑑定委員会から送付された書面及び図面を当該**市町村の事務所**において一般の閲覧に供しなければならない。

合格ステップ ③94

Check 出題例

□ **都道府県知事は**、土地鑑定委員会が公示した事項のうち、当該都道府県に存する標準地に係る部分を記載した書面及び当該標準地の所在を表示する図面を、**当該都道府県の事務所において一般の閲覧に供しなければならない**。

(2000-29-4 ✕ 正解肢)

講師からのアドバイス
市町村の長が、当該市町村の事務所において一般の閲覧に供します。

Point 530 A 重要度

土地の取引を行う者は、公示価格を**指標**として取引を**行うよう努めなければならない**。

合格ステップ ③95

Check 出題例

□ 土地の取引を行う者は、取引の対象土地に類似する利用価値を有すると認められる標準地について公示された価格を**指標として、取引を行わなければならない**。

(2006-29-4 ✕ 正解肢)

□ 都市及びその周辺の地域等において、**土地の取引を行う者**は、取引の対象土地に類似する利用価値を有すると認められる標準地について公示された価格を**指標として取引を行うよう努めなければならない**。 (2002-29-1 ○)

講師からのアドバイス
「指標として取引を行わなければならない」のではなく、「指標として取引を行うよう努めなければならない」のです。

---

272 LEC東京リーガルマインド 2023年版 出る順宅建士 逆解き式！ 最重要ポイント555

Point 531 重要度 A

鑑定評価を行う場合、公示価格を規準としなければならない。

合格ステップ ③95

出題例

□ 不動産鑑定士は、公示区域内の土地について鑑定評価を行う場合において、当該土地の正常な価格を求めるときは、**公示価格と実際の取引価格のうちいずれか適切なもの**を規準としなければならない。 (2003-29-3 ×)

□ 不動産鑑定士は、公示区域内の土地について鑑定評価を行う場合において、当該土地の正常な価格を求めるときは、**公示価格と実際の取引価格を規準**としなければならない。 (2021[12月]-25-2 × 正解肢)

講師からのアドバイス

「公示価格と実際の取引価格のうちいずれか適切なものを規準」とするのではなく、公示価格を規準としなければなりません。

税・価格

不動産鑑定評価基準

Point 532 重要度 A

特定価格とは、市場性を有する不動産について、**法令等による社会的要請**を背景とする鑑定評価目的の下で、**正常価格の前提となる諸条件を満たさない**ことにより正常価格と同一の市場概念の下において形成されるであろう市場価格と乖離することとなる場合における不動産の経済価値を適正に表示する価格をいう。

合格ステップ ③98

Check 出題例

□ 不動産鑑定評価基準にいう「特定価格」とは、市場性を有する不動産について、**法令等による社会的要請**を背景とする鑑定評価目的の下で、**正常価格の前提となる諸条件を満たさない**ことにより正常価格と同一の市場概念の下において形成されるであろう市場価格と乖離することとなる場合における不動産の経済価値を適正に表示する価格をいう。

(2004-29-1改　○　正解肢)

> **講師からのアドバイス**
> 「正常価格」「限定価格」「特定価格」「特殊価格」それぞれの定義の違いをおさえましょう。

Point 533 重要度 A

不動産の価格を求める鑑定評価の基本的な手法は、**原価法**、**取引事例比較法**及び**収益還元法**に大別される。

合格ステップ ③99

Check 出題例

□ 不動産の価格を求める**鑑定評価の基本的な手法**は、**原価法、取引事例比較法及び収益還元法**に大別され、原価法による試算価格を積算価格、取引事例比較法による試算価格を比準価格、収益還元法による試算価格を収益価格という。

(2007-29-1　○)

274　LEC東京リーガルマインド　2023年版 出る順宅建士 逆解き式！ 最重要ポイント555

Point 534 重要度 **A**

鑑定評価の手法の適用にあたっては、地域分析及び個別分析により把握した対象不動産に係る市場の特性等を適正に反映した**複数の鑑定評価の手法を適用**すべきである。

合格ステップ ③99

出題例

□ 不動産の価格を求める鑑定評価の手法は、原価法、取引事例比較法及び収益還元法に大別されるが、鑑定評価に当たっては、案件に即してこれらの**三手法のいずれか1つを適用することが原則である。**

(2001-29-1 ✕)

講師からのアドバイス

複数の鑑定評価の手法を適用すべきです。

Point 535 重要度 **A**

取引事例比較法とは、まず多数の**取引事例を収集**して適切な事例の選択を行い、これらに係る取引価格に必要に応じて事情補正及び時点修正を行い、かつ、地域要因の比較及び個別的要因の比較を行って求められた価格を比較考量し、これによって対象不動産の試算価格を求める手法をいう。

合格ステップ ③102

出題例

□ **取引事例比較法**とは、まず多数の取引事例を収集して**適切な事例の選択**を行い、これらに係る取引価格に必要に応じて**事情補正**及び**時点修正**を行い、かつ、**地域要因の比較及び個別的要因の比較**を行って求められた価格を比較考量し、これによって対象不動産の試算価格を求める手法である。

(2001-29-2 ○ 正解肢)

税・価格

Point 536
重要度 A

取引事例比較法における取引事例は、原則として、**近隣地域又は同一需給圏内の類似地域**に存する不動産に係るもののうちから選択する。

合格ステップ ―

出題例

☐ 取引事例比較法における取引事例は、地域要因の比較を不要とするため、**近隣地域**に存する不動産に係るもののうちから選択しなければならない。 　(2005-29-3 ✕ 正解肢)

☐ 取引事例比較法においては、時点修正が可能である等の要件をすべて満たした取引事例について、**近隣地域**又は**同一需給圏内の類似地域**に存する不動産に係るもののうちから選択するものとするが、必要やむを得ない場合においては、近隣地域の周辺の地域に存する不動産に係るもののうちから選択することができる。 　(2012-25-3 ◯)

> **講師からの アドバイス**
> 近隣地域だけに限られません。

Point 537
重要度 A

純収益の現在価値の総和を求めることにより対象不動産の試算価格を求める手法を収益還元法といい、文化財の指定を受けた建造物等の一般的に市場性を有しない不動産以外のものには基本的にすべて適用すべきものであり、**自用の不動産**といえども賃貸を想定することにより適用されるべきものである。

合格ステップ ③103

出題例

☐ 収益還元法は、賃貸用不動産又は賃貸以外の事業の用に供する不動産の価格を求める場合に特に有効な手法であるが、事業の用に供さない**自用の不動産の鑑定評価には適用すべきではない**。 　(2018-25-2 ✕)

> **講師からの アドバイス**
> 自用の不動産にも適用されます。

☐ 収益還元法は、文化財の指定を受けた建造物等の**一般的に市場性を有しない不動産も含め**すべての不動産に適用すべきものであり、自用の不動産といえども賃貸を想定することにより適用されるべきものである。 　(2001-29-3改 ✕)

> **講師からの アドバイス**
> 市場性を有しない不動産には適用すべきではありません。

第5編

免除科目

住宅金融支援機構法

Point 538 重要度 **A**

住宅金融支援機構は、一般の金融機関による住宅の建設等に必要な資金の融通を支援するための貸付債権の譲受け等の業務を行う。

合格ステップ ③105

出題例

□ 機構は、住宅の建設又は購入に必要な資金の貸付けに係る金融機関の貸付債権の譲受けを業務として行っているが、当該住宅の建設又は購入に**付随する**土地又は借地権の取得に必要な資金の貸付けに係る貸付債権については、譲受けの対象としていない。　　　　　　（2013-46-1　✕　正解肢）

□ 機構は、証券化支援事業（買取型）において、民間金融機関が貸し付ける**長期・固定金利**の住宅ローン債権を買取りの対象としている。　　　　　　　　　　（2011-46-3　○）

講師からのアドバイス

付随するから貸付債権は譲受けの対象となります。

Point 539 重要度 **A**

住宅金融支援機構は、一般の金融機関による融通を補完するための災害復興建築物の建設等に必要な資金の貸付けの業務を行う。

合格ステップ ③105

出題例

□ 機構は、**地震に対する安全性の向上**を主たる目的とする住宅の改良に必要な資金の貸付けを業務として行っている。

（2014-46-1　○）

□ 機構は、**高齢者の家庭**に適した良好な居住性能及び居住環境を有する住宅とすることを主たる目的とする住宅の改良（高齢者が自ら居住する住宅について行うものに限る。）に必要な資金の貸付けを業務として行っている。

（2014-46-3　○）

不当景品類及び不当表示防止法

Point 540 重要度 A
物件の周辺環境について、実際のものよりも優良であると誤認されるおそれのある表示をしてはならない。

合格ステップ ―

出題例

☐ 新築分譲マンションの完成予想図を販売広告に掲載するに当たり、実際には工場が所在する箇所に公園を記載するなど、**周囲の状況について現況に反する表示を行う場合**は、「周囲の状況はイメージであって、実際の状況とは異なる」旨を表示しなければならない。　　　　　　(2004-47-4　✕)

☐ 新築分譲住宅の広告において物件及びその周辺を写した写真を掲載する際に、**当該物件の至近に所在する高圧電線の鉄塔を消去する加工を施した場合には、不当表示に該当する**。
(2006-47-3　〇　正解肢)

講師からのアドバイス
「周囲の状況はイメージであって、実際の状況とは異なる」旨を表示しても、物件の周辺環境について現況に反する表示を行ってはなりません。

Point 541 重要度 A
土地取引において、当該土地上に廃屋等が存在するときは、その旨を明示しなければならない。

合格ステップ ③108

出題例

☐ 土地上に**廃屋が存在**する自己所有の土地を販売する場合、売買契約が成立した後に、売主である宅建業者自らが費用を負担して撤去する予定のときは、広告においては、**廃屋が存在している旨を表示しなくてもよい**。　(2005-47-1　✕)

講師からのアドバイス
売主である宅建業者が自ら費用を負担して撤去する予定であっても、廃屋が存在する旨を明示しなければなりません。

免除科目

Point 542 重要度 A

土地の全部又は一部が高圧電線路下にあるときは、その旨及びそのおおむねの面積を表示しなければならない。

合格ステップ ③108

出題例

□ 高圧線下にある宅地を販売するための広告を行ったところ、当該宅地が**高圧線下に所在する旨の表示がされていなかった**が、意図的に表示しなかったものではないことが判明した場合には、**不当表示となるおそれはない**。（2002-47-4 ×）

講師からのアドバイス
意図的でなかったにしても、「表示がされていなかった」以上、不当表示にあたります。

Point 543 重要度 A

傾斜地を含む土地で、土地の有効な利用が著しく阻害される場合は、その旨及び傾斜地の割合又は面積を明示しなければならない。ただし、マンションについては明示せずに表示してもよい。

合格ステップ ③108

出題例

□ 土地の有効な利用が著しく阻害される傾斜地を含む宅地の販売広告を行う場合は、土地面積に占める傾斜地の割合にかかわらず、**傾斜地を含む旨及び傾斜地の割合又は面積**を明瞭に表示しなければならない。（2004-47-3改 ○ 正解肢）

□ 傾斜地を含むことにより当該土地の有効な利用が著しく阻害される場合は、原則として、**傾斜地を含む旨及び傾斜地の割合又は面積**を明示しなければならないが、**マンション**については、これを**明示せずに表示してもよい**。
（2010-47-3 ○ 正解肢）

Point 544 重要度 A

市街化調整区域内の土地について、「市街化調整区域。宅地の造成及び建物の建築はできません。」と新聞折込チラシ等及びパンフレット等で広告する場合には16ポイント以上の文字で明示しなければならない。

合格ステップ ③109

出題例

☐ 宅地の造成及び建物の建築が禁止されており、宅地の造成及び建物の建築が可能となる予定がない市街化調整区域内の土地を販売する際の新聞折込広告においては、当該土地が市街化調整区域内に所在する旨を16ポイント以上の大きさの文字で表示すれば、**宅地の造成や建物の建築ができない旨まで表示する必要はない。** （2016-47-2 ✗）

講師からのアドバイス
市街化調整区域に所在する旨のみならず宅地の造成や建物の建築ができない旨も、表示しなければなりません。

Point 545 重要度 A

新設予定の駅等は、その路線の運行主体が公表したものに限り、その新設予定時期を明示して表示することができる。

合格ステップ ③110

出題例

☐ 宅建業者が、不動産の販売広告において販売する物件の最寄駅の表示を行う場合で、新設予定駅の方が現に利用できる最寄駅より近いときは、鉄道会社が駅の新設を公表したものであれば、**現に利用できる駅に代えて新設予定駅を表示することができる。** （2000-47-1 ✗）

講師からのアドバイス
「現に利用できる駅に代えて」新設予定駅を表示することはできません。

☐ 現在の最寄駅よりも近くに新駅の設置が予定されている分譲住宅の販売広告を行うに当たり、当該鉄道事業者が新駅設置及びその予定時期を公表している場合、**広告の中に新駅設置の予定時期を明示して、新駅を表示してもよい。** （2002-47-2 ○ 正解肢）

ステップ・アップ
バスの停留所も同様です。

☐ 近くに新駅の設置が予定されている分譲住宅の販売広告を行うに当たり、当該鉄道事業者が新駅設置及びその予定時期を公表している場合、**広告の中に新駅設置の予定時期を明示して表示してもよい。** （2016-47-4 ○ 正解肢）

Point 546 重要度 A

徒歩による所要時間は、道路距離80mにつき1分間で表示しなければならない。

合格ステップ ③110

Check！ 出題例

□ 各種施設までの徒歩による所要時間を表示する場合は、**直線距離**80mにつき1分間を要するものとして算出した数値を表示し、また、1分未満の端数が生じたときは1分間として計算して表示しなければならない。　（2003-47-2　×）

□ 新築住宅を販売するに当たり、当該物件から最寄駅まで実際に歩いたときの所要時間が15分であれば、物件から最寄駅までの**道路距離にかかわらず**、広告中に「最寄駅まで徒歩15分」と表示することができる。

（2020［10月］-47-2　×）

講師からのアドバイス

「直線距離」ではありません。道路距離です。なお、「1分未満の端数が生じたときは1分として計算」するとする点は正しい内容です。

Point 547 重要度 A

商業施設は、現に利用できるものを物件からの道路距離又は徒歩所要時間を明示して表示しなければならない。ただし、工事中である等その施設が将来確実に利用できると認められるものにあっては、その整備予定時期を明示して表示することができる。

合格ステップ ③110

Check！ 出題例

□ 取引しようとする物件の周辺に、現在工事中で、将来確実に利用できると認められるスーパーマーケットが存在する場合、**整備予定時期**及び物件からの道路距離又は徒歩所要時間を明らかにすることにより、広告において表示することができる。　　　　　（2005-47-4改　○　正解肢）

□ 取引しようとする物件の周辺に存在するデパート、スーパーマーケット等の**商業施設**については、**現に利用できるもので**なければ広告に表示することはできない。（2012-47-3　×）

282　**LEC**東京リーガルマインド　2023年版 出る順宅建士 逆解き式！ 最重要ポイント555

Point 548 重要度A

「万全」という用語は、原則として使用してはならない。

合格ステップ ③111

出題例

☐ 宅建業者Aは、駅から160mの距離にある宅地を、代理により売却する当たり、「駅より徒歩2分、立地条件は**万全です**。」と販売広告してもよい。　　　　　(2001-47-2　✕)

Point 549 重要度A

新築とは、建築工事完了後1年未満であって、居住の用に供されたことがないものである。

合格ステップ ③111

出題例

☐ マンションの広告を行う場合、当該マンションが**建築工事完了後2年経過**していたとしても、居住の用に供されたことがなければ「**新築分譲マンション**」と表示することができる。
(2007-47-2改　✕)

☐ 完成後8か月しか経過していない分譲住宅については、**入居の有無にかかわらず**新築分譲住宅と表示してもよい。
(2013-47-4　✕)

講師からのアドバイス

「建築工事完了後2年経過」しているので、新築分譲マンションと表示することはできません。

Point 550 重要度A

懸賞の方法によらないで提供することができる景品類は、取引価格の10分の1又は100万円のいずれか低い額を超えないものである。

合格ステップ ③112

出題例

☐ 新築分譲マンションを販売するに当たり、契約者全員が四つの選択肢の中から景品を選ぶことができる**総付景品**のキャンペーンを企画している場合、選択肢の一つを現金**200万円**とし、他の選択肢を海外旅行として実施することができる。　　　　　　　　　　　　(2005-47-2　✕)

講師からのアドバイス

「選択肢の一つを現金200万円」とすることはできません。

免除科目

土 地

Point 551 重要度 A
旧河道は、地盤が軟弱で、建物の不同沈下が発生しやすく、宅地に適さない。

合格ステップ ③114

出題例
- □ 旧河道は、沖積平野の蛇行帯に分布する**軟弱な地盤**であり、建物の不同沈下が発生しやすい。　　　　　　（2007-49-4　○）
- □ 旧河道は、地震や洪水などによる災害を受ける危険度が高い所である。　　　　　　　　　　　　　　　（2014-49-1　○）

Point 552 重要度 A
後背低地、後背湿地は、地盤は軟弱で、宅地に適さない。

合格ステップ ③114

出題例
- □ **後背湿地**は、自然堤防や砂丘の背後に形成される**軟弱な地盤**であり、水田に利用されることが多く、**宅地としての利用は少ない**。　　　　　　　　　　　　　　　　（2007-49-2　○）
- □ **自然堤防の背後に広がる低平地**は、**軟弱な地盤**であることが多く、盛土の沈下が問題になりやすい。　（2000-49-4　○）

Point 553 重要度 A
等高線の密度が高い所は傾斜が急であり、密度が低い所は傾斜が緩やかである。

合格ステップ ―

出題例
- □ 地表面の傾斜は、等高線の密度で読み取ることができ、**等高線の密度が高い所は傾斜が急である**。　　（2008-49-1　○）

建 物

Point 554 木材に一定の力をかけたときの圧縮に対する強度は、繊維方向に比べて繊維に直角方向のほうが弱い。

合格ステップ ―

□ 木材に一定の力をかけたときの圧縮に対する強度は、繊維方向に比べて繊維に直角方向のほうが大きい。

(2001-50-3 × 正解肢)

講師からのアドバイス
繊維方向（木が生え伸びている方向）のほうが強いということです。

Point 555 木材の強度は含水率が大きい状態のほうが小さい。

合格ステップ ③116

□ 木材の強度は、含水率が小さい状態の方が低くなる。

(2017-50-1 × 正解肢)

□ 木材の強度は、含水率が大きい状態のほうが小さくなる。

(2010-50-3 ○)

講師からのアドバイス
木材は、湿った状態よりも乾いた状態のほうが強度が大きくなります。

出る順宅建士シリーズ

2023年版 出る順宅建士 逆解き式！ 最重要ポイント555

2010年7月15日　第1版　第1刷発行
2023年3月10日　第14版　第1刷発行

編著者●株式会社　東京リーガルマインド
　　　　LEC総合研究所　宅建士試験部

発行所●株式会社　東京リーガルマインド
　　　　〒164-0001　東京都中野区中野4-11-10
　　　　　　　　　　アーバンネット中野ビル
　　　　LECコールセンター　☎0570-064-464
　　　　受付時間　平日9：30～20：00/土・祝10：00～19：00/日10：00～18：00
　　　　※このナビダイヤルは通話料お客様ご負担となります。
　　　　書店様専用受注センター　TEL 048-999-7581 / FAX 048-999-7591
　　　　受付時間　平日9：00～17：00/土・日・祝休み
　　　　www.lec-jp.com/

カバーデザイン●ブルーデザイン有限会社
本文イラスト●髙橋　雅彦
印刷・製本●倉敷印刷株式会社

©2023 TOKYO LEGAL MIND K.K., Printed in Japan　　　ISBN978-4-8449-9739-9
複製・頒布を禁じます。

本書の全部または一部を無断で複製・転載等することは，法律で認められた場合を除き，著作者及び出版者の権利侵害になりますので，その場合はあらかじめ弊社あてに許諾をお求めください。

なお，本書は個人の方々の学習目的で使用していただくために販売するものです。弊社と競合する営利目的での使用等は固くお断りいたしております。

落丁・乱丁本は，送料弊社負担にてお取替えいたします。出版部（TEL03-5913-6336）までご連絡ください。

LEC宅建士 受験対策書籍のご案内

受験対策書籍の全ラインナップです。
各学習進度に合わせてぜひご活用ください。

―― INPUT ――
テキスト
自分に合うテキストを選ぼう

基礎からよくわかる！ 宅建士 合格のトリセツ シリーズ

法律初学者タイプ
・イチから始める方向け
・難しい法律用語が苦手

↓

★イラスト図解
★やさしい文章
★無料動画多数

基本テキスト
A5判 好評発売中
- フルカラー
- 分野別3分冊
 ＋別冊重要論点集
- インデックスシール
- 無料講義動画45回分

【読者アンケート特典】
①キャラふせんセット
②スマホ対応一問一答DL

試験範囲を全網羅！ 出る順宅建士 シリーズ

万全合格タイプ
・学習の精度を上げたい
・完璧な試験対策をしたい

↓

★試験で重要な条文・
　判例を掲載
★LEC宅建士講座
　公式テキスト

合格テキスト
（全3巻）
❶権利関係
❷宅建業法
❸法令上の制限・税・その他

A5判 好評発売中

超速合格タイプ
・短期間で合格したい
・法改正に万全に備えたい

どこでも宅建士 とらの巻
A5判 2023年5月発刊
- 暗記集『とらの子』付録

↓合格は問題集で決まる↓
--- OUTPUT ---

過去問題集
分野別なので弱点補強に最適

一問一答問題集
学習効果が高く効率学習ができる

直前対策
本試験の臨場感を自宅で体感

厳選分野別過去問題集

A5判 好評発売中
- 分野別3分冊
- 無料解説動画24回分
- 最新過去問DL

頻出一問一答式過去問題集

A5判 好評発売中
- 全問収録本格アプリ
- 最新過去問DL

当たる！直前予想模試

B5判 2023年6月発刊
- 無料解説動画4回分
- 最新過去問DL
- 無料採点サービス

ウォーク問過去問題集（全3巻）

B6判 好評発売中
- 令和4年度試験問題・解説を全問収録

一問一答○×1000肢問題集

新書判 好評発売中
- 赤シート対応
- 全問収録本格アプリ

過去30年良問厳選問題集 模試型 6回分＆最新過去問

A5判 2023年4月発刊
- セパレート問題冊子
- 最新過去問全問収録

要点整理本
読み上げ音声でいつでもどこでも要点をスイスイ暗記

逆解き式！最重要ポイント555
B6判 好評発売中
- 赤シート対応
- 読み上げ音声DL

※デザイン・内容・発刊予定等は、変更になる場合がございます。予めご了承ください。

プレミアム合格フルコース 全78回

基礎から万全！「合格のトレーニングメニュー」を完全網羅！

- スーパー合格講座（34回×2.5h）
- 出た順必勝総まとめ講座（12回×2.5h）
- とにかく6点アップ！直前かけこみ講座（2回×2h）
- 分野別！コレだけ演習総まとめ講座（3回×3.5h）
- 究極のポイント300攻略講座（3回×2h）
- 全日本宅建公開模試 基礎編（2回）実戦編（3回）
- マスター演習講座（15回×2.5h）
- 試験に出るトコ大予想会（3回×2h）
- ファイナル模試（1回）

※講座名称は変更となる場合がございます。予めご了承ください。

受講形態

通学クラス

通信クラス

● 各受講スタイルのメリット

通学 各本校での生講義が受講できます。講師に直接質問したい方、勉強にリズムを作りたい方にオススメ！

通信 Web通信動画はPC以外にもスマートフォンやタブレットでも視聴可能。シーンに応じた使い分けで学習効率UP。

内容

「スーパー合格講座」では合格に必要な重要必須知識を理解・定着させることを目標とします。講師は、難しい専門用語を極力使わず、具体例をもって分かりやすく説明します。「分野別！これだけ演習総まとめ講座」ではスーパー合格講座の分野終了時に演習を行いながら総まとめをします。WebまたはDVDでの提供となりますので進捗にあわせていつでもご覧いただけます。「マスター演習講座」では、スーパー合格講座で学んだ内容を、○×式の演習課題を実際に解きながら問題の解き方をマスターし、重要知識の定着をさらに進めていきます。「出た順必勝総まとめ講座」は、過去の本試験問題のうち、合格者の正答率の高い問題を題材にして、落としてはならない論点を実際に解きながら総復習します。最後に、「全日本公開模試・ファイナル模試」で本試験さながらの演習トレーニングを受けて、その後の直前講座で実力の総仕上げをします。

対象者

- 初めて宅建の学習を始める方
- 何を勉強すればよいか分からず不安な方

● 受講料

受講形態	一般価格(税込)
通信・Web動画＋スマホ＋音声ＤＬ	154,000円
通信・DVD	170,500円
通学・フォロー(Web動画＋スマホ＋音声ＤＬ)付	181,500円

詳細はLEC宅建サイトをご覧ください
⇒ https://www.lec-jp.com/takken/

学習経験者専用のインプットと圧倒的な演習量を備えるリベンジコース

学習経験者専用コース 再チャレンジ合格フルコース
全58回

- 合格ステップ完成講座 (10回×3h)
- 総合実戦答練 (3回×4h)
- 全日本宅建公開模試 ファイナル模試 (6回)
- ハイレベル合格講座 (25回×3h)
- 直前バックアップ 総まとめ講座 (3回×3h)
- 免除科目スッキリ 対策講座 (2回×2h)
- 分野別ベーシック答練 (6回×3h)
- 過去問対策 ナビゲート講座 (2回×3h)
- ラスト1週間の 重要ポイント見直し講座 (1回×3h)

※講座名称は変更となる場合がございます。予めご了承ください。

受講形態　通学クラス　通信クラス

● 各受講スタイルのメリット

通学 各本校での生講義が受講できます。講師に直接質問したい方、勉強にリズムを作りたい方にオススメ!

通信 Web通信動画はPC以外にもスマートフォンやタブレットでも視聴可能。シーンに応じた使い分けで学習効率UP。

内容　「合格ステップ完成講座」で基本的なインプット事項をテンポよく短時間で確認します。さらに、「ハイレベル合格講座」と2種類の答練を並行学習することで最新の出題パターンと解法テクニックを習得します。さらに4肢択一600問(模試6回+答練9回)という業界トップクラスの演習量があなたを合格に導きます。

対象者
- 基礎から学びなおしてリベンジしたい方
- テキストの内容は覚えたのに過去問が解けない方

● 受講料

受講形態	一般価格(税込)
通信・Web動画+スマホ+音声DL	143,000円
通信・DVD	159,500円
通学・フォロー(Web動画+スマホ+音声DL)付	170,500円

詳細はLEC宅建サイトをご覧ください
⇒ https://www.lec-jp.com/takken/

あなたの実力・弱点が明確にわかる！

公開模試・ファイナル模試成績表

ご希望の方のみ模試の成績表を送付します（有料）。

LECの成績表はココがすごい！

その①　正解率データが一目で分かる「総合成績表」で効率的に復習できる！
その②　自己分析ツールとしての「個人成績表」で弱点の発見ができる！
その③　復習重要度が一目で分かる「個人成績表」で重要問題を重点的に復習できる！

■総合成績表

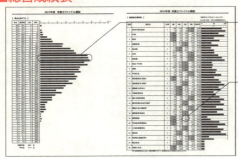

宅建士試験は競争試験です。
最も人数が多く分布している点数のおよそ2〜3点上が合格ラインとなります。
復習必要度aランクの肢はもちろん、合否を分けるbランクの肢も確実にしましょう。

ひっかけの肢である選択肢3を正解と判断した人が半数近くもいます。
ひっかけは正解肢よりも前にあることが多いです。早合点に注意しましょう。

■個人成績表

分野別の得点率が一目でわかるようにレーダーチャートになっています。

現時点での評価と、それを踏まえての今後の学習指針が示されます。

全受験生の6割以上が正解している肢です。
合否に影響するので復習が必要です。

全受験生のほとんどが間違った肢です。
合否には直接影響しません。深入りは禁物です。

講座及び受講料に関するお問い合わせは下記ナビダイヤルへ

LECコールセンター
0570-064-464 （平日9:30〜20:00　土・祝10:00〜19:00　日10:00〜18:00）

※このナビダイヤルは通話料お客様ご負担となります。
※固定電話・携帯電話共通（一部のPHS・IP電話からもご利用可能）。

夏以降の学習の指針に!

2023 宅建実力診断模試 　1回

高い的中率を誇るLECの「宅建実力診断模試」を、お試し価格でご提供します。まだ学習の進んでいないこの時期の模試は、たくさん間違うことが目的。弱点を知り、夏以降の学習の指針にしてください。

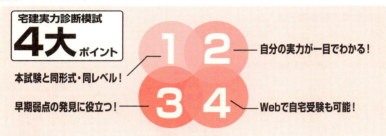

宅建実力診断模試 4大ポイント
1 本試験と同形式・同レベル!
2 自分の実力が一目でわかる!
3 早期弱点の発見に役立つ!
4 Webで自宅受験も可能!

ねらい 本試験で自分の力を十分に発揮するためには、本試験の雰囲気や時間配分に慣れる必要があります。LECの実力診断模試は、本試験と全く同じ形式で行われるだけでなく、その内容も本試験レベルのものとなっています。早い時期に本試験レベルの問題に触れることで弱点を発見し、自分の弱点を効率よく克服しましょう。

試験時間 **2時間(50問)**
本試験と同様に50問の問題を2時間で解いていただきます。試験終了後、詳細な解説冊子をお配り致します(Web解説の方はWeb上での閲覧のみとなります)。また、ご自宅でWeb解説(1時間)をご覧いただけます。

対象者 **2023年宅建士試験受験予定の全ての方**
早期に力試しをしたい方

● **実施スケジュール**
6/7(水)〜6/18(日)

スケジュール・受講料・実施校など
詳細はLEC宅建ホームページをご覧下さい。

LEC宅建　検索

● **実施校(予定)**

新宿エルタワー・渋谷駅前・池袋・水道橋・立川・町田・横浜・千葉・大宮・水戸見川・梅田駅前・京都駅前・神戸・難波駅前・福井南・札幌・仙台・静岡・名古屋駅前・富山・金沢・岡山・広島・福岡・長崎駅前・那覇

※現時点で実施が予定されているものです。実施校については変更の可能性がございます。
※実施曜日、実施時間については学校によって異なります。お申込み前に必ずお問合せください。

● **出題例**

実力診断模試　問31

【問 31】　宅地建物取引業者Aが、Bの所有する宅地の売却の媒介の依頼を受け、Bと専属専任媒介契約(以下この問において「媒介契約」という。)を締結した場合に関する次の特約のうち、宅地建物取引業法の規定によれば、無効となるものはいくつあるか。
ア　媒介契約の有効期間を6週間とする旨の特約
イ　Aがその業務の処理状況を毎日定時に報告する旨の特約
ウ　媒介契約の有効期間が満了した場合、Bの更新拒絶の申出がなければ、媒介契約は自動的に更新したものとみなされるとする旨の特約
エ　当該宅地を国土交通大臣が指定する流通機構に登録しないこととする旨の特約
1　一つ
2　二つ
3　三つ
4　四つ

解答　2　(ア:有効、イ:有効、ウ:無効、エ:無効)

LEC宅建登録実務講習のご案内

登録実務講習実施機関登録番号(6)第2号

LECは業務を行うために必要な「宅建士証」の取得を応援します!

宅建登録実務講習とは

宅建登録実務講習とは、直近10年以内の実務経験が2年未満の方が宅地建物取引士登録をするために受講・修了が必要となる講習のことです。

試験合格から宅地建物取引士証交付までの流れ

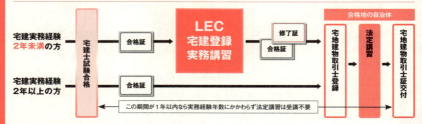

【LEC宅建登録実務講習の流れ】

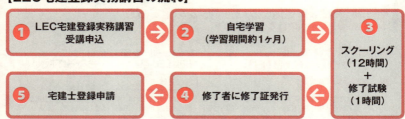

【申込書入手方法】

申込書は下記の方法で入手可能です!
① https://personal.lec-jp.com/request/ より資料請求。
② お近くのLEC本校へ来校。
③ LEC宅建登録実務講習ホームページよりPDFをプリントアウト。
④ 宅建講習専用ダイヤルへ問合せ。

スクーリングクラスには定員がございますので、お早めのお申込みをオススメします!

法定講習免除ルートで宅建士登録申請したい…

就職前の年度末までに修了証が欲しい…今から間に合う!?

ひとまずLECをあたってみる!

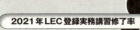
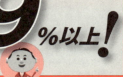

2021年LEC登録実務講習修了率 99.9%以上!

※申込者数ではなく受講者数を基に算出しています。
また、不合格となった場合は1回のみ再受験が可能であり、
再受験された方については、2回目の結果のみ反映しています。

LEC宅建登録実務講習の特長

★無料再受講制度
万一修了試験が不合格でも、無料再受講制度(1回)により救済!(LEC登録実務講習**修了率は例年99%**を超えています)

★Web申込で一歩も外出せず申込完了
Web申込であれば、本来郵送が必要な提出物もデータ添付すれば申込完了。さらに希望日の座席が確保されます。

圧倒的なスクーリングクラスバリエーション

働く合格者が会社を休まず、休日を使わず受講できるLECならではのスクーリング!

★**2日間〈週またぎ〉クラス**(実施校限定) 連休が取れない方、週1日はオフを取りたい方に!

★**2日間〈連日〉クラス**(通常クラス) 全国24拠点で**550**クラス実施予定

★**短期集中1日クラス**(実施校限定) 多忙な社会人の方でも**会社を休まず**受講できる短期集中クラス!

★**修了証即日発行クラス** 札幌・仙台・中野・静岡・名古屋・京都・梅田・広島・福岡 一部日程で実施予定

[参考価格] **22,000円**(税込) / 2022年登録実務講習(2021.10.17〜2022.10.12申込受付分)

Web・LEC本校・郵送にて申込受付中!

◎合格発表前に申込まれる場合、合格証書コピーの提出は合格発表日以降で結構です

[LEC宅建講習専用ダイヤル] **0120-092-556** (携帯・PHSからは) **03-5913-6310**
(受付時間/10:00〜17:00)

[LEC宅建登録実務講習ホームページ] **www.lec-jp.com/takken/kouza/jitsumu/**

LEC 登録実務 ◀検索

全国のライバルと真剣勝負！

2023 全日本宅建公開模試 全5回

多くの受験者数を誇るLECの全日本宅建公開模試。個人成績表で全国順位や偏差値、その時点での合格可能性が分かります。問題ごとに全受験生の正解率が出ますので、弱点を発見でき、その後の学習に活かせます。

基礎編(2回) 試験時間 2時間(50問)

内容 本試験の時期に近づけば近づくほど瑣末な知識に目が奪われがちなもの。そのような時期だからこそ、過去に繰り返し出題されている重要論点の再確認を意識的に行うことが大切になります。「基礎編」では、合格するために不可欠な重要論点の知識の穴を発見できるとともに、直前1ヶ月の学習の優先順位を教えてくれます。

対象者 全宅建受験生

実戦編(3回) 試験時間 2時間(50問)

内容 本試験と同じ2時間で50問解くことで、今まで培ってきた知識とテクニックが、確実に習得できているかどうかを最終チェックします。「実戦編」は可能な限り知識が重ならないように作られています。ですから、1回の公開模試につき200の知識(4肢×50問)、3回全て受けると600の知識の確認ができます。各問題の正解率データを駆使して効率的な復習をし、自分の弱点を効率よく克服しましょう。

対象者 全宅建受験生

● 実施スケジュール(一例)

			会場受験		
			水曜クラス	土曜クラス	日曜クラス
実施日	基礎編	第1回	7/19(水)	7/22(土)	7/23(日)
		第2回	8/ 2(水)	8/ 5(土)	8/ 6(日)
	実戦編	第1回	8/23(水)	8/26(土)	8/27(日)
		第2回	8/30(水)	9/ 2(土)	9/ 3(日)
		第3回	9/ 6(水)	9/ 9(土)	9/10(日)

※成績発表は、「Score Online(Web個人成績表)」にて行います。成績表の送付をご希望の方は、別途、成績表送付オプションをお申込みください。

● 実施校(予定)

新宿エルタワー・渋谷駅前・池袋・水道橋・立川・町田・横浜・千葉・大宮・新潟・水戸見川・梅田駅前・京都駅前・京都・神戸・難波駅前・福井南・和歌山駅前・札幌・仙台・静岡・名古屋駅前・富山・岡山・広島・山口・高松・福岡・金沢・那覇・松江殿町・長崎駅前

※現時点で実施が予定されているものです。実施校については変更の可能性がございます。
※実施曜日、実施時間については学校によって異なります。お申込み前に必ずお問合せください。

● 出題例

公開模試 実戦編 第3回 問3

【問 3】 Aの子BがAの代理人と偽って、Aの所有地についてCと売買契約を締結した場合に関する次の記述のうち、民法の規定及び判例によれば、誤っているものはどれか。
1 Cは、Bが代理権を有しないことを知っていた場合でも、Aに対し、追認するか否か告するすることができる。
2 BがCとの間で売買契約を締結した後に、Bの死亡によりAが単独でBを相続した場合、Cは甲土地の所有権を当然に取得する。
3 AがBの無権代理行為を追認するまでの間は、Cは、Bが代理権を有しないことについて知らなかったのであれば、過失があっても、当該契約を取り消すことができる。
4 Aが追認も追認拒絶もしないまま死亡して、Bが単独でAを相続した場合、BはCに対し土地を引き渡さなければならない。

解答 2

■お電話での講座に関するお問い合わせ(平日9:30～20:00 土・祝10:00～19:00 日10:00～18:00)

LECコールセンター ☎0570-064-464

※このナビダイヤルは通話料お客様ご負担となります。
※固定電話・携帯電話共通(一部のPHS・IP電話からもご利用可能)。

本試験対策の最終確認!

2023 ファイナル模試 | 1回

本試験の約3週間前に実施するファイナル模試。受験者が最も多く、しかもハイレベルな受験生が数多く参加します。学習の完成度を最終確認するとともに、合格のイメージトレーニングをしましょう。

内容 本試験直前に、毎年高い的中率を誇るLECの模試で、本試験対策の総まとめができる最後のチャンスです！例年、本試験直前期のファイナル模試は特に受験者も多く、しかもハイレベルな受験生が数多く結集します。実力者の中で今年の予想問題を解くことで、ご自身の本試験対策の完成度を最終確認し、合格をより確実なものにしましょう。

試験時間 **2時間(50問)**

対象者 **全宅建受験生**

● 実施スケジュール(一例)

	会場受験		
	水曜クラス	土曜クラス	日曜クラス
実施日	9/27(水)	9/30(土)	10/1(日)

※成績発表は、「ScoreOnline(Web個人成績表)」にて行います。成績表の送付をご希望の方は、別途、成績表送付オプションをお申込みください。

※自宅受験(Web解説)の場合、問題冊子・解説冊子・マークシート等の発送は一切ございません。Webページからご自身でプリントアウトした問題を見ながら、「Score Online」に解答入力をしてください。成績確認も「Score Online」になります。

● 実施校(予定)

新宿エルタワー・渋谷駅前・池袋・水道橋・立川・町田・横浜・千葉・大宮・新潟・水戸見川・梅田駅前・京都・京都駅前・神戸・難波駅前・福井南・和歌山駅前・札幌・仙台・静岡・名古屋駅前・富山・岡山・広島・山口・高松・福岡・那覇・金沢・松江殿町・長崎駅前

※現時点で実施が予定されているものです。実施校については変更の可能性がございます。
※実施曜日、実施時間については学校によって異なります。お申込み前に必ずお問合せください。

● 出題例

【問 19】 建築基準法(以下この問において「法」という。)に関する次のアからエまでの記述のうち、誤っているものの組合せはどれか。

ア 建築物が防火地域及び準防火地域にわたる場合においては、原則として、その全部について防火地域内の建築物に関する規定を適用する。

イ 公衆便所、巡査派出所その他これらに類する公益上必要な建築物は、特定行政庁の許可を受けずに道路内に建築することができる。

ウ 容積率を算定する上では、共同住宅の共用の廊下及び階段部分は、当該共同住宅の延べ面積の3分の1を限度として、当該共同住宅の延べ面積に算入しない。

エ 商業地域内にある建築物については、法第56条の2第1項の規定による日影規制は、適用されない。ただし、冬至日において日影規制の対象区域内の土地に日影を生じさせる、高さ10mを超える建築物については、この限りでない。

1 ア、イ
2 ア、エ
3 イ、ウ
4 ウ、エ

解答 3

■お電話での講座に関するお問い合わせ(平日9:30～20:00 土・祝10:00～19:00 日10:00～18:00)

LECコールセンター **0570-064-464** ※このナビダイヤルは通話料お客様ご負担となります。
※固定電話・携帯電話共通(一部のPHS・IP電話からもご利用可能)。

LEC Webサイト ▷▷▷ **www.lec-jp.com/**

情報盛りだくさん！

 資格を選ぶときも，講座を選ぶときも，最新情報でサポートします！

▶最新情報
各試験の試験日程や法改正情報，対策講座，模擬試験の最新情報を日々更新しています。

▶資料請求
講座案内など無料でお届けいたします。

▶受講・受験相談
メールでのご質問を随時受付けております。

▶よくある質問
LECのシステムから，資格試験についてまで，よくある質問をまとめました。疑問を今すぐ解決したいなら，まずチェック！

▶書籍・問題集（LEC書籍部）
LECが出版している書籍・問題集・レジュメをこちらで紹介しています。

充実の動画コンテンツ！

 ガイダンスや講演会動画，講義の無料試聴までWebで今すぐCheck！

▶動画視聴OK
パンフレットやWebサイトを見てもわかりづらいところを動画で説明。いつでもすぐに問題解決！

▶Web無料試聴
講座の第1回目を動画で無料試聴！気になる講義内容をすぐに確認できます。

スマートフォン・タブレットからはQRコードでのアクセスが便利です。▷▷▷

自慢のメールマガジン配信中！（登録無料）

LEC講師陣が毎週配信！ 最新情報やワンポイントアドバイス，改正ポイントなど合格に必要な知識をメールにて毎週配信。

www.lec-jp.com/mailmaga/

LEC E学習センター

新しい学習メディアの導入や，Web学習の新機軸を発信し続けています。また，LECで販売している講座・書籍などのご注文も，いつでも可能です。

online.lec-jp.com/

LEC 電子書籍シリーズ

LECの書籍が電子書籍に！ お使いのスマートフォンやタブレットで，いつでもどこでも学習できます。
※動作環境・機能につきましては，各電子書籍ストアにてご確認ください。

www.lec-jp.com/ebook/

LEC書籍・問題集・レジュメの紹介サイト **LEC書籍部** www.lec-jp.com/system/book/

- LECが出版している書籍・問題集・レジュメをご紹介
- 当サイトから書籍などの直接購入が可能（＊）
- 書籍の内容を確認できる「チラ読み」サービス
- 発行後に判明した誤字等の訂正情報を公開

＊商品をご購入いただく際は，事前に会員登録（無料）が必要です。
＊購入金額の合計・発送する地域によって，別途送料がかかる場合がございます。

※資格試験によっては実施していないサービスがありますので，ご了承ください。

LEC 全国学校案内

＊講座のお問合せ，受講相談は最寄りのLEC各校へ

LEC本校

■ 北海道・東北

札　幌本校　☎011(210)5002
〒060-0004 北海道札幌市中央区北4条西5-1　アスティ45ビル

仙　台本校　☎022(380)7001
〒980-0022 宮城県仙台市青葉区五橋1-1-10　第二河北ビル

■ 関東

渋谷駅前本校　☎03(3464)5001
〒150-0043 東京都渋谷区道玄坂2-6-17　渋東シネタワー

池　袋本校　☎03(3984)5001
〒171-0022 東京都豊島区南池袋1-25-11　第15野萩ビル

水道橋本校　☎03(3265)5001
〒101-0061 東京都千代田区神田三崎町2-2-15　Daiwa三崎町ビル

新宿エルタワー本校　☎03(5325)6001
〒163-1518 東京都新宿区西新宿1-6-1　新宿エルタワー

早稲田本校　☎03(5155)5501
〒162-0045 東京都新宿区馬場下町62　三朝庵ビル

中　野本校　☎03(5913)6005
〒164-0001 東京都中野区中野4-11-10　アーバンネット中野ビル

立　川本校　☎042(524)5001
〒190-0012 東京都立川市曙町1-14-13　立川MKビル

町　田本校　☎042(709)0581
〒194-0013 東京都町田市原町田4-5-8　町田イーストビル

横　浜本校　☎045(311)5001
〒220-0004 神奈川県横浜市西区北幸2-4-3　北幸GM21ビル

千　葉本校　☎043(222)5009
〒260-0015 千葉県千葉市中央区富士見2-3-1　塚本大千葉ビル

大　宮本校　☎048(740)5501
〒330-0802 埼玉県さいたま市大宮区宮町1-24　大宮GSビル

■ 東海

名古屋駅前本校　☎052(586)5001
〒450-0002 愛知県名古屋市中村区名駅4-6-23　第三堀内ビル

静　岡本校　☎054(255)5001
〒420-0857 静岡県静岡市葵区御幸町3-21　ペガサート

■ 北陸

富　山本校　☎076(443)5810
〒930-0002 富山県富山市新富町2-4-25　カーニープレイス富山

■ 関西

梅田駅前本校　☎06(6374)5001
〒530-0013 大阪府大阪市北区茶屋町1-27　ABC-MART梅田ビル

難波駅前本校　☎06(6646)6911
〒542-0076 大阪府大阪市中央区難波4-7-14　難波フロントビル

京都駅前本校　☎075(353)9531
〒600-8216 京都府京都市下京区東洞院通七条下ル2丁目
東塩小路町680-2　木村食品ビル

四条烏丸本校　☎075(353)2531
〒600-8413 京都府京都市下京区烏丸通仏光寺下ル
大政所町680-1 第八長谷ビル

神　戸本校　☎078(325)0511
〒650-0021 兵庫県神戸市中央区三宮町1-1-2　三宮セントラルビル

■ 中国・四国

岡　山本校　☎086(227)5001
〒700-0901 岡山県岡山市北区本町10-22　本町ビル

広　島本校　☎082(511)7001
〒730-0011 広島県広島市中区基町11-13　合人社広島紙屋町アネクス

山　口本校　☎083(921)8911
〒753-0814 山口県山口市吉敷下東 3-4-7　リアライズⅢ

高　松本校　☎087(851)3411
〒760-0023 香川県高松市寿町2-4-20　高松センタービル

松　山本校　☎089(961)1333
〒790-0003 愛媛県松山市三番町7-13-13　ミツネビルディング

■ 九州・沖縄

福　岡本校　☎092(715)5001
〒810-0001 福岡県福岡市中央区天神4-4-11　天神ショッパーズ
福岡

那　覇本校　☎098(867)5001
〒902-0067 沖縄県那覇市安里2-9-10　丸姫産業第2ビル

■ EYE関西

EYE 大阪本校　☎06(7222)3655
〒530-0013　大阪府大阪市北区茶屋町1-27　ABC-MART梅田ビル

EYE 京都本校　☎075(353)2531
〒600-8413　京都府京都市下京区烏丸通仏光寺下ル
大政所町680-1 第八長谷ビル

【LEC公式サイト】www.lec-jp.com/

QRコードから
かんたんアクセス！

LEC提携校

＊提携校はLECとは別の経営母体が運営をしております。
＊提携校は実施講座およびサービスにおいてLECと異なる部分がございます。

■北海道・東北

八戸中央校【提携校】 ☎0178(47)5011
〒031-0035　青森県八戸市寺横町13　第1朋友ビル　新教育センター内

弘前校【提携校】 ☎0172(55)8831
〒036-8093　青森県弘前市城東中央1-5-2
まなぴの森　弘前城東予備校内

秋田校【提携校】 ☎018(863)9341
〒010-0964　秋田県秋田市八橋鯲沼町1-60
株式会社アキタシステムマネジメント内

■関東

水戸校【提携校】 ☎029(297)6611
〒310-0912　茨城県水戸市見川2-3092-3

所沢校【提携校】 ☎050(6865)6996
〒359-0037　埼玉県所沢市くすのき台3-18-4　所沢R・Sビル
合同会社LPエデュケーション内

東京駅八重洲口校【提携校】 ☎03(3527)9304
〒103-0027　東京都中央区日本橋3-7-7　日本橋アーバンビル
グランデスク内

日本橋校【提携校】 ☎03(6661)1188
〒103-0025　東京都中央区日本橋茅場町2-5-6　日本橋大江戸ビル
株式会社大江戸コンサルタント内

新宿三丁目駅前校【提携校】 ☎03(3527)9304
〒160-0022　東京都新宿区新宿2-6-4　KNビル　グランデスク内

■東海

沼津校【提携校】 ☎055(928)4621
〒410-0048　静岡県沼津市新宿町3-15　萩原ビル
M-netパソコンスクール沼津校内

■北陸

新潟校【提携校】 ☎025(240)7781
〒950-0901　新潟県新潟市中央区弁天3-2-20　弁天501ビル
株式会社大江戸コンサルタント内

金沢校【提携校】 ☎076(237)3925
〒920-8217　石川県金沢市近岡町845-1　株式会社アイ・アイ・ピー金沢内

福井南校【提携校】 ☎0776(35)8230
〒918-8114　福井県福井市羽水2-701　株式会社ヒューマン・デザイン内

■関西

和歌山駅前校【提携校】 ☎073(402)2888
〒640-8342　和歌山県和歌山市友田町2-145
KEG教育センタービル　株式会社KEGキャリア・アカデミー内

■中国・四国

松江殿町校【提携校】 ☎0852(31)1661
〒690-0887　島根県松江市殿町517　アルファステイツ殿町
山路イングリッシュスクール内

岩国駅前校【提携校】 ☎0827(23)7424
〒740-0018　山口県岩国市麻里布町1-3-3　岡村ビル　英光学院内

新居浜駅前校【提携校】 ☎0897(32)5356
〒792-0812　愛媛県新居浜市坂井町2-3-8　パルティフジ新居浜駅前店内

■九州・沖縄

佐世保駅前校【提携校】 ☎0956(22)8623
〒857-0862　長崎県佐世保市白南風町5-15　智翔館内

日野校【提携校】 ☎0956(48)2239
〒858-0925　長崎県佐世保市椎木町336-1　智翔館日野校内

長崎駅前校【提携校】 ☎095(895)5917
〒850-0057　長崎県長崎市大黒町10-10　KoKoRoビル
minatoコワーキングスペース内

沖縄プラザハウス校【提携校】 ☎098(989)5909
〒904-0023　沖縄県沖縄市久保田3-1-11
プラザハウス　フェアモール　有限会社スキップヒューマンワーク内

※上記は2023年1月1日現在のものです。

書籍の訂正情報について

このたびは、弊社発行書籍をご購入いただき、誠にありがとうございます。
万が一誤りの箇所がございましたら、以下の方法にてご確認ください。

1 訂正情報の確認方法

書籍発行後に判明した訂正情報を順次掲載しております。
下記Webサイトよりご確認ください。

www.lec-jp.com/system/correct/

2 ご連絡方法

上記Webサイトに訂正情報の掲載がない場合は、下記Webサイトの
入力フォームよりご連絡ください。

lec.jp/system/soudan/web.html

フォームのご入力にあたりましては、「Web教材・サービスのご利用について」の
最下部の「ご質問内容」に下記事項をご記載ください。

- ・対象書籍名(○○年版、第○版の記載がある書籍は併せてご記載ください)
- ・ご指摘箇所(具体的にページ数と内容の記載をお願いいたしします)

ご連絡期限は、次の改訂版の発行日までとさせていただきます。
また、改訂版を発行しない書籍は、販売終了日までとさせていただきます。

※上記「2 ご連絡方法」のフォームをご利用になれない場合は、①書籍名、②発行年月日、③ご指摘箇所、を記載の上、郵送にて下記送付先にご送付ください。確認した上で、内容理解の妨げとなる誤りについては、訂正情報として掲載させていただきます。なお、郵送でご連絡いただいた場合は個別に返信しておりません。

送付先:〒164-0001 東京都中野区中野4-11-10 アーバンネット中野ビル
　　　　株式会社東京リーガルマインド 出版部 訂正情報係

- ・誤りの箇所のご連絡以外の書籍の内容に関する質問は受け付けておりません。
  また、書籍の内容に関する解説、受験指導等は一切行っておりませんので、あらかじめご了承ください。
- ・お電話でのお問合せは受け付けておりません。

講座・資料のお問合せ・お申込み

LECコールセンター ☎ 0570-064-464

受付時間:平日9:30～20:00/土・祝10:00～19:00/日10:00～18:00

※このナビダイヤルの通話料はお客様のご負担となります。
※このナビダイヤルは講座のお申込みや資料のご請求に関するお問合せ専用ですので、書籍の正誤に関するご質問をいただいた場合、上記「2 ご連絡方法」のフォームをご案内させていただきます。